胡铭 汪世荣 主编

"枫桥经验"史料整理与研究 第三卷

枫桥经验
村民自治史料与研究

田胡杰 编著

商务印书馆
The Commercial Press

浙江省文化研究工程指导委员会

主　任

王　浩

副主任

彭佳学　邱启文　刘　非　赵　承
胡　伟　张振丰　任少波

成　员

高浩杰　朱卫江　梁　群　来颖杰　陈柳裕
杜旭亮　陈春雷　尹学群　吴伟斌　陈广胜
王四清　郭华巍　盛世豪　程为民　余旭红
蔡袁强　蒋云良　陈　浩　陈　伟　施惠芳
朱重烈　高　屹　何中伟　沈铭权　吴舜泽

浙江文化研究工程成果文库总序

  有人将文化比作一条来自老祖宗而又流向未来的河,这是说文化的传统,通过纵向传承和横向传递,生生不息地影响和引领着人们的生存与发展;有人说文化是人类的思想、智慧、信仰、情感和生活的载体、方式和方法,这是将文化作为人们代代相传的生活方式的整体。我们说,文化为群体生活提供规范、方式与环境,文化通过传承为社会进步发挥基础作用,文化会促进或制约经济乃至整个社会的发展。文化的力量,已经深深熔铸在民族的生命力、创造力和凝聚力之中。

  在人类文化演化的进程中,各种文化都在其内部生成众多的元素、层次与类型,由此决定了文化的多样性与复杂性。

  中国文化的博大精深,来源于其内部生成的多姿多彩;中国文化的历久弥新,取决于其变迁过程中各种元素、层次、类型在内容和结构上通过碰撞、解构、融合而产生的革故鼎新的强大动力。

  中国土地广袤、疆域辽阔,不同区域间因自然环境、经济环境、社会环境等诸多方面的差异,建构了不同的区域文化。区域文化如同百川归海,共同汇聚成中国文化的大传统,这种大传统如同春风化雨,渗透于各种区域文化之中。在这个过程中,区域文化如同清溪山泉潺潺不息,在中国文化的共同价值取向下,以自己的独特个性支撑着、引领着本地经济社会的发展。

从区域文化入手,对一地文化的历史与现状展开全面、系统、扎实、有序的研究,一方面可以藉此梳理和弘扬当地的历史传统和文化资源,繁荣和丰富当代的先进文化建设活动,规划和指导未来的文化发展蓝图,增强文化软实力,为全面建设小康社会、加快推进社会主义现代化提供思想保证、精神动力、智力支持和舆论力量;另一方面,这也是深入了解中国文化、研究中国文化、发展中国文化、创新中国文化的重要途径之一。如今,区域文化研究日益受到各地重视,成为我国文化研究走向深入的一个重要标志。我们今天实施浙江文化研究工程,其目的和意义也在于此。

千百年来,浙江人民积淀和传承了一个底蕴深厚的文化传统。这种文化传统的独特性,正在于它令人惊叹的富于创造力的智慧和力量。

浙江文化中富于创造力的基因,早早地出现在其历史的源头。在浙江新石器时代最为著名的跨湖桥、河姆渡、马家浜和良渚的考古文化中,浙江先民们都以不同凡响的作为,在中华民族的文明之源留下了创造和进步的印记。

浙江人民在与时俱进的历史轨迹上一路走来,秉承富于创造力的文化传统,这深深地融汇在一代代浙江人民的血液中,体现在浙江人民的行为上,也在浙江历史上众多杰出人物身上得到充分展示。从大禹的因势利导、敬业治水,到勾践的卧薪尝胆、励精图治;从钱氏的保境安民、纳土归宋,到胡则的为官一任、造福一方;从岳飞、于谦的精忠报国、清白一生,到方孝孺、张苍水的刚正不阿、以身殉国;从沈括的博学多识、精研深究,到竺可桢的科学救国、求是一生;无论是陈亮、叶适的经世致用,还是黄宗羲的工商皆本;无论是王充、王阳明的批判、自觉,还是龚自珍、蔡元培的开明、开放,等等,都展示了浙江深厚的文化底蕴,凝聚了浙江人民求真务实的创造精神。

代代相传的文化创造的作为和精神,从观念、态度、行为方式和价值取向上,孕育、形成和发展了渊源有自的浙江地域文化传统和与时俱进的浙江文化精神,她滋育着浙江的生命力、催生着浙江的凝聚力、激发着浙江的创造力、培植着浙江的竞争力,激励着浙江人民永不自满、永不停息,在各个不同的历史时期不断地超越自我、创业奋进。

悠久深厚、意韵丰富的浙江文化传统,是历史赐予我们的宝贵财富,也是我们开拓未来的丰富资源和不竭动力。党的十六大以来推进浙江新发展的实践,使我们越来越深刻地认识到,与国家实施改革开放大政方针相伴随的浙江经济社会持续快速健康发展的深层原因,就在于浙江深厚的文化底蕴和文化传统与当今时代精神的有机结合,就在于发展先进生产力与发展先进文化的有机结合。今后一个时期浙江能否在全面建设小康社会、加快社会主义现代化建设进程中继续走在前列,很大程度上取决于我们对文化力量的深刻认识、对发展先进文化的高度自觉和对加快建设文化大省的工作力度。我们应该看到,文化的力量最终可以转化为物质的力量,文化的软实力最终可以转化为经济的硬实力。文化要素是综合竞争力的核心要素,文化资源是经济社会发展的重要资源,文化素质是领导者和劳动者的首要素质。因此,研究浙江文化的历史与现状,增强文化软实力,为浙江的现代化建设服务,是浙江人民的共同事业,也是浙江各级党委、政府的重要使命和责任。

2005年7月召开的中共浙江省委十一届八次全会,作出《关于加快建设文化大省的决定》,提出要从增强先进文化凝聚力、解放和发展生产力、增强社会公共服务能力入手,大力实施文明素质工程、文化精品工程、文化研究工程、文化保护工程、文化产业促进工程、文化阵地工程、文化传播工程、文化人才工程等"八项工程",实施科教兴国和人才强国战略,加快建设教育、科技、卫生、体育等"四个强省"。作为文化建设"八项工程"之一的文化研究工程,其任务就是系统研究浙江文化的历史成就和当代发展,深入挖掘浙江文化底蕴、研究浙江现象、总结浙江经验、指导浙江未来的发展。

浙江文化研究工程将重点研究"今、古、人、文"四个方面,即围绕浙江当代发展问题研究、浙江历史文化专题研究、浙江名人研究、浙江历史文献整理四大板块,开展系统研究,出版系列丛书。在研究内容上,深入挖掘浙江文化底蕴,系统梳理和分析浙江历史文化的内部结构、变化规律和地域特色,坚持和发展浙江精神;研究浙江文化与其他地域文化的异同,厘清浙江文化在中国文化中的地位和相互影响的关系;围绕浙江生动的当代实践,深入解读浙江现象,总结浙江经验,指导浙江发展。在研究力量上,通过课题组织、出版资助、重点研究基地建设、加强省内外大院名校合作、整合各地各部门力量等途径,形成上下联动、学界互动的整体合力。在成果运用上,注重研究成果的学术价值和应用价值,充分发挥其认识世界、传承文明、创新理论、咨政育人、服务社会的重要作用。

我们希望通过实施浙江文化研究工程,努力用浙江历史教育浙江人民、用浙江文化熏陶浙江人民、用浙江精神鼓舞浙江人民、用浙江经验引领浙江人民,进一步激发浙江人民的无穷智慧和伟大创造能力,推动浙江实现又快又好发展。

今天,我们踏着来自历史的河流,受着一方百姓的期许,理应负起使命,至诚奉献,让我们的文化绵延不绝,让我们的创造生生不息。

2006 年 5 月 30 日于杭州

目 录

导　论　国家与社会关系视角下中国村民自治的变迁及启示　/　**001**

第一章　诸暨市基层组织发展演进　/　**013**
1.1　新中国成立前的基层组织建设　/　014
1.2　新中国成立后的基层组织建设　/　021

第二章　诸暨市强化党的领导推进村民自治　/　**050**
2.1　村级的组织建设　/　051
2.2　村级的干部队伍建设　/　072
2.3　村级的服务体系建设　/　103

第三章　诸暨市强化民主选举推进村民自治　/　**119**
3.1　村级组织换届选举工作的组织领导　/　120
3.2　村级组织换届选举工作的制度规范　/　131
3.3　村级组织换届选举工作的特色做法　/　147

第四章　诸暨市强化民主决策与管理推进村民自治　/　**166**

4.1　行政村规模调整中的组织领导　/　167

4.2　行政村规模调整后的村庄规范化建设　/　175

4.3　行政村规模调整工作的特色做法　/　198

第五章　诸暨市强化民主监督推进村民自治　/　**232**

5.1　村级监督的组织建设　/　233

5.2　村干部监督　/　244

5.3　村务监督　/　249

第六章　诸暨市强化乡村文化建设推进村民自治　/　**257**

6.1　乡村文化建设的基础工作　/　258

6.2　文化特色村创建　/　267

6.3　群众性精神文明建设　/　272

6.4　乡风文明建设工作的特色做法　/　300

参考文献　/　**314**

编写说明　/　**321**

导　论
国家与社会关系视角下中国村民自治的变迁及启示

村庄是基层治理的基本单元之一,村庄的"治理有效",不仅是乡村振兴的重要保障,也是国家治理现代化的基层基础,"基础不牢,地动山摇",没有村庄治理现代化,就没有国家治理现代化。村庄社会既是一个文化地域概念,也是一个国家与社会两股力量交互作用的场域,是国家权力下沉得以整合农村基层社会并汲取建设资源的基础领域,也是社会赖以存续并维持其自治空间和秩序的基本单位。[1] 1949 年新中国成立至今,随着我国社会主义现代化的不断推进,国家与社会的关系在村民自治场域中也发生了深刻的变化,村民自治不断完善,并正在向二元互动关系转变。

0.1　村民自治中国家与社会关系的理想形态

从古希腊至今,国家与社会的关系一直是哲学社会科学研究中的重要问题之一,许多著名的思想家都对这个问题进行过深入探讨,其中也包括科学社会主义的创始人卡尔·马克思。在批判黑格尔及其他资产阶级思想家

---

[1] 杨弘、胡永保:《建国以来我国农村基层治理中国家与社会关系的演变及启示》,《理论学刊》2012 年第 7 期。

关于国家和市民社会论述的基础上,马克思在人类思想史上第一次较为完整系统地阐述了"国家源于社会、社会决定国家、国家终将回归社会"[1]的唯物主义历史观,这不仅为国家与社会的关系研究的深化与拓展作出了重要贡献,也为我们当前比较全面地理解、把握和推进国家与社会的关系提供了重要的指引。

国家与社会的关系主要分为四种形态:"弱国家—弱社会""弱国家—强社会""强国家—弱社会""强国家—强社会"。[2]第一种形态"弱国家—弱社会",主要存在于生产力极不发达的时期或地区,国家与社会均未发展成熟,二者的关联度低。欧洲中世纪的封建国家,以及当代的一些欠发达政体,如中非的原始部落国家,均属于这类形态。第二种形态"弱国家—强社会",是一种基于自由主义理念所形成的国家与社会的关系结构,社会力量强大,国家权力收缩,社会反制国家,即所谓的"小政府(国家)—大社会"。第三种形态"强国家—弱社会",国家掌握着强大的公权力,并支配着社会资源。第四种形态"强国家—强社会",国家与社会不是"二元对立关系,而是相互制约又相互合作、相互独立又彼此依赖的有机统一的关系"[3],是"既能保证社会的独立性与自主性,又能充分发挥国家作为社会总体利益的代表对社会经济生活的协调与控制"[4]的关系。这是一种处理国家与社会关系的理想形态,符合人类追求社会"善治"的目标,但并不存在于当前世界各国。

结合马克思关于国家与社会关系演进的论述,以及其他学者关于国家与社会四种具体关系形态的分析,在村民自治场域中,建构"强国家—强社会"符合中国国家与社会关系的历史发展趋势。首先,这是由中国的客观国情决定的。

---

1 伍俊斌:《马克思恩格斯论国家与社会》,《经济与社会发展》2010年第4期。
2 戴桂斌:《"互强型"国家与乡村社会的建构》,《社会主义研究》2010年第1期。
3 唐士其:《"市民社会"、现代国家以及中国的国家与社会的关系》,《北京大学学报》(哲学社会科学版)1996年第6期。
4 唐士其:《"市民社会"、现代国家以及中国的国家与社会的关系》。

"因为中国的现代化的特点要求国家在社会经济领域的强有力的推动。对于那种独立于国家又与国家相对抗的'市民社会'的容让与支持只能导致经济的混乱乃至政治的动荡。"[1]其次,这是中国实现国家治理现代化的必然要求。善治的本质特征,"就是国家与社会处于最佳状态,是政府与公民对社会政治事务的协同治理"[2]。村民自治作为国家治理体系和治理能力现代化的重要组成部分,是国家治理现代化的基础与难点,可以说,没有村庄治理的现代化,就难有真正意义上的国家治理体系和治理能力的现代化。而想要不断完善村民自治,确保村民在村庄治理中的主体性地位,则需要国家与社会的通力合作。因为在推进中国村民自治的过程中,没有强有力的国家权力支持,村民自治是难以实现的;同样,仅仅依靠国家这个外生力量的推动,而忽视社会的力量,那么真正意义上的村民自治也是不可能的。总之,要实现乡村善治,就需要构建"强国家—强社会"的互动的国家与社会关系格局。

0.2 新中国成立以来的村民自治:过程、原因与特点

0.2.1 村民自治的演变过程

新中国成立以来,在村民自治场域中国家与社会的关系先后经历了巨大的变化,而整个演变过程大致可以分为三个阶段:"强国家—弱社会"的社会建设时期、"弱国家—弱社会"的社会管理时期、"强国家—强社会"的社会治理时期。这一演变过程体现了国家与社会关系在村民自治场域中,由"二元"对立逐步向"二元"互动转变的发展趋向。

---

[1] 唐士其:《"市民社会"、现代国家以及中国的国家与社会的关系》。
[2] 俞可平:《论国家治理现代化》(修订版),社会科学文献出版社2015年版,第3页。

0.2.1.1 "强国家—弱社会"的社会建设时期(1949—1978)

"皇权不下县,县下皆自治,自治靠绅权"[1]的制度安排,形成了传统中国特有的乡村治理模式,国家悬浮于乡村社会之上,并通过乡绅进行治理,"农民社会与国家政权体系是离散的、相对独立的"[2]格局。

新中国成立后,出于改造旧制度、巩固新生政权、推进国家现代化等需要,对于刚掌握政权的中国共产党而言,必须实现国家权力对社会的整合,从而提升国家能力,服务国家工业化的总体目标。

新中国成立初期,政治上,通过在农村设立行政机构、下派工作队等领导"土地改革","将一个传统的乡绅社会,改造成现代政党领导和组织下的政治社会"[3]。经济上,通过集体化道路,在农村确立了政社合一的人民公社制度。文化上,利用"土地改革"中的阶级斗争基本消灭了衔接国家与社会的士绅阶层,后来又通过农村社会主义教育运动、"破四旧"等,将乡土中国大部分的符号元素进行了彻底改造。总之,当时中国的国家能力达到了前所未有的高度,并形成了一整套足以变革社会的政治体系。

比如,新中国成立初期,诸暨县下设8个区,其中以大东乡为枫桥区,下辖枫桥镇、东二、东安、齐鲤、栎桥、保安、东和、檀溪、东溪等9个乡(镇)。撤销保甲改为村组。1958年,枫桥区各乡镇合并成立枫桥人民公社。原各乡改称大队(管理区)。1962年,撤销区级人民公社,改为枫桥区公所,下设枫桥、新枫、视北、视南、东三、齐东、乐山、栎江、东和、舞凤、檀溪、东溪等12个公社管理委员会。[4]

"强国家—弱社会"的国家与社会关系形态"彻底推翻乡村的旧秩序,使中国借以完成20世纪的历史任务'重组基层',使上层和下层、中央和地方整合在

---

1 曹锦清、刘炳辉:《郡县国家:中国国家治理体系的传统及其当代挑战》,《东南学术》2016年第6期。
2 徐勇:《政权下乡:现代国家对乡土社会的整合》,《贵州社会科学》2007年第11期。
3 徐勇:《"政党下乡":现代国家对乡土的整合》,《学术月刊》2007年第8期。
4 陈炳荣编著:《枫桥史志》,方志出版社1998年版,第57页。

一起。使中央政府获得巨大的组织动员能力,以及政令统一通行"[1]。但这种"人造"秩序,导致社会缺少应有的自主性,无法与国家达成"制度化协商与互动关系"[2],再加上新中国成立初期农村社会的薄弱基础,从而使这一关系形态最终走向解体。

0.2.1.2 "弱国家—弱社会"的社会管理时期(1978—2012)

1978年,党的十一届三中全会胜利召开,党和国家的工作重心也从阶级斗争转移到了经济建设,伴随着"生产的组织和运行空间从乡村转移到城市,城市成为国家发展与治理的重心"[3],而由于国家权力撤离村庄所形成的"权力真空",为村庄中的自治力量再度生长提供了空间,导致刚性的国家与社会关系出现松动。针对这一转折时期的新问题,国家对原有的乡村治理体系进行了重大调整,并形成了"乡政村治户营"[4]的治理体制。

改革开放以来,国家对村民自治体制的调整,主要体现在两大方面:一是改革村庄的生产经营制度,推行以家庭联产承包责任制为基础、统分结合的双层经营体制,包产到户、包干到户,在确保土地集体所有前提下,将土地的经营权、承包权等交给农民,在满足国家、集体"需求"基础上,由农民自主决定生产生活。二是废除人民公社制度,恢复乡镇机构行使国家管理职能,并在乡镇以下建立若干行政村,实行自我管理、自我教育、自我服务的村民自治制度。

例如,《枫桥史志》记载,1970—1982年,枫桥境内各公社分而又合,合而又分,直到1983年改公社为乡,1985年将檀溪乡改为赵家镇。1987年12月,枫桥区辖有枫桥镇、新枫、视北、东一、东三、齐东、乐山、栎江、永宁、梅岭、金王、东和、舞凤、赵家镇、东溪等15个乡(镇)。1992年5月,诸暨县实行撤区、扩镇、并

---

[1] 杜润生:《杜润生自述:中国农村体制变革重大决策纪实》,人民出版社2005年版,第20页。
[2] 尤琳、陈世伟:《国家治理能力视角下中国乡村治理结构的历史变迁》。
[3] 林尚立:《国家的责任:现代化过程中的乡村建设》,《中共浙江省委党校学报》2009年第6期。
[4] 徐勇:《政权下乡:现代国家对乡土社会的整合》。

乡,将原新枫、栎江和永宁3乡并入枫桥镇;将原东溪、梅岭2乡并入赵家镇;将原东一、东三2乡并入东一乡,乡政府驻葛村;将原齐东、乐山2乡并入齐东乡,乡政府驻全堂;将原东和、金王、舞凤3乡并入东和乡,乡政府驻王家宅;将原视北并入阮市镇,镇政府驻阮市。乡(镇)下设村委会(居委会)、村民小组。1992年,枫桥镇设村委会46个,居委会1个,村民小组468个,自然村224个;赵家镇设村委会45个,村民小组360个;东一乡设村委会23个,村民小组155个;齐东乡设村委会15个,村民小组134个;东和乡设村委会40个,村民小组203个;视北乡1992年5月以后并入阮市镇。[1]

虽然"乡政村治"的治理格局,打破了"计划经济体制下国家统筹一切的僵化模式,为社会留出自治的空间,激发了基层社会的活力"[2],但总体而言,这一阶段的"乡政村治"属于社会管理时期,国家与社会关系处于"弱国家—弱社会"的形态。因为该阶段国家权力虽然出现了一定的削弱,但在以经济建设为中心的大背景下,国家权力在经济领域并未被削弱,所以这一时期被称为"经济导向型的社会管理"。就国家与社会的关系形态而言,国家层面表现为弱国家。农村税费时期,为确保工业化的总体目标,国家对乡村保留了强大的汲取能力,但在其他方面,尤其是在向村庄提供公共服务问题上,国家能力是明显不足的,只能采取村民"自我供给"[3]的模式来弥补。在农村税费改革之后,通过财政转移支付,国家公共产品的供给能力得到了一定的提升,但对应的乡村社会的自治力量发展还不成熟,从而导致国家供给与农村需求之间往往出现错配的问题,"国家权力与乡村自治力量之间处于不均衡配置与互动"[4],严重限制了国家能力的发挥。

0.2.1.3 "强国家—强社会"的社会治理时期(2012年至今)

在"乡政村治"的制度安排下,村民自治场域中存在着两种力量:一种是"自

---

1 陈炳荣编著:《枫桥史志》,第75页。
2 杨弘、胡永保:《建国以来我国农村基层治理中国家与社会关系的演变及启示》。
3 尤琳、陈世伟:《国家治理能力视角下中国乡村治理结构的历史变迁》。
4 尤琳、陈世伟:《国家治理能力视角下中国乡村治理结构的历史变迁》。

上而下的国家权力,具体表现为在党的领导下的乡政府管理权"[1];另一种是"蕴含于农村社会中的村民自治权"[2]。从制度设计的初衷来看,"乡政"与"村治"在实现农村社会良好治理以及体现人民当家作主权利诉求方面无疑是高度契合的,但在实际运行中,"乡政"与"村治"之间经常会产生种种不协调问题甚至严重的冲突。例如,农村税费改革后,国家通过"项目制"的方式为村庄发展提供公共产品,但实际运行中经常会出现"供与求"之间的错配问题,究其原因主要是单向地依靠政府权力的社会管理方式,国家与分散的、原子化的村庄社会结构之间难以实现良性互动。

善治的本质特征是"官民共治"[3],所以要真正做到村民自治,实现乡村善治,就需要在村民自治场域中均衡国家与社会的力量对比关系,实现两者的良性互动,即"强政府—强社会"的和谐共生,因为只有成熟的乡村社会,才能"承接乡镇政府的放权"[4],通过"自生自发秩序"实现自治。此外,乡镇政权与村庄自治力量的双向互动,"既促进了乡村社会力量对乡镇政府行政管理权的认同,又促进了乡镇政府行政管理对乡村社会的整合,它们彼此之间相互影响、相互依存,彼此支持"[5]。为了摆脱村民自治的困境,在社会治理理念的指导下,近年来党和政府也在积极构建"强国家—强社会"的关系形态。从党的十八大提出"发挥基层各类组织协同作用,实现政府管理和基层民主有机结合"的目标,到十八届三中全会确定全面深化改革的总目标,即"完善和发展中国特色社会主义制度、推进国家治理体系和治理能力现代化",再到党的十九大提出实施乡村振兴战略,健全自治、法治、德治相结合的乡村治理体系,再加上出台的诸如《中共中央 国务院关于实施乡村振兴战略的意见》《中国共产党农村基层组织工作

---

1 徐勇:《论乡政管理与村民自治的有机衔接》,《华中师范大学学报》(哲学社会科学版)1997年第1期。
2 徐勇:《论乡政管理与村民自治的有机衔接》。
3 俞可平:《论国家治理现代化》(修订版),第3页。
4 尤琳、陈世伟:《国家治理能力视角下中国乡村治理结构的历史变迁》。
5 尤琳、陈世伟:《国家治理能力视角下中国乡村治理结构的历史变迁》。

条例》等一系列配套制度,都表明了国家加强基层基础工作、完善村民自治、提升农村社会基层治理能力、实现基层善治的美好愿景。

0.2.2 村民自治变迁的原因分析

新中国成立以来,我国村民自治场域中国家与社会关系,经历了社会建设—社会管理—社会治理的演变过程,而这一演变的原因主要有三个方面:

一是由生产力决定生产关系,生产关系适应生产力发展要求的客观规律决定的。经济基础决定上层建筑,国家作为上层建筑的重要组成部分,其发展变化理应受制于生产力的发展水平。另外,社会形态及其内部的组织结构和控制方式归根结底都是由经济关系决定的,既然国家、社会都是由经济关系决定的,那么国家与社会关系的变化,自然也受经济关系的支配。我国农村社会治理中国家与社会关系的调整和演变,是国家为适应农村生产力发展水平而作出的积极回应,虽然某些阶段经历过一定的挫折,但总体而言是符合生产力发展要求的。

二是由我国不同历史发展阶段的实际情况决定的。在近代,中国是一个政治、经济、文化都相对落后的发展中国家,而要彻底改变落后的现状就只有走经济发展这一条路,但经济发展的前提条件是要有一个稳定的政治社会环境,这就使得新中国成立后的政治体制改革,包括村庄治理的改革,都只能循序渐进,一步一步"增量改革",这就导致了我国村民自治的改革呈现出阶段性的特点。

三是民众民主意识、民主需求不断提升的结果。随着现代化进程的推进,"民主""民权"等概念逐渐为我国民众所知悉,尤其是改革开放以来,由于市场经济制度的逐渐确立,"契约精神""公平意识""法治理念""个人权益"等概念也在农村社会广为传播,使得农民的主体意识、民主素养等不断得到提升。民众不断增长的民主政治需求,成为推动我国农村社会村民自治的内在动力。

0.2.3 村民自治变迁的特点

纵观新中国成立以来国家与社会关系在村民自治场域中的演变历程,可以看出新中国的村民自治变迁,其主要呈现出以下三方面的特点:

一是理念上实现从"管理"向"治理"的转变。新中国成立初期,中国一穷二白、内忧外困,为了巩固新生的社会主义政权,满足国家工业化的目标等,中国共产党服务于国家工业化建设,形成了"强国家—弱社会"的"全能型政府"。改革开放后,为了适应经济体制改革和市场经济发展的需要,国家权力适度地进行了收缩,此时进入了社会管理时期。党的十八大以来,随着社会主要矛盾的重大变化,传统的、单向的依靠政府权力强制的社会管理模式,已经很难再适应新的社会结构,于是社会治理的理念应运而生。

二是主体上实现从"一核管制"到"一核多元治理"的转变。从新中国成立到"文化大革命"结束,国家基本处于高度集中的政治经济体制之下。随着十一届三中全会的召开,为了适应新的经济体制的需要,国家实施了一系列简政放权的措施,国家权力适度回收,村民自治、居民自治逐步推开。但同时随着国家权力的回撤,党在基层尤其是农村社会的领导能力出现了一定的弱化,社会结构的"离散化"问题也日趋严重。在治理理念的指导下,国家在重塑党在基层的领导核心地位的同时,更加注重社会力量对社会治理的协同作用,至此形成了"一核多元"的新治理结构。

三是手段上实现从"德治"到"法治"的转变。从新中国成立到"文化大革命"结束前后,国家与社会关系属于"强国家—弱社会"的形态,其中"德治"是该时期的一大特色。改革开放以后,由于经济体制的转型,国家日益强调"法治"的重要性,尤其在村庄治理中强调"依制治村"的重要性,并出台了一系列的法律法规和制度。党的十八大以来,国家又将法治提到了空前的高度,例如,强调要用法治思维、法治方法解决改革中遇到的问题,提出要健全自治、法治、德治相结合的乡村治理体系等。

0.3 新中国成立以来村民自治变迁的启示

新中国成立以来,村民自治场域中国家与社会关系的变迁,反映了我国农村社会发展的历史趋势与客观规律,这对于我们进一步推进村民自治、实现善治具有重要的启示性意义。

0.3.1 坚持党的领导,丰富党建引领村民自治的路径

党在农村社会特别是村庄中的领导核心地位既是由我国国家性质决定的,也是历史的必然。确保党的领导核心地位,是完善村民自治、实现乡村善治的关键,更是社会安定有序的重要保证。所以党在村民自治中的领导核心地位,任何时候都不能削弱而只能加强。但同时也要适应时代变化,不断创新丰富党建路径,将党建渗透到村庄社区、群众组织、民营企业等社会各个方面,以期更好发挥党建引领社会基层自治的作用。

0.3.2 坚持人民主体,明确村民自治的基本主体

人民群众是村民自治的主体,是治理过程中始终需要依靠、发动的对象。村民自治中坚持人民主体蕴含着两方面的意义:一是治理的目标,要追求实现人民群众利益最大化,不断满足人民群众对美好生活的向往,增强人民群众的安全感、幸福感、获得感;二是治理的手段,要确保人民群众主体地位,充分发挥人民群众参与村民自治的积极性、创造性。另外,要结合不同时期群众工作的特点,不断丰富人民群众共享治理成果的渠道,创新人民群众参与社会治理的形式。

0.3.3 坚持实事求是,合理调整村民自治场域中国家与社会的关系

新中国成立后,为了集中力量巩固新生政权,推进国家工业化,需要建构"强国家—弱社会"的关系形态,加强国家对社会的汲取能力。改革开放初期,国家权力适时地回撤,给了农村社会一定的自治空间,极大地解放了农村生产力,但是后来针对农村社会治理日益失序的问题,国家又适时调整与社会的关系,在党建引领下重新组织农村社会,不断增强国家与农村社会的良性互动。这个过程充分表明,在社会主义初级阶段,我们在探索村民自治、实现乡村善治的过程中,要根据时代变化适时地调整国家与社会关系,稳步推进村民自治。

0.3.4 坚持方法为术,创新村民自治的方法渠道

中国特色社会主义是一条开创性的道路,需要中国共产党与中国人民进行长期的探索。既然是开创性的工作,就需要根据不同时代的特点创造不同的工作方法。新中国成立初期的社会建设对巩固新生政权、初步建立比较完整的工业体系发挥了重要作用。20世纪八九十年代的村民自治、依法治国等,都是适应经济建设需要的适当的方法。当前"三治结合"的乡村治理体系,是适应于农村治理现代化历史趋势的工作方法。相信在今后推进村民自治、实现乡村善治过程中,我们能够创造出更多、更有效的符合时代客观实际的村民自治的方式方法,不断丰富村民参与自治的渠道和机制。

0.3.5 坚持平安和谐,完善村民矛盾纠纷自我化解的机制

平安和谐是社会治理的价值追求,也是社会发展、人民幸福的前提条件,而要真正实现社会的平安和谐,就需要完善矛盾化解机制,将矛盾化解立足于小、立足于早、立足于就地解决。根据新时代农村社会特别是村庄中村民之间矛盾

纠纷的特点,要创新矛盾纠纷多元化解体系,建立健全"风险预警机制、人民调解机制、社会组织参与机制、社会心理疏导机制、诉讼机制等各类机制"[1],夯实农村社会矛盾纠纷化解的制度基础,通过依靠和发动群众,让群众解决群众自己的事情,进而实现小事不出村、大事不出镇、矛盾不上交。

0.4 结　语

善治的本质特征是官民互动,或者说是国家与社会的良性互动,所以"强国家—强社会"的国家社会关系形态是相对理想的方式之一。村民自治是整个国家治理体系的重要环节,新中国成立70余年以来,我国村民自治先后经历了社会建设时期、社会管理时期与社会治理时期,并在不同的阶段呈现出不同的国家与社会关系形态。纵观整个70余年的村民自治变迁,我们认为进一步完善村民自治,实现乡村善治,一是必须加强党的领导,确保治理的正确方向;二是要保障群众在治理中的主体地位,发挥群众参与自治的积极性与创造性;三是要坚持实事求是,与时俱进地根据国家与社会关系变化,创新工作方法,实现基层社会的平安和谐。

---

[1] 卢芳霞:《新时代"枫桥经验":中国特色基层社会治理的典范》,《人民法治》2019年第4期。

第一章
诸暨市基层组织发展演进

提要:"皇权不下县"是古代中国乡村社会治理基本的制度设计。"郡县治,天下安;乡村治,郡县稳",乡村治理作为国家治理的基础,历来是关乎国家长治久安的基础要素之一。诸暨是越国古都、西施故里,有着深厚的历史文化底蕴。"枫桥经验"之所以诞生在枫桥,并逐渐成为中国特色社会主义基层治理的样板,其中一个重要的原因就在于当地的干部群众把握时代发展的主题,顺应历史前进的潮流,不断传承、发展枫桥的历史文化,特别是关于基层治理的文化传统,接纳新思想、新文化,把马克思主义关于社会治理的重要思想与当地的基本实际相结合,与当地悠久的基层治理文化相结合,进而使"枫桥经验"在不同的历史阶段结出了丰硕的实践成果。所以,了解从古至今诸暨基层组织的变迁历史,有助于我们更加深刻地理解"枫桥经验",更加深刻地理解中国特色社会主义基层治理的样板。鉴于此,本章的文献史料主要分为两大部分。

第一,新中国成立以前诸暨基层组织建设的史料。关于新中国成立以前诸暨基层组织建设的史料又可以分为三大板块。一是清朝及其之前历朝历代的基层组织建设。整体而言,诸暨境内乡镇和村两级地方基层组织形式,历代变化不大。唐时县以下设乡、里,宋承乡里制,县城行厢、坊刻。

元行都、图制,于县治行隅、坊制。明清两代,基本实行乡、都、里、甲制。历代基层组织,主要掌管辖区内的丁户房产、税赋兵役、文教医卫、婚丧生育、救灾济贫等事宜。二是中华民国时期的基层组织建设。中华民国时期,主要推行保甲制度,强化"联保连坐"。三是新民主主义革命时期中国共产党的基层组织建设。除了悠久的历史文化资源,诸暨也有着丰富的红色文化。在新民主主义革命时期,诸暨是浙东地区重要的红色革命根据地,当地的革命武装较早地在根据地开展基层组织建设的探索。

第二,新中国成立之后诸暨基层组织建设的史料。1949年中华人民共和国成立后,根据上级要求,诸暨境内开始实行民主建政,人民当家作主。通过直接选举,逐级产生村(居民区)、乡镇、县三级基层组织。1954年9月,按照《中华人民共和国宪法》和《中华人民共和国地方各级人民代表大会和地方各级人民委员会组织法》的规定,村委会、居委会不再作为一级政权机构,而是自我管理、自我教育、自我服务的群众性自治组织。

1.1 新中国成立前的基层组织建设

1.1.1 清朝及其之前的基层组织[1]

秦朝时期:实行郡、县两级制。县以下的地方行政基层建制为乡、亭、里。10亭为乡,10里为亭,50家为里。(注:周时,25家为里;春秋时,50家为里。秦袭前制。)

汉朝时期:实行州、郡、县三级制,乡、亭、里不属于政权组织。乡设"有秩"或"啬夫"(5 000户以上为大乡,乡官称"有秩";5 000户以下称小乡,乡官称"啬

---

[1] 汪木伦主编:《诸暨民政志》,中华书局2002年版,第183—184页。

夫")、"三老"及"游徼"。"有秩"总揽乡权,理诉讼、民间纠纷、征发赋役;"三老"掌教化;"游徼"主治安。乡以下设里,一里80家,里领10什,设里魁;什领2伍,设什长;伍率5家,设伍长。

隋唐时期:袭汉制。500家为乡,设乡正;100家为里,设里正;里下有村,设村正(城内为坊,设坊正)。乡、里、村(坊)的正长,多以富户或无实授官职的在乡人士充任,不给薪。乡正、里正掌理民间词讼、核查户口、指导农桑、监察是非、催征赋役。坊正和村正负责稽查来往过客止宿和辖内人众动向。

宋朝时期:城区改厢(隅)、图、坊。"在城曰坊,近城曰厢,乡都曰里。"郊区设乡、都、里。图即里。"合保为都,合都为乡,合乡为县。"(《宋史·袁传》)乡有乡书手,负责征收税赋;有耆长、弓手、壮丁,专捕盗贼;有承符、人力、手力、散从,以供奔走。里设里长(后改保长),供县吏公差下乡时差遣,平日负责传上命、禀下情。其时,城区按方位划4厢(隅)、7图、20坊,郊区划24乡、85都、122里。

元朝时期:承袭宋制。城区的范领、道山两坊改称茭亭坊、桂花坊,增设丹桂、联桂两坊;郊区长泰乡分泰南、泰北两乡,增相门、树林等59里。其时,城区为4隅、22坊,郊区为25乡、181里。

明朝时期:明洪武十四年(1381),为兵备、田赋之需,城区划为东隅、东二隅、南隅、西一隅、西二隅、西三隅、北隅。郊区设里,里下设甲。以110户为1里,推其中丁粮最多的10户为里长,轮流为首,10年一轮;其余每10户合1甲,甲设甲首。里长、甲首负责民政、教化、赋税、争讼等事。定每甲须有10丁,随备赴役。其坊、乡、里数仍如元时。

清朝时期:清初,基层政权组织仍袭明制。雍正六年(1728),为利征赋税计,推行顺庄编里法,改原来以户为主编里、甲为以田为主编庄、甲。时境内编556庄。光绪三十四年(1908),合城厢称"城",余皆称乡。时,城内为7隅、22坊,郊181里。宣统三年(1911),预备立宪,推行地方自治,废都、里,改为乡、村制。

1.1.2 中华民国时期的基层组织建设[1]

民国元年(1912),设72乡(含城区),乡设议事会和董事会,乡以下基层组织沿袭清代顺庄制。

民国6年(1917),始设区署,为县署派出机构。全境设7区。

民国13年(1924),设71乡,分属8区。

民国17年(1928)6月,省政府规定试行街村制,颁布《浙江省街村制及施行程序》:"凡市县内市集区域均为街,村落区域均为村。"顺庄制废。9月,国民政府颁布《县组织法》,改街村为村里制,县以下设区及村、里。18年7月,诸暨县长宣告全境实行村里制。是年,改"街"为"里"。全县设10区、21里、372村(或联合村)。

民国19年(1930),国民政府颁布修正后的《县组织法》,规定100户以上的乡村地方为乡,100户以上的市镇地方为镇,下设闾邻,25户为闾、5户为邻。同时,改村里制为乡镇制,设乡镇公所。21年5月,改制完成。诸暨县设10区、19镇、338乡、4431闾、22162邻,并统一在乡镇公所主出入处置蓝底白字"诸暨县第×区×乡(镇)公所"字样的门牌。22年4月,统一颁发印信。是年,全县民政公务人员共18名,其中荐任级1名、委任级10名、雇员7名。

民国23年(1934),省政府颁布《浙江保甲法章程》,规定乡镇以下废闾、邻,立保、甲,"以户为单位,户设户长;10户(两邻)为甲,甲设甲长;10甲(四闾)为保,保设保长",实行"联保连坐"。11月,诸暨县政府订颁《保甲编组进行程序及注意事项》,规定实施保甲法须结合进行人口登记、整理门牌、检查民间枪支。24年,全县有71乡镇、1214保、11883甲,均按户改订门牌。28年,设5镇、83

---

[1] 汪木伦主编:《诸暨民政志》,第184—187页。

乡、1 148保、11 557甲。

民国30年(1941)8月,国民政府内务部公布《乡镇组织暂行条例》,规定"乡镇内之编制为保甲,每乡镇以10保为原则,不得少于6保,多于15保;每保以10甲为原则,不得少于6甲,多于15甲;每甲以10户为原则,不得少于6户,多于15户"。至31年,编成65乡镇、647保、8 154甲。是年5月,日军占据诸暨县城及县城附近和县境内沿浙赣铁路的27乡,县政府迁至陈蔡吴子里村,仍辖县东西38乡镇。

民国35年(1946)9月,共济乡杨家楼村杨颂华上书省参议会,建议慎选县长,考试乡、保长,调整乡保,并请将乡镇自治经费列入县财政预算。是年,诸暨县政府整编基层组织,全县设48乡镇、643保、7 775甲。凡5保以上大乡镇,设保长联合办事处,在保长中推一人为主任。乡镇保甲整编后,实施《联保连坐法》,力行"连保切结"及"连环保结"等控民措施。

民国36年(1947)9月,浙江省民政厅规定人口10万以上者为甲种镇,公所编制19人;5万以上不满10万者为乙种镇,公所编制14人;2万以上不满5万者为丙种镇,公所编制11人;2万以下者为丁种镇,公所编制8人。诸暨县编为48乡镇、641保、7 802甲。

民国37年(1948),浙江省县政府组织规程修正,规定县政府设第一课,掌握民政、户政及兵役事项。规定各县划设区署,至多不得超过4所,每所以辖10乡镇为原则,不得少于6乡镇、多于15乡镇。是年,诸暨县仍设7区署、48乡镇(其中1县直属镇、6区属镇、41乡、633保)、7 724甲。

中华民国时期乡镇保甲设置情况(1948年12月)

序号	乡镇名称	保数	甲数	户数
1	城区镇	13	179	2 701
2	江东乡	17	224	3 722

续表

序号	乡镇名称	保数	甲数	户数
3	枫桥镇	16	203	3 198
4	檀溪乡	14	189	2 861
5	栎桥乡	16	181	2 933
6	长和乡	13	149	2 187
7	长宜乡	11	152	2 190
8	保安乡	9	101	1 584
9	东安乡	15	201	3 189
10	泌湖乡	15	224	3 806
11	齐鲤乡	12	137	8 057
12	璜山镇	17	212	3 090
13	化泉乡	14	182	2 654
14	开化乡	17	203	3 004
15	街亭乡	17	200	3 221
16	利普乡	11	138	2 032
17	开一乡	10	128	1 880
18	陈蔡乡	12	125	1 692
19	东和乡	15	168	2 511
20	复兴乡	11	140	2 056
21	保和乡	8	76	1 070
22	斯宅乡	8	90	2 112
23	汤江乡	12	157	2 390
24	安华乡	14	135	1 935
25	牌头镇	20	219	3 062
26	同山乡	14	169	2 372

续表

序号	乡镇名称	保数	甲数	户数
27	华越乡	22	252	3 977
28	外陈乡	28	314	4 401
29	新壁乡	13	148	2 173
30	柱山乡	16	203	2 965
31	草塔镇	8	115	1 524
32	开元乡	12	148	2 058
33	共济乡	13	169	2 387
34	五泄乡	19	223	3 295
35	大桥乡	18	194	2 544
36	白门乡	8	100	1 349
37	三都镇	9	123	1 781
38	次峰乡	9	107	1 475
39	夫概乡	9	112	1 549
40	聚善乡	7	101	1 489
41	乌石乡	10	120	1 624
42	姚江镇	6	60	760
43	大侣乡	12	139	1 971
44	连湖乡	13	186	2 900
45	店口乡	7	108	1 759
46	紫东乡	16	198	3 095
47	直埠乡	13	167	2 454
48	湄池乡	14	155	2 420

注：全县共设48乡镇、633保、7 724甲，计115 459户。

附：日伪政权。1942年7月，侵华日军拼凑日伪诸暨政权，称"诸暨县维持会"。8月，"维持会"改名"诸暨县乡镇联合会"。1943年8月，又改称"诸暨县政府"，赵祖抃（沧波）、陈焕星先后任"县长",下设秘书室、民政科、建设科、总务科、警察局、司法室、田赋督征处、地方捐税征收处、宪兵队、情报队等机构。1945年8月15日,日本国无条件投降;19日,汉奸"县长"潜逃杭州,日伪"诸暨县政府"消亡。

1.1.3 新民主主义革命时期的基层组织建设[1]

1930年4月,中共中央巡视员卓兰芳来诸暨组织农民暴动。25日,成立"诸暨北区苏维埃政府"于阮家埠育婴堂,设主席即组织、宣传、财政、武装4部。26日,暴动失败,苏维埃政府解体。参加暴动的部分成员,继续在(暨)义(乌)浦(江)边区活动。10月,成立"诸义浦工农革命委员会"于白峰岭塘坞村,设军事、交通、经济3部,并组建1支小型部队。同月,遭省防军镇压解体。

1942年5月,日军占领诸暨县城。6月底,中共路南特委军事委员会浙东分会派遣"南进支队"至诸暨,建立以枫桥为中心的会稽山抗日根据地。

1943年12月,中共浙东区党委合并金华地委与会稽地委,成立金萧地委。1944年1月,成立金萧支队诸暨办事处,下设财政、文教、民运3科。其后,陆续建立敌工科、民政科、公安科、情报科、民运队、武工队、修械所、后方医院、《时事简讯》社等。财政科下设财务股、粮秣股、采购股及税站。继设粮食局。诸暨办事处辖枫桥、江藻、漓渚(诸绍边区)3区署。

1944年1月,中共诸义东县委成立诸义东办事处,开展诸(暨)义(乌)东(阳)边区工作,设财政科、民政科、民运科、通讯情报科。财政科下设财政股、粮秣股,民运科下设民运队。诸义东办事处辖诸南(后改璜越)、义北、义东(诸义边界)、岭北周(诸东边界)4区署。3月,成立金萧支队诸南办事处。

1945年3月,金萧支队建立路西办事处,开辟诸暨路西抗日根据地,设税务、民政、总务3股和情报联络、通讯联络2站。5月,路西办事处改称路西县抗日民主政府,辖7个区政府,诸暨小西、大西、西南3个区政府在诸暨境内。8

---

[1] 汪木伦主编:《诸暨民政志》,第187—188页。

月,抗日战争胜利,中共在金萧地区的党、政、军人员奉命留下少数干部于原地坚持,其他人员均撤至长江以北地区。上列抗日民主政权不复存在。

1946年,国民党政权对诸暨革命根据地接二连三进行"清乡""清剿"。中共浙东工委建立路西工委,开展反蒋武装斗争,于1947年8月成立路东县政府,辖诸北、大东、竹溪(诸嵊边界)3区;下旬,成立路西县政府,辖南乡、小西、大西3区。1948年2月,路东县政府直属浙东行署总办。1949年2月,称路东人民县政府。3月,改名诸暨县政府,下设秘书、宣教、后勤、城工等科及财经股、采购股、民运队、拓荒队、联络站、后方医院等机构,辖枫桥、姚江、江东、小东4区政府,并建立乡、保农会。同时,诸义东地区复设诸义(后改诸义东)县办事处。

1949年5月6日,诸暨解放。原诸暨、诸义东和路西县等民主政权停止工作。

1.2 新中国成立后的基层组织建设

1.2.1 新中国成立后的基层组织[1]

1949年5月,诸暨县人民政府成立。5—7月,各地建立区人民政府,是为一级政权组织。8月,建立乡镇政权,实行定编,每乡配备脱产干部3名、半脱产干部4名。

10月,浙江省政府发布《关于目前建立乡村政权暂行组织的指示》,规定一般按原乡、保区域建立乡、村人民政权。乡设人民政府(乡行政委员会),乡以下设行政村,村以下建行政小组;城关镇下设居民委员会,下建居民小组。乡设正副乡长各1名、文书1名、农会主任1名;村有村民选举的村委会委员5—7名,

---

[1] 汪木伦主编:《诸暨民政志》,第190—193页。

其中主任1名、副主任1—2名。

是年底,全县设区政府8个、乡镇政府71个(乡69、镇2)、行政村849个。

1950年1月,浙江省第一次民政会议部署划建小乡建立乡人民政府和取消行政村为一级政权的工作。会后,中共浙江省委发布《关于划乡建乡工作指示》,规定划乡以人口为主要标准,一般平原地区村庄大、人口密者,每乡以3 000人至5 000人为准;人口不甚稠密、村庄比较分散者,每乡以3 000人左右为准;村庄分散者,每乡应以1 500人至3 000人为准。地理条件方面,平原以直径5里、山区以直径10里为准,适当照顾原来行政区划和群众习惯。在划乡时应考虑土地多少、好坏与集中程度,便于实行土地改革。

是年,境内按照以上规定缩小乡镇规模,同时增设5区,县城镇易名城关镇。全县设12区、1县属镇(城关,区级)、2区属镇(枫桥、璜山,乡级)、133乡、1 098村,乡镇干部364名。

1951年,陈蔡区增划5乡。全县设141乡镇,其中1县直属镇、2区属镇。

1952年9月,省政府召开全省第三次行政会议,部署乡政权建设工作。指出乡政权建设是基层政权建设的百年大计。乡民主建政工作,应以生产为中心、互助合作为基础,以抗美援朝、爱国增产、民主建设为动力,紧密结合进行。10月,中共浙江省委、省政府组织人员到诸暨等3县进行基层政权建设试点。诸暨县试点乡为外陈乡、宜东乡。试点后,进行第一次普选。全县普选到次年10月结束。城关镇和6居委会、5区属镇(增建姚江、草塔、牌头3镇)、135乡和1 001村中,民选乡长、副乡长318名,委员1 330名。乡镇在编干部507名。是年,区政府改为区公所,为县政府派出机构。

1955年1月,县政府在新民乡进行政权建设试点,于乡政府内设互助合作、民政、财务、文卫、人民武装、治安保卫、调解等7个委员会。是年,全县设2县直属镇(城关、枫桥)、3区属镇、136乡,在编乡镇干部527名。

1956年,实行并乡,以适应兴办高级农业生产合作社。同时,撤销4个区。

3月,萧山县桃源、安山、迳游3乡和尖山乡2村划归诸暨县。10月,富阳县紫云乡划由诸暨县代管。全县设8区、65乡镇,其中城关镇仍为县属镇,大侣、高湖、安平、城南4乡为县直属乡;乡镇政府全都改为乡镇人民委员会。在编乡镇干部542名。

1957年10月,省人民委员会批转省民政厅《关于基层人民代表大会制度执行情况及今后意见的报告》,规定各县(市)人民委员会加强对基层政权的领导,充分发挥团结与教育广大人民群众的积极作用,保证和贯彻实施国家政策,推动生产和各项建设事业的发展。是年,上年由萧山县划入诸暨县的乡、村复归萧山县。全县设62乡镇,在编乡镇干部519名。

1958年7月,中共诸暨县委在城南乡建立全省第一个人民公社——红旗共产主义建设公社。8月,中共中央作出《关于在农村建立人民公社问题的决议》。10月,诸暨县实现人民公社化,以区为单位建立人民公社,区公所改称人民公社管理委员会,乡镇改称生产大队。红旗共产主义建设公社划归红旗人民公社,易名城南大队;城关镇为红旗人民公社第二大队。是年底,全县设8人民公社,54生产大队。时有行政编制的公社干部134名、大队干部810名。公社实行政社合一体制,既行使政权职能,是国家政权基层组织;又组织领导经济活动,是集体经济基本单位。

1959年,贯彻中共中央关于人民公社权力下放的指示。3月,大队改称管理区;8月,管理区复改称大队。9月,恢复城关镇为建制镇。是年,全县有30大队分设后当年复并;同时,增设3公社。年底,全县设1县直属镇、11公社、72大队。

1960年10月,浣纱公社安平、同乐两大队与县农科所合并(次年10月复设)。年底,全县设1县直属镇、11公社、70大队。

1961年3月,中共中央公布《农村人民公社工作条例(草案)》,规定:"人民公社的各级权力机关,是公社社员代表大会、生产大队社员代表大会或者社员大会、生产队社员大会。公社管理委员会在管理民政、生产建设、财政贸易、文教卫生、治安、民兵和调解民事纠纷等项工作方面,行使乡政府的职权。"10月,诸暨县调整公社规模,原区级公社恢复为区公所,改以原生产大队建公社,原生产队为大队,生产小组为生产队。全县设11区、1县直属镇、74公社、1254大队、7721生产队,在编干部535名。其后,公社组织机构几经调整。

1963年5月,城南区并入牌头区。12月,枫桥区增划保安公社。年底,全县设10区、1县直属镇、75公社。

1964年,枫桥区增划永宁、东一2公社,全县设77公社。

1965年2月,组建县属工农商学兵五位一体的浦阳江人民公社,由十里牌农场、黄砂公司、五泄江桑场、牌头蜂场、第一农中、第二农中等单位组成,下设黄沙、十里牌、五泄江3个分社。1968年初,浦阳江人民公社随分社复归原单位而解体。

1966年5月,保留枫桥、大西、陈蔡等3个区公所,其余7区撤销。不设区的公社归县直属。是年,全县设3区、1县直属镇、76公社,在编干部648名。

1967年1月,浦江县的马剑、青山(平阳)公社划入诸暨县。2月,东阳县的岭北公社划入诸暨县。是年,全县设1县直属镇、79公社。

1968年5月起,枫桥、大西、陈蔡3区,建立革命领导小组,各公社先后建立革命委员会。

1970年,在"农业学大寨"运动中,撤并公社。4月,全县设1县直属镇、49公社。5月,撤销枫桥、大西、陈蔡3区革命领导小组。

1971年1—5月,建立8个地区联络组,代行区级党政的部分权力,辖1镇、69公社。

1973年7月,先后撤销地区联络组,设置10区的中共区委,不设区公所。是年起至1978年,全县设1县直属镇、78公社。

1979年,全县设1县直属镇、78公社。公社专职民政干部14名、兼职65

名,基层干部935名。是年秋至1981年春,公社先后召开人民代表大会,选举产生公社管理委员会。

1981年3月,恢复10区公所。10月,枫桥、牌头、草塔复为建制镇,公社调整为78个。1982年,第三次人口普查时统计,全县设10区、78公社、4镇(含县直属镇城关;枫桥、牌头、草塔3乡级镇亦称镇公社)。

1983年10月,中共中央、国务院发布《关于实行政社分开建立乡政府的通知》,指出:当前的首先任务是把政社分开,建立乡政府。同时按乡建立乡党委,并根据生产需要的意愿逐步建立经济组织。要尽快改变党不管党、政不管政和政企不分的状况。随着乡政府的建立,应当建立乡一级财政和相应的预决算制度,明确收入来源和开支范围。是年开始,恢复乡镇政府建制,并按政企分设的原则,建立乡镇经济联合社,作为乡镇集体经济组织。人民公社撤销。增设边村、王沙溪、坑西、金王、水带、龙门、山顶7乡;朱公湖公社易名姚公埠乡。全县设10区、4镇、85乡,在编干部906名。乡政府的职责是领导乡内的经济、文化和各项建设事业,主持公安、民政、文教、卫生、计划生育、人民调解等工作。至1984年上半年,全县89个乡镇的政权建设工作先后完成。同时,乡镇经济联合社次第撤销,其职能由乡镇人民政府兼行。

1985年,调整乡镇政权组织设置,改建湄池、璜山、安华、应店街、姚江(改名江藻)、店口、陈蔡、三都、檀溪(改名赵家)等9乡为镇。全县设89乡镇,其中建制镇13个。

1986年5月,省民政厅召开全省乡镇基层政权建设座谈会。诸暨县代表在会上介绍基层政权建设情况;对照民政部、省民政厅对乡镇政权建设的标准,全县共有89个乡镇,政权建设良好的有30个,占33.71%;一般的有47个,占52.81%;较差的有12个,占13.48%。

12月,省政府发布《关于转发民政厅进一步加强农村基层政权建设工作的通知》。根据《通知》要求,县、区领导按时督促乡镇召开人民代表大会,发挥乡镇政权作用,健全乡镇的各种委员会的组织,充分发挥效能。是年,泔浦、阮市、上峰(改名次坞)3乡改建为镇。全县设16镇、73乡,有在编干部1 164名,其中招聘干部220名(不含武装干部)、民政助理员99名。

1987年4月,省政府颁布《浙江省乡镇人民政府暂行工作条例》。12月,省民政厅会同中共浙江省委组织部等有关部门,分别在诸暨等7个县、市,就简政放权、改革条块分割的管理体制等进行调查。

1988年6月,省民政厅根据省委、省政府领导指示,在诸暨县进行"乡镇放权"试点。是年,境内开始并乡建镇。11月,撤销城山、柱山2乡,新建大唐庵镇直属于县。12月,撤销和济、安平、城西3乡建制,划入城关镇。全县设21镇、64乡。

1989年9月,经国务院批准,撤销诸暨县,设立诸暨市。

1992年,中共浙江省委、省政府决定开展撤区扩镇并乡工作。指出撤区扩镇并乡,重点是扩镇,实现以大中城市的辐射,带动卫星城镇,依托城镇,沟通广大农村,使乡村向城镇靠拢,从行政区划上、管理体制上把城乡结合起来,形成梯度推进、全面开放的经济发展的新格局。5月,省民政厅下达《关于诸暨市撤区扩镇并乡方案的批复》:撤销大西、湄池、姚江、枫桥、三都、浣纱、五泄、牌头、陈蔡、璜山等10区公所。原辖85乡镇(含21镇、64乡),扩镇并乡后,调整为35镇乡(含24镇、11乡)。7月,五泄乡改建为五泄镇。

1993年,岭北乡改建为建制镇。至1996年又改建立五一、全堂(原名齐东乡)、陈宅(原名石壁乡)3建制镇,至此,全市设29镇、6乡。

1997年9月,浙江省民政厅召开全省基层政权建设工作座谈会,指令各地认真贯彻落实民政部"邹城会议"精神,推广乡镇规范化管理的"北宿经验",结合当地实际,按照法律法规和科学程序,抓好乡村规范化管理。

2001年1月,湄池、店口两镇合并为店口镇。全市设34镇乡(28镇、6乡)。11月,调整镇乡行政区划,全市设28镇乡、街道(23镇、2乡、3街道)。

县（市）以下基层政权更名情况

序号	类别	名称	起讫年月
1	县(市)级	县人民政府	1949年5月—1955年12月
2		县人民委员会	1955年12月—1967年3月
3		县人武部生产办公室	1967年3—07月
4		县军事管制委员会	1967年7月—1968年5月
5		县革命委员会	1968年5月—1981年3月
6		县人民政府	1981年3月—1989年11月
7		市人民政府	1989年11月—
8	区级	区人民政府	1949年5月—1952年
9		区公所	1952年—1958年9月
10		人民公社管理委员会	1958年9月—1961年10月
11		区公所	1961年10月—1968年5月
12		区革命领导小组	1968年5月—1970年5月
13		地区联络组	1971年5月—1973年7月
14		区公所	1981年3月—1992年5月
15	乡镇级	乡镇人民政府	1949年5月—1955年12月
16		乡镇人民委员会	1955年12月—1958年10月
17		生产大队	1958年10月—1959年3月
18		管理区	1959年3—8月
19		生产大队	1959年8月—1961年10月
20		公社管理委员会	1961年10月—1968年5月
21		公社革命委员会	1968年5月—1979年7月
22		公社管理委员会	1979年7月—1983年4月
23		乡镇人民政府	1983年4月—

注：1967年3月，时值"文化大革命"，县人民委员会无法行使职权，由诸暨县人武部生产办公室负责领导全县工农业生产和日常行政等工作。是年7月，建立诸暨县军事管制委员会，全县实行军管至1968年5月。1966年5月，保留枫桥、大西、陈蔡3个区公所，其余区公所撤销。1968年5月，区公所改建为区革命领导小组，1970年5月撤销。1971年1—5月，建地区联络组8个；1973年7月，地区联络组撤销，设中共区委10个，未设区公所。1998年3月，复设区公所10个。

1.2.2 村民委员会[1]

1949年5月,诸暨解放,废除保甲制。行政村设主任,于各自然村人民代表中推举一人担任,协助乡长工作。是为当时行政管理和群众自治合一的组织。10月,省人民政府发布《关于目前建立村政权的指示》,规定村设行政委员会,为村级政权组织。是年,诸暨县按原保甲制规模建立村行政委员会849个,各村通过民主选举产生村民委员会成员5—7名,其中村主任1名、副主任1—2名;村行政委员会下设行政小组,选组长1—2名。

1950年1月,全省第一次民政会议后,行政村一级政权取消。7月,政务院颁布《乡(行政村)人民代表会议组织通则》,规定选举产生村人民代表,并在村人民代表中推选代表主任,以联系群众,推行政令。

1954年9月,《中华人民共和国宪法》规定,村委会为群众自治性的村民组织,不作一级基层政权,是乡镇的辅助机构,设村主任协助政府工作。

1958年,"人民公社化"后,村改制为生产队,下设生产小队。生产队和生产小队实行队委制,队委及正副队长均由社员选举产生。1961年10月,随着公社管理委员会的建立,生产队改为生产大队,生产小队改为生产队。

1966年6月,"文化大革命"开始。其后,生产大队工作受阻。

1979年,全县设1 302生产大队、6 180生产队。

1982年,全县设1 304生产大队(含外陈公社麻车大队分设夹山大队;同山公社民建大队分设山头河大队)、9 306生产小队。

1983年,政社分设,复改生产大队为村,全县共设1 298村(陈蔡水库淹没区内的月龙、白果树下、水湖庄、西塘、柏树头、茅店等6村已迁移,不再存在)。生产队依然作为集体经济组织存在,但活动较少。是年,根据上年12月中华人民

---

[1] 汪木伦主编:《诸暨民政志》,第194—205页。

共和国第五届全国人民代表大会第五次会议通过的《中华人民共和国宪法》第111条规定,村民委员会为基层群众性的自治组织。村民委员会有民选委员3—7名;村以下设村民小组,选组长1名。村民委员会中设人民调解、治安保卫、公共卫生(包括计划生育工作)、民政福利4个委员会,办理公共事务和公益事业,调解群众纠纷,协助政府维护社会治安,并向政府反映群众意见、要求和提出建议。1984年,全县设村委会1302个,村民小组10290个,居委会14个,居民小组103个。

1987年11月,第六届全国人民代表大会常务委员会第二十三次会议通过并公布《中华人民共和国村民委员会组织法(试行)》,规定"村民委员会是村民自我管理、自我教育、自我服务的基层群众性自治组织,办理本村的公共事务和公益事业,调解民间纠纷,协助维护社会治安,向人民政府反映村民的意见、要求和提出建议。乡、民族乡镇的人民政府对村民委员会的工作给予指导、支持和帮助。村民委员会协助乡、民族乡镇的人民政府开展工作。村民委员会由主任、副主任和委员共3至7名组成。村民委员会主任、副主任和委员,由村民直接选举产生。村民委员会每届任期3年,其成员可以连选连任。村民委员会根据需要设人民调解、治安保卫、公共卫生等委员会。村民委员会成员可以兼任下属委员会的成员。人口少的村的村民委员会可以不设下属的委员会,由村民委员会成员分工负责人民调解、治安保卫、公共卫生工作。村民委员会可以设若干村民小组,小组长由村民小组会议推选"。此办法自1988年6月1日起施行。

1988年5月,省民政厅转发民政部关于贯彻执行《村委会组织法》的通知。指令各地组织学习《村委会组织法》,作好试点,总结经验,逐步推开。11月,浙江省七届人大常委会第六次会议审议通过《浙江省村民委员会组织实施办法》,规定由各级人民政府民政部门组织实施。是年,全县设村民委员会1302个(含绿化乡双联村所分高田、南庄两村,街亭镇增设陈蔡水库移民村蔡家村等),有村委成员6 707名。

1990年3月初,市政府办公室、市人大常委会办公室、市委组织部、市民政局等单位按照《中华人民共和国村民委员会组织法(试行)》的要求,指导全市村委会实行直接选举。至4月下旬,1 302个村委会有1 248个进行换届选举,占应选村数的95.9%;选定3—7名委员的村有940个村,占已选村数的75.3%;产生村委委员共4 510名,占应选委员的79.5%。新当选的村委委员3 606名,占总村委委员数的80.1%;其中年龄在35岁以下的999名、36—49岁的2 607名,分别占新当选村委委员数的27.7%和72.3%。文化程度在初中以上的2 843名、小学的1 667名,分别占村委委员数的63.0%和37.0%。共产党员2 284名,占村委委员数的50.6%。

1991年2月,市民政局配合市人大、市委组织部等部门在全市开展村委干部评议教育工作。先在五泄区草塔镇取得试点经验,而后全面推开。经过宣传发动、调查摸底、民主评议、总结整顿四个阶段,到6月下旬基本结束。全市接受评议的5 817名村委成员中,称职者3 578名,占61.5%;基本称职者1 957名,占33.6%;基本不称职者200名,占3.4%;不称职者87名,占1.5%。在评议的基础上,表彰先进村委322个、先进村委成员1 046名。对犯有错误的734名村委成员进行强化教育,对其中违法的、犯罪的依法处理。此外,95个村补选207名村委,其中补选村主任26名;347个村建立村民(社员)代表会议制度,705个村建立、健全村经济合作社管委会。

1992年8月,根据中共中央《关于转批〈全国村级组织建设工作座谈会纪要〉的通知》和民政部《关于在全国农村开展村民自治示范活动的通知》精神,浙江省民政厅印发《浙江省开展村民自治示范活动方案》,就开展村民自治的指导思想、目的意义、基本内容、示范标准、具体步骤、基本要求等作出具体的阐述和规定。指令各地对开展村民自治示范活动实行目标管理,逐级抓好落实。村民自治示范内容的核心是充分发扬民主,群众当家作主,管好本村的各项事务。

强调民政部门是负责村民自治示范活动的主管部门,要加强此项工作的指导,及时掌握活动进程,帮助解决实际困难和具体问题。此后,村民自治示范活动在农村逐步推开。

1993年秋,于草塔镇进行村民委员会换届选举试点,而后在全县推开。

1995年4月,省民政厅转发民政部《关于进一步加强村民委员会建设工作的通知》,指令各级民政部门积极配合有关部门,把以党支部为核心的村级组织建设好。强调民政部门应切实负起加强村民委员会建设的责任,按照民政部《全国农村村民自治示范活动指导纲要(试行)》和《浙江省村民自治示范活动方案》的要求,继续开展以民主选举、民主决策、民主管理、民主监督为主要内容的村民自治示范活动。

1996年8月,省民政厅在杭州召开全省基层政权建设工作座谈会,指令各地以换届选举为契机,着力加强村委会的组织建设和制度建设,深入开展村民自治示范活动,推进农村基层民主建设进程。9月,中共诸暨市委发布《关于认真做好村民委员会换届选举工作的意见》。10月上旬,召开各镇乡党委书记、市村级班子换届选举领导小组成员和督导组成员参加的动员大会。村民委员会换届选举至月底基本结束。全市1 302个村有1 300个村应进行换届选举,实行换届选举的有1 296个村,占总数的99.5%。选举产生新一届村委会成员3 301名,占应选数的72.0%;其中村主任当选率为80.0%,村委会副主任当选率为80.5%,委员当选率为67.4%。村主任平均年龄为42.3岁,比换届前下降3.9岁;共产党员671名,占65.0%,比上届增加3个百分点;初中以上文化程度的占86.7%,比上届增加18个百分点;新任村主任512名,占总数的49.6%。新一届村委班子成员平均年龄42岁,其中35周岁以下的738名,占22.4%;共产党员1 962名,占59.4%;初中以上文化程度的占84.1%,比上届增加16个百分点。村党支部委员和村委委员交叉兼职的有841名,占25.5%。新进入村委会班子的1 824名,占55.3%。妇女当选村委班子成员的有403名,占总数的12.2%。

1997年2月,省民政厅转发民政部《关于贯彻全国农村基层组织建设工作座谈会精神,全面加强村民委员会建设的通知》,指令各级民政部门深入开展村民自治示范活动,大力做好村委会换届选举工作。10月,印发《浙江省民政厅关于村民委员会选举工作的若干意见》,指导全省的村民委员会换届选举工作。

1998年3月,省民政厅发布《关于进一步健全村务公开制度的通知》,指令各地提高认识,增强做好村务公开工作的责任感;规范运作,努力实现村务公开的制度化;因地制宜,积极稳妥地推行村务公开。9月,浙江省民政厅在富阳市召开全省基层政权建设工作会议,要求各地民政部门大力开展调查研究,切实加强村民委员会换届选举制度、村民代表会议制度和村务公开、民主管理制度的建设。10月,中共浙江省委办公厅、省人民政府办公厅转发省委组织部、省民政厅《关于在我省农村普遍实行村务公开和民主管理制度的实施意见》,指令各地民政部门推行以财务公开为重点的村务公开,建立健全民主选举制度和民主决策制度;制定和完善村民自治章程,建立健全民主管理制度;切实加强群众对村干部的民主监督及建立健全民主监督制度;充分发挥党支部在村级民主制度建设中的领导作用等。11月,第九届全国人民代表大会常务委员会第五次会议通过修订后的《中华人民共和国村民委员会组织法》并颁布实施。12月,中共浙江省委组织部、浙江省民政厅联合发布《关于统一全省行政村党支部、村委会换届选举时间的实施意见》,指令各地分两届调整完成,2000年届满的村党支部和村民委员会提前到1999年换届,2001年到届的推迟到2002年换届。

是年,市政府表彰城关镇丫路头、大唐镇八七房等100个村为新农村建设示范村。

1999年5月,市委、市政府发布《关于认真做好村级组织换届选举工作的意见》。接着,市政府又发布《诸暨市村民委员会换届选举工作实施细则》,提出依法、有序、圆满搞好村委会换届选举的总体工作目标,要求在换届选举工作中把握三条原则:坚定不移地体现党的领导;坚定不移地推进民主政治建设;坚定不移地实行依法选举。在工作部署上,做到"四先四后":先抓农村基层教育整顿,后进行村委会换届,以端正乡镇干部思想,改进工作作风;先抓党支部换届,后进行村委会换届,以奠定组织基础;先抓村委会换届选举试点,再抓面上推开以摸索经验,增强工作的针对性和有效性;先抓村务公开的落实,再实施换届选举工作,集中时间对全市村务公开情况进行突击检查,以排除换届选举阻力。为切实加强领导,中共诸暨市委成立以书记为组长,2名副书记及人大常委会主任为副组长、市委常委为成员的市村级组织换届选举领导小组。并规定在村级换届选举期间,市级领导一般不外出考察,镇乡正职一律不得外出,以保证足够精力抓好换届工作。4月下旬至5月下旬在枫桥镇进行换届选举试点,5月底开始在全市推开,至7月中旬结束。本次村委会换届选举实现了"三高一优",即换届率高:全市1 302个村应换届的村委会1 300个,除4个经批准暂缓选举外,其余1 296个村委会全部进行换届选举,换届率为99.7%,比上届增加6.4个百分点;参选率高:全市有选民72.65万名,参选选民65.90万名,参选率为90.7%;当选率高:全市应选村委会成员5 087名,当选成员4 711名,当选率为92.6%,比上届增加20.6个百分点,其中村主任当选率为99.5%,比上届提高19.5个百分点。结构优化:新当选的村委会成员平均年龄43.9岁,比上届降低1.3岁;村主任平均年龄42.8岁,比上届降低1.6岁。村委会成员中初中以上文化程度4 065名,占86.3%,比上届增加2.2个百分点,其中大专学历28名。村委会成员中有共产党员1 988名,占总数的42.2%,其中村主任中有共产党员668名,占村主任总数的51.8%;党支部委员和村委委员交叉兼职的有796名,占总数的16.9%。村委会成员中有妇女320名,占总数的6.8%。是年底,全市建立村民代表会议或村民会议制度的村占总数的99.92%。村务公开由点到面迅速推开,民主监督的机制开始形成,实行村务公开的村占总数的95.01%。

10月,省第九届人民代表大会常务委员会第十六次会议通过并公布《浙江省实施〈中华人民共和国村民委员会组织法〉办法》《浙江省村民委员会选举办法》。

2000年4月,市政府办公室根据《全国农村村民自治示范活动指导纲要》和《浙江省开展村民自治示范活动方案》发布《关于印发〈诸暨市开展村民自治模范活动实施意见〉的通知》,规定到2000年底,有50%的村、35%的镇乡达到村民自治模范标准;2001年,有75%的村、70%的镇乡达到村民自治模范标准;2002年,全部达到村民自治模范标准。

村民自治模范村标准:村委会成员熟悉村民自治的法律、法规,村民了解自治的主要内容及自治的权利和义务;村委会成员由村民通过直接民主选举产生,村委会及下属工作委员会组织健全,职责明确,确立任期目标责任制;村委会班子团结坚强,能正确贯彻执行党和国家的路线、方针、政策,能够很好地完成工作任务,能自觉接受镇乡政府的指导和村党支部的领导,村级组织之间关系协调;落实村民会议或村民代表会议制度,村民会议或村民代表会议每年至少召开2次,村民小组长会议每月召开1次;村级制度健全,村干部和村民能依法办事;监督机制健全,建立村务公开领导小组、监督小组,设立村务公开栏,定期按规定进行村务公开;村级财务至少每季度公开1次,自觉接受村民监督;村委会有固定的办公地点,并建立规范的村级会议记录、统计、财务、工作计划等各类档案资料;财务管理严格,收支账目手续齐备,程序管理规范,无重大违反财经纪律行为;有经济发展的规划和措施,村级经济发展快,村民人均收入逐年提高,近三年来年递增率在20%以上;公益事业办得好,社会保障工作做得扎实,各项优待政策落实,特困户、"五保"户生活得到保障,适龄儿童入学率达95%以上;社会管理有序,治安防范措施落实,民事调解及时,无重大刑事案件;村风民风好,村民家庭和睦,邻里团结,无聚众赌博、非法宗教和封建迷信活动;婚事新办,丧事简办,移风易俗,遗体火化率和骨灰依法安放率达到100%;村容村貌整洁,村内无露天粪厕;村民依法履行公民义务,按时完成市、镇乡政府布置的各项工作任务等。

村民自治模范镇乡标准:有开展村民自治模范活动的组织、具体方案,并列入镇乡、村年度考核内容;村党支部、村委会等组织职责明确,工作协调,战斗力强;按期依法进行村委会换届选举,换届率达100%;每届至少组织1次村委会干部、村民代表培训;指导村委会按照民主决策、民主管理、民主监督的程序处理村务,所辖村民代表会议制度建立率达100%,村务公开率达100%,建立民主评议村干部制度,每年年终村民代表、群众民主评议村干部和村委会干部;指导村委会建立和完善各项规章制度,健全村委会及下属各组织,并发挥应有作用;未出现村干部严重违法违纪,造成村民上访,影响恶劣的事件;所辖村75%以上达到村民自治模范村的标准等。

村民自治模范单位,按照以上标准实行分级考核验收。市成立村自治模范活动领导小组,并在市民政局设办公室,负责日常工作。11月,按照市政府办公室8月发布的《关于开展村民自治模范镇(乡)、村验收工作的通知》要求,验收经镇乡政府自查(初查)认定后申报的镇乡、村。

9月,城关镇金村改居民区,村民委员会改建为居民委员会。

10月,市委组织部、市民政局联合发布《关于开展评选"十佳村党支部书记、村委会主任好搭档"活动的通知》,评选条件是:政治坚定,勤政廉洁,团结协调,实绩明显。经党员、群众推荐,镇乡党委初评,广泛征求意见,市委组织部门联评,于年底评比结束。2001年2月,对"十佳村党支部书记、村委会主任好搭档"予以表彰。

2001年3月,市政府发布《关于命名村民自治模范村的决定》,命名丫路头等916个村为村民自治模范村。

6月,绍兴市政府发布《关于命名柯桥等46个镇(乡)为村民自治模范镇(乡)的通报》。诸暨市有16个镇乡命名为绍兴市级村民自治模范镇乡:城关镇、店口镇、山下湖镇、三都镇、枫桥镇、大唐镇、次坞镇、五一镇、岭北镇、全堂镇、同山镇、安华镇、王家井镇、阮市镇、青山乡、东一乡。

2002年2月,市委、市人民政府召开全市干部大会。会上表彰2001年度诸暨市十佳好搭档(村党支部书记和村委会主任)、十佳村委会主任。

3月,全市村级组织换届选举工作开始,先于大唐镇试点。4月中旬在面上推开,5月中旬末结束。全市1 301个村,总共选举产生村支部书记1 123名(指定临时负责人178名)、支部委员4 178名,村委会主任1 296名、委员3 164名,村民代表37 709名。书记、主任由一人兼任者42名。全市村党支部书记、村主任平均年龄为44岁;高中以上文化程度的1 079名,占41.5%;女村党支部书记33名、女村主任17名,共占1.9%。全市村两委员会成员平均年龄为43.4岁,比上届下降2.1岁;其中女委员569名,占7.7%。新当选的村党支部书记有410名,占31.5%;新当选的村主任744名,占57.3%。

1.2.3 枫桥境内村庄的概况[1]

第一,村庄名称的基本情况。

(1)古代越语地名。秦汉时枫桥称大部乡,传为古代於越建都之地。在地名中尚能找出古代越语地名的痕迹,如寮坑、檀畚、嵝岣岭、畚子岭、宅步、马浦、乌程埠、诸家垄、黄浦岭、石硑等。以上这些缀有"寮""畚""岭""步""浦""垄""硑"等词的地名,是汉化了的古代越语地名。

(2)古代驿道和军事有关的地名。枫桥在隋唐时期,始筑驿道,建驿舍,地名中有铺前街(今学勉路)、干溪铺、湾铺(今新店湾)、宣家寨(今里宣村)等。系驿道所经或为山区要寨。驻日岭,为唐末钱镠凿山开道以达绍兴平水,镠为吴越国王,改名驻日岭。一说南宋小康王避金兵逃此岭一宿,故名"驻日"。营盘村,为元末朱元璋攻绍兴府城时,扎大营于此,旧称大营盘,今简称营盘。良戈舍,位于诸暨、绍兴交界,传为越国贮藏弓箭兵器之所,亦名梁家舍。

---

[1] 陈炳荣编著:《枫桥史志》,第126—131页。

（3）反映地貌特征的地名，有山、坞、岗、岭、甸、畈。山区聚落多在"坞"中。"坞"又称山坞，反映的是四周环山的村落。枫桥境内以坞为名的聚落地名达30个以上。其中东一乡（旧时属东安乡）就有屠家坞、柳坞、宣家坞、何家坞、杨坞、干山坞、尚义坞、里东坞、外东坞、茅塘坞，视北境内还有王家坞、潘家坞、朱砂坞等。会稽山地缀以"岭""坑"的地名，能真实反映山高谷深的地貌特征，如上谷岭、钟家岭、桃岭、步溪岭、祝家岭、嵝岣岭、象辂岭、驻日岭等。缀以"坑"的地名则有黄坑、西坑、杜家坑、小坑、大坑、吉竹坑、石头坑。在山顶的村落缀以"山墩"，如馒头山墩、鼓楼山墩、岩头墩（村）。低山丘陵区，有许多聚落是在山麓发展起来的。村名就冠以"山"字。枫桥镇有紫薇村（紫薇山）、钟瑛村（钟山、瑛山）、叠山村（叠石山）、采仙村（采仙山）、行山村（邢山）、象山村（象山）。此外，尚有泰山（村）、大山（村）、大悟（村）、网山（村）、岫山（村），又名馒头山（村）、景山（村）、干山（村）、陈家山（村）等。平地和湖畈地区的聚落则缀以"桥"和"畈"，如骆家桥（村）、杜黄桥（村）、霞朗桥（村），缀以"畈"的则有泉畈（村）、黄大畈（村）、吴屋畈（村）、东畈（村）、岩畈（村）等。泗村、汇地村都是与溪水有关的地名。也有些在山区以"桥"命名的聚落，如八字桥（村）、闹桥（村）、大祝桥（村），这是在桥头形成的自然村，受交通位置影响较大。甸，原是低洼的湿地，以甸为名的村名有仙甸、单家甸。

（4）与人工建筑物有关的地名。石砩，是古代在永宁乡栎江上修建的堰坝。庠下（村）指该村位于学塾下首。桥上村、桥下村，均在全堂镇，以桥东、西分为两村，今桥上村仍名全堂。郭店、宣店，该村有郭姓、宣姓人开设的小店，后来作为聚落地名。

（5）以树木作标志的地名。原无地名，有居民点后，以该地生长的树木作为地名标志，久而久之为人们所接受。如大林（村），古代栎江上游尚未开发，有大片森林。又如银杏树下（今银杏村）、檡（择）树下（今檡树村）、东松林下、梨树坞、菩提山下（原山上寺院中有菩提树）、樟树下、柏树桥头、大竹园、吉竹坑、茅草坞等。

（6）以房族命名的地名。旧社会宗法观念根深蒂固,从房族中派生出来的地名很多,如陈姓有七房（村）、君耀房（村）、元文房（村）、仲义房、应中房、小三房、七四房、履祥房;楼姓有锡祺房、贤三房,骆姓有泰和房、象佩房等。新中国成立后,破旧立新,改"房"为"坊",如枫桥镇上的八七坊、贤三坊、履祥坊、泰和坊等。

（7）以谐音美化的地名。地名不雅,以谐音美化的有:腐泥潭头,今改五宜村;牯牛堰村,原是清代在栎江上游建造的堰坝,村人改名为"古有贤";降霞村原名岗下,位于走马岗下;渔稼村原名沙埂头,因面临溪畈,可渔可稼,改名渔稼村。

（8）以两地相对位置命名的地名。如东和乡姚家庵分为上姚、下姚两村,又有里嵝峋、外嵝峋两村;东一乡东坞分为外东坞、里东坞两村;赵家镇有上坞、下坞;全堂镇有桥上、桥下及石口、石里;枫桥镇有先陈、后陈等。

（9）新中国成立后组建的聚落（村）地名。孝义村由五显桥上、海觉寺、小郑家、镬炉横头等自然村组成。桥上县大路原有"孝义故里"门坊1座,故名孝义村。西畈村,该村位于枫桥镇西,面临西畈,故名西畈村。创业村,原名金、陈家坞,1961年改名创业。先进村,由先后陈、桥头、胡家、新庄、峆子岭、西园、下单等自然村组成,新中国成立后农业生产发展较快,工作先进,更名先进村。新跃村,原名西楼村锡祺房,1949年更名新跃,意为生产上要有新的飞跃。艳阳村,原名下杨村,由上杨村、下杨村、万春桥头等自然村组成,初名霞阳村,1981年改为艳阳村。进农村,原名陈家,由西埠、津龙桥、七四房、乌台门、青园等自然村组成,该村有古津龙桥,改"津龙"为"进农",取名进农村。化农村,原名陈家,由七房、君耀房、后溪头、东园、仲义房等自然村组成。以村旁混水江有古化龙桥,改"化龙"为"化农",取名化农村。新农村,原名陈家,由先、后元文房,先后水门、陶家山脚等自然村组成。新中国成立前农民较少,1949年取名新农村。勤农村,原名陈家长道地,该村农民较多,1949年取名勤农村,意为勤劳的农民。相泉村,原名应家峙,位于原东溪乡高山上,为纪念革命烈士何志相、张雪泉夫妇,新中国成立后更名相泉村。永联村,原名大园、栅里坞,两自然村相距甚近,而关系一向不和。新中国成立后,两村合为一村,为了搞好团结取名永联。聚英村,宋元时,旧名马塘里,该村多杂姓,居民较贫困。1949年后经干部群众商议,更"马塘"为"聚英",意为贫下中农都是英雄好汉,要聚在一起搞建设。阳春村,旧名杨村,历史上曾为杨姓所居,今则以郭姓为主。郭姓自谓其祖先出自唐汾阳王郭子仪之后,易"杨"为"阳",改"村"为"春",取名阳春。

(10)聚族而居的地名。在村前冠以"姓",或在姓后缀以"家"。如汤村、王村、葛村、潘村,说明村子分别是以汤姓、王姓、葛姓、潘姓聚族而居的。又如陈家、楼家、赵家、毛家等村,则是以陈姓、楼姓、赵姓、毛姓为主,是同一祖先繁衍,聚族而居的聚落。在冠有姓的地名中,也有名实不符的现象,如视北包村,自南宋以来为包姓聚族而居的大村。清同治元年(1862)7月太平军攻陷包村时,村人无一人幸存。事后,四方杂姓陆续迁入,至今姓氏多达30余个。枫桥镇孔村,清代咸丰以前,有孔姓族人80多户,清同治元年1月,太平军进驻枫桥,孔村地当孔道,居民无少长,咸被杀戮,至今孔村无孔姓。又如采仙山下邓村,为邓姓所居,明清之际,在一次鏖战中,整个村庄,成了一片焦土,从此邓姓绝迹。此外,永宁乡顾家坞村,在清代以前是以顾姓为主的大聚落,后来顾姓外迁,今则以陈姓为主。永宁杨村已无姓杨的人,今郭姓将杨村改为"阳春";梅岭潘村无潘姓,全堂镇单家甸无单姓。枫桥镇上杨蔬园、唐家山、丁家埂、诸家弄、阮家墙下,曾是杨、唐、丁、诸、阮等姓聚居之地,今则以陈、骆两姓为主。此外,三里店、半路(里)庙、九里村则是以距离命名。

第二,村庄姓氏的基本情况。

枫桥各村姓氏,多数是从黄河流域迁入的。从历史资料和各姓宗谱记载,其南迁时间可分魏晋时期、北宋"靖康之难"和宋元之交3个时期。

东汉末年,黄巾起义,受战争影响,已有部分氏族渡江南迁。而大规模南渡是在西晋建兴年间(313—317)。其间,北方战祸不断,皇室内部争权夺利,导致长达16年之久的"八王之乱"。中原士族为了逃避战乱纷纷渡江,著名的有琅琊王氏、陈留谢氏、荥阳郑氏、沛郡朱氏等。他们来到会稽郡,成为今日绍兴地区最早的一批北方侨民。东晋,士族豪强实施"封山占水",侵夺公有的山林川泽,但也使原来荒芜的土地得到开发。枫桥的姓氏有王氏、郑氏、杨氏、阮氏、张氏、孔氏。

北宋末年(1127)"靖康之难",徽宗和钦宗两个皇帝被金兵掳走。建炎初(1127—1129)金兵又攻陷都城汴京,黄河流域的大批汉族人随宋朝皇室南迁,定都临安(杭州)后,这批南迁的汉人多数居在浙江境内。落籍诸暨境内的,先后有太原王氏(山西太原)、颍川陈氏(河南颍川)、内黄骆氏(河南内黄)、杞谷楼氏(河南杞谷)、钜鹿魏氏(河北平乡)、西陇李氏(甘肃凉州)、天水赵氏(甘肃天水)、清河张氏(河北清河)、弘农杨氏(河南灵宝)、汝南周氏(河南汝南)、东海徐氏(山东兖州)、庐江何氏(安徽合肥)、西河毛氏(山西离石)、中山汤氏(河南登封)、安定胡氏(甘肃固原)、太原郭氏(山西太原)、荥阳郑氏(河南荥阳)、延陵吴氏(江苏武进)、晋昌唐氏(陕西石泉)、济阳丁氏(山东定陶)、始平冯氏(陕西兴平)、济阳蔡氏(河南兰封)、江夏黄氏(湖北云梦)、庐江包氏(安徽合肥),以及屠、陶、祝、寿、侯、孟等姓。他们中有的从东阳、义乌、绍兴、上虞等县辗转迁徙,再后定居诸暨。也有俞、汪、顾、诸、孙、钱、全、稽等姓可能是魏晋以前的江南土著。

枫桥镇上的姓氏,历来有"张、阮、孔、杨""丁、穆、江、唐""陈、楼、骆、王"的传说。张、阮、孔、杨,是六朝以前的望族。至迟到隋唐,张姓、阮姓、杨姓的村落已经出现。丁、穆、江、唐是宋元时期的大族。明清以后遂兴起陈、楼、骆、王。

从北方迁徙枫桥的氏族,他们带来了传统的中华文化,特别是尊祖敬宗的观念非常强烈。他们通常聚族而居,有孝悌忠信的美德。一个自然村,只有单一的姓氏,他们是同一祖先繁衍下来的子孙。村中建有祠堂,用来维系和强化族人的宗法意识。祠堂的族长又称家长,拥有至高无上的权力,为全族男女所尊敬。这样由单一姓氏发展而成的聚落,在地名中占很大比重,如陈家、楼家、赵家、毛家、王村、葛村、汤村、杨村、冯村、虞村、包村等,这类由单一姓氏构成的较大聚落几乎都是南宋以后大量涌现出来的。

第三,村庄人口的基本情况。

枫桥区原有15个乡(镇),大小村落500多个,其中建有村民委员会185个,自然村333个,人口总数141 610人。大的村落人口在3 000人以上,如枫桥镇的陈家(3 459人)、赵家镇的赵家(3 250人)。其次如上京、花明、泉畈、枫桥楼家人口都在2 000人以上。为了管理方便,一个大村又分为3—4个村民委员会,使村委会人口的平均数保持在700—800人左右。山区交通不便,自然村分散,村委会建立后人口不足200人的有东和乡上蔡村(188人)、东溪辽坑湾(185人)、东三岭头村(180人)、东和乡吴屋畈(177人)、梅岭沙田(160人)。

枫桥区1987年人口分布表

单位:户人

乡(镇)	总户数	总人口		
		农业人口	非农业人口	合计
全区合计	43 020	133 566	8 044	141 610
枫桥镇	4 482	9 688	4 066	13 754
新枫乡	3 760	11 626	265	11 891
栎江乡	3 702	12 197	304	12 501
永宁乡	1 886	6 266	140	6 406
赵家镇	4 839	12 329	1 489	13 818
梅岭乡	2 882	9 610	178	9 788
东溪乡	2 569	9 155	213	9 368
齐东乡	2 181	6 996	249	7 245
乐东乡	1 925	6 597	142	6 739

续表

乡(镇)	总户数	总人口		
		农业人口	非农业人口	合计
东一乡	2 334	7 429	196	7 625
东和乡	3 335	10 690	263	10 953
金王乡	1 335	4 583	60	4 643
舞凤乡	2 230	7 842	139	7 981
东三乡	1 632	5 463	106	5 569
视北乡	3 930	13 095	234	13 329

枫桥区各乡(镇)村民委员会人口数：

枫桥陈家人口总数3 459人，现分进农、化农、勤农、新农4个行政村。

赵家人口总数3 250人，现分赵一、赵二、赵三、赵四4个行政村。

檀溪上京村人口总数2 603人。

檀溪花明村人口总数2 510人。

檀溪泉畈村人口总数2 373人，现分泉一、泉二、泉三、泉四4个行政村。

枫桥楼家人口总数2 211人，现分新跃、艳阳、开先3个行政村。

梅岭乡降霞村2 035人。

栎江乡霞朗桥村(包括江口、上庄)1 965人。

栎江乡泂村(包括下园)1 953人。

乐山乡石口村1 610人。

视北乡包村1 596人。

视北乡兰岭村(包括陈家、蔡家、李家)1 521人。

栎江乡桥亭村(包括郝山下、外畈、下宣)1 479人。

东一乡葛村1 469人。

东和乡卓溪村(包括俞家、寺前)1 429人。

东和乡王家宅村1 425人。

齐东乡毛家村1 385人。

枫桥镇钟瑛村1 380人。

乐山乡单家甸村(包括楼谢家)1 366人。

枫桥镇枫溪村1 312人。

视北乡宜仁村1 284人。

永宁乡新山村(包括阳春、胡家畈、茅草坞)1 280人。

舞凤乡闹桥村(包括石家庵)1 277人。

舞凤乡大林村(包括高山、峡山、花园、方田坞)1 275人。

东三乡屠家坞村1 255人。

齐东乡全堂村1 250人。

新枫乡先进村(包括桥头、胡家、岙子岭、下单)1 247人。

齐东乡桥下村1 221人。

梅岭乡柳仙村(包括白水、柳家坞)1 189人。

枫桥镇孝义村1 162人。

视北乡古塘村1 159人。

永宁乡石硼村1 150人。

梅岭乡仙甸村(包括坞底村)1 130人。

枫桥镇紫薇村1 112人。

枫桥镇西畴村1 112人。

东溪乡皂溪村(包括丫溪口)1 093人。

栎江乡西山村(包括小奕村、冯村、魏家村、宣家坞村)1 091人。

栎江乡魏家坞村(包括西坞)1 071人。

东一乡王村1 055人。

枫桥镇新跃村1 048人。

乐山乡大溪村(包括溪口、里汤)1 043 人。

枫桥镇彩仙村(包括窑头、邓村山下)1 040 人。

东一乡外东坞村 1 028 人。

梅岭乡护家洞村(包括庵前、花园、新老屋)1 011 人。

东溪乡山口村 979 人。

东和乡朱村(包括宣家)975 人。

栎江乡样槠(择)树村(包括外畈)963 人。

东一乡旺妙村(包括大干溪)943 人。

陈家新农村 935 人。

枫桥镇叠山村(包括梓塘小盘龙)914 人。

新枫乡杜黄桥村(包括桥上、阮家)914 人。

舞凤乡上步溪村 913 人。

陈家进农村 908 人。

视北乡述唐下村(包括马交山头)907 人。

视北乡西山村(包括魏家、下庄、山后、上庄)900 人。

永宁乡永联村(包括大园、栅里坞、北塘)898 人。

齐东乡汤村 881 人。

东溪乡西坑村 873 人。

栎江乡奕村(包括大奕村、璜山、鲇鱼山头)870 人。

新枫乡遮山村 857 人。

东和乡小坑村 854 人。

赵家三村 849 人。

视北乡良戈舍(包括靠老山、马坞、俞家)844 人。

视北乡后旺村(包括活路岭下)833 人。

陈家化农村 827 人。

赵家四村826人。

东溪乡钟家岭815人。

赵家二村802人。

梅岭乡毛家园村801人。

赵家一村794人。

陈家勤农村780人。

东溪乡相泉村769人。

新枫乡骆家桥村766人。

东和乡邵家坞村762人。

乐山乡岫山村（包括西溪馒头山墩）758人。

乐山乡大祝村（包括岭下、倪家）744人。

梅岭乡宣店村（包括留坞桥）740人。

檀溪乡后京村（包括岭下、新庄）730人。

栎江乡象山村720人。

东和乡上姚村720人。

舞凤乡大林村706人。

新枫乡骆家桥村702人。

视北乡潘家坞村696人。

视北乡乌程村682人。

东和乡下姚村681人。

永宁乡上山村（包括陈昂、天马、丁家山）676人。

东一乡银杏村（包括上张、后葛）672人。

东溪乡丁家坞村（包括太平庵、下连湾）668人。

东溪乡桃岭村（包括大湾里、回龙头）666人。

东和乡冯蔡村659人。

东和乡陈篁村 656 人。

新枫乡新建村(楼家)640 人。

舞凤乡尚典村(包括向阳)636 人。

视北乡下宣埠 629 人。

泉畈二村 621 人。

东和乡外嵝岣村 617 人。

泉畈三村 609 人。

乐山乡石里村(石峡里梓坞村)604 人。

东山乡柳坞村 601 人。

泉畈乡四村 597 人。

枫桥镇大悟村(包括窑头、大沙滩)599 人。

永宁乡将军村(顾家坞、徐村畈)594 人。

楼家艳阳村 592 人。

东三乡泽前村 586 人。

栎江乡聚英村(马塘、上宣、骆家湾、郑村)585 人。

永宁乡下西湖村 577 人。

楼家开先村 571 人。

栎江乡郭店村 571 人。

梅岭乡黄大畈村 567 人。

齐东乡东畈(包括东山、畈头)566 人。

舞凤乡梨树坞村 565 人。

东和乡汪家坞 564 人。

梅岭乡潘村 563 人。

枫桥镇大竺村 558 人。

东三乡何家坞 558 人。

枫桥镇大山村551人。

新枫乡行山(包括杜黄山下、行者桥、冯家)551人。

栎江乡新店湾(包括岭下、岭上、山下、孝坞子)550人。

东一乡渔稼村(包括下张、沙埂头)546人。

泉畈一村546人。

东和乡朱坞村(包括大地塔)530人。

永宁乡网山村(包括小溪坞、小溪寺)528人。

舞凤乡杜家坞528人。

视北乡朱砂坞527人。

舞凤乡下步溪村522人。

东和乡章坞村522人。

东和乡施家坞村(包括祝家岭)521人。

檀溪乡夏湖村519人。

东一乡五宜村515人。

东溪乡里宣村507人。

齐东乡辽坞村507人。

东溪乡黄坑村505人。

梅岭乡景山村(石头坑)491人。

东和乡梅店村(包括洪家山)482人。

东和乡岩畈村479人。

齐东乡樊家村(包括大地塔、香团园)477人。

永宁乡溪东村475人。

视北乡甘岭村464人。

东和乡吉竹坑村444人。

梅岭乡新塘村443人。

齐东乡河宣村 443 人。

东溪乡外宣村 442 人。

枫桥镇大山村 441 人。

舞凤乡中步溪村 438 人。

舞凤乡八字桥村 420 人。

东溪乡杜家坑 418 人。

檀溪乡芦狮村 414 人。

檀溪乡驻日岭村 411 人。

东三乡杨坞村 398 人。

梅岭乡拔蜂村 382 人。

舞凤乡上梧岗村 373 人。

东和乡里嵝岣村 373 人。

新枫乡汇地村 371 人。

东溪乡东张坞 368 人。

东三乡王家溪村 368 人。

东一乡新杨村 339 人。

东和乡溪头村 330 人。

东和乡蒲里坞村 317 人。

东三乡干山村 314 人。

视北乡营盘村 308 人。

东一乡尚义坞 306 人。

檀溪乡菩提村 299 人。

东和乡金王村(岭下) 296 人。

新枫乡何家村 294 人。

东和乡塔塘村 293 人。

东一乡里东坞 291 人。

齐东乡杨山村 283 人。

东三乡东松岭下 282 人。

新枫乡创业(金陈家坞)275 人。

东溪乡陈家山村 272 人。

视北乡庠下村 265 人。

东三乡高家村 264 人。

东和乡凤山庄 263 人。

舞凤乡杜坑村 260 人。

东一乡茅塘坞 260 人。

东和乡王六村 255 人。

东溪乡韩家湾村 251 人。

东溪乡上阳村 241 人。

东和乡古有贤村 233 人。

东溪乡上下坞村 231 人。

东和乡新桥头村 215 人。

东一乡九里村 209 人。

檀溪乡檀峦村 205 人。

东三乡宣家坞村 196 人。

东和乡上蔡村 188 人。

东溪乡辽坑湾村 185 人。

视北乡王家坞村 184 人。

东三乡岭头村(古博岭)180 人。

东和乡吴屋畈 177 人。

梅岭乡沙田村 160 人。

第二章
诸暨市强化党的领导推进村民自治

提要： 中国特色社会主义制度的最大优势是中国共产党的领导。推进乡村治理现代化离不开党建的引领。基层党建与乡村治理现代化体现为一种互动关系，即基层党建引领乡村治理现代化发展、乡村治理有效激活基层党建发展活力。在实践过程中，一方面，要发挥乡村治理对基层党建活力的激活作用，即以乡村治理内容提升党员素养，以乡村治理实践促进党群关系建设，以乡村治理问题驱动组织建设；另一方面，还要以基层党建引领乡村治理现代化发展，不断提升引领力、组织力、凝聚力、影响力，努力实现乡村振兴。

加强党的领导是"枫桥经验"60年发展的不变主题，诸暨市在推进村民自治工作过程中始终坚持党的领导，其创新实践的内容主要可以分为三个部分。一是注重加强村级的组织建设。本部分主要选取了三个方面的史料。第一，村级组织基本阵地建设。诸暨市采取有力措施，大力加强村级组织基本阵地规范化建设，坚持"一室多用、综合配套，设施齐全、功能健全，利用充分、群众满意"的总体思路，把村级组织建设成为具备党员活动与服务、村民议决事、便民服务、教育培训、文化娱乐等综合功能的农村新社区公共服务中心。第二，村级组织建设的数字化应用。诸暨市为深入贯彻落实新时代党的组织路线,坚持和加强党对农村工作的全面领导,适应村党组织书记、村民委员会主任、村经济合作社社长"一肩挑"带来的深刻变革,构建起了党建统领的村级组织整体智治体系。第三,相关乡镇(街道)村级组织建设的特色做法。暨阳街道、店口镇、次坞镇、浣东街道、璜山镇、五泄镇、阮市镇等都对村级组织的规范化建设进行了有益探索,形成了较为丰富的经验。二是村级组织的干部队伍建设。本部分主要选取了三个方面的史料。第一,村级组织内部的干部队伍建设。比如村党组织书记队伍建设、村干部队伍绩效管理等。第二,村级组织外部的干部队伍建设。主要涉及驻村指导员、选聘高校毕业生到农村工作等内容。第三,相关乡镇在村级干部队伍建设方面的实践。比如牌头镇、阮市镇、同山镇、山下湖镇、璜山镇等都制定了规范村主职干部、驻村干部规范、大学生村官的管理制度。三是完善村级服务体系。这部分的史料主要涉及城乡社区建设、村级便民服务中心建设、村级证明事项规范化等内容。

2.1 村级的组织建设

2.1.1 关于进一步加强村级组织基本阵地规范化建设的意见[1]

各镇乡党委、政府,各街道党工委、办事处,市级机关有关部门:

村(村改居,下同)级组织基本阵地建设是加强农村基层组织建设的基础性工作。近年来,我市采取有力措施,大力加强村级组织基本阵地规范化建设,工作取得了很大进展。为认真落实中组部、国家发改委等有关部门《关于加强村级组织活动场所管理和使用工作的意见》(组通字〔2008〕19号)及有关文件精

---

[1] 中共诸暨市委办公室、诸暨市人民政府办公室:《关于进一步加强村级组织基本阵地规范化建设的意见》,2008年8月29日印发,市委办〔2008〕98号文件。

神,根据我市行政村规模调整后村级组织基本阵地建设的现状,现就进一步加强我市村级组织基本阵地规范化建设提出如下意见:

一、目标任务

按照社会主义新农村建设的要求,坚持"一室多用、综合配套,设施齐全、功能健全,利用充分、群众满意"的总体思路,从今年开始,用三年左右的时间,力争使全市村级组织基本阵地普遍达到规范化建设标准,成为具备党员活动与服务、村民议决事、便民服务、教育培训、文化娱乐等综合功能的农村新社区公共服务中心。

具体目标:村部面积 200 m^2 以上的村,重点是拓展功能,特别是把村部面积在 400 m^2 以上的村级组织阵地建设成为示范型阵地;村部面积在 200 m^2 以下的村(见附件),重点是整合资源,改善设施。力争到 2008 年底,各镇乡、街道有 60% 以上的村达到规范化建设标准;到 2010 年底,全市 100% 的村达到规范化建设标准。

二、工作措施

1. 加强阵地建设。各镇乡、街道要在全面深入调查摸底的基础上,根据各村集体经济实力、工作需要和群众愿望等实际情况,对照标准,因村制宜,充分利用学校网点调整、自然村村部、非耕地等,采取改建、扩建和新建等形式,加强基本阵地的规范化建设。规范化阵地主要应包括:村部面积达到 200 m^2 以上,有容纳召开村党员大会的会议室和党员活动与服务设施,主要为支部活动室、党群接待室、党群阅览室等;有村民议决事设施,主要为村两委会班子成员办公室、值班室、专职驻村干部办公室、村文书办公室、会议室等;有便民服务设施,主要为便民服务窗口、计生服务室等;有教育培训设施,主要为远教(电教)室、图书(电子)阅览室等;有文化娱乐设施,主要为健身器材、球场、老年活动室等。

2. 完善配套设施建设。要加强村级基本阵地周边环境整治,做好硬化、绿化、美化工作,保持整体环境的整洁有序。在阵地显著位置要设立永久性党务、村务公开栏,在公开栏内要张贴村干部职责分工和办公联系电话。在会议室或活动室一般应有齐全的上墙内容,主要包括村情概况、党内制度和村级工作议事决策及村民自治制度、创业承诺等。上墙的材料要规范、准确、简洁、整齐,避免过多过滥。在阵地前要设置旗杆,悬挂国旗。

3. 健全长效机制建设。村级组织基本阵地规范化建设要从建章立制、强化管理、规范运行入手,坚持建、管、用并重,在发挥村级组织基本阵地综合效用上下功夫。一是要建立健全定期开展党员活动与服务制度。利用党员活动场所开展"三会一课"、党员经常性教育、党员联系和服务群众、发展党员、民主评议党员、关爱帮扶等党内活动和党员服务活动。二是要建立健全开展村民议决事活动制度。要积极引导村两委会班子,利用活动场所定期召开两委会会议、村民代表会议、村民会议等,实行村干部定期集中学习办公和轮流值班等活动。三是要建立健全教育培训活动制度。要以实施农村党员干部现代远程教育和农民素质培训工程等工作为契机,制定教育培训计划,组织党员干部群众经常性地开展各类教学活动。四是要建立健全便民服务活动制度。要利用阵地着重完善为民办事代理点(站)建设,设立村民服务热线电话,实行村文书定期上班制度,为党员群众办理户口迁移、计划生育、民政优抚、卫生防疫等服务。五是要建立健全文化娱乐活动制度。要充分发挥共青团、妇联、老年协会等组织的作用,开展各种文化娱乐活动,不断丰富党员群众的业余文化生活。

三、市财政补助重点及标准

为加强村级组织基本阵地规范化建设,从 2008 年开始至 2010 年底,市财政将切出专项资金,重点对村部面积在 200 m^2 以下的村予以适当补助。每年 11 月底,市委组织部将会同市农办、市民政局、市财政局等有关部门按照村级组织基本阵地规范化建设标准进行验收。补助标准为:对 22 个无村部的村,完成新建的,验收合格后,按村部面积 200 m^2 标准给予 500 元/m^2 的补助。对村部面积不足 200 m^2 的 207 个村,完成规范化阵地建设的,不足 200 m^2 的部分,按 500

元/m² 进行补助;超过 200 m² 的部分,按 100 元/m² 进行补助。鼓励以改建方式完成规范化建设,市里按村部改建投入费用的 70%给予补助(最高补助额度控制在 10 万元以内),同时对配套设施建设给予 5 000—10 000 元的奖励。

四、几点要求

1. 要切实加强组织领导。各镇乡、街道党(工)委要高度重视这次村级组织基本阵地规范化建设工作,建立和落实责任制,成立村级组织基本阵地规范化建设领导小组,及时研究、协调和解决工作中的有关问题。要整合资源,统筹考虑,注重与新农村建设、农村新社区建设和文化阵地建设等有机结合,整体推进村级组织基本阵地规范化建设。

2. 要积极提供政策支持。对新建、扩建的村级组织基本阵地,有关职能部门都要在政策上给予支持,帮助解决土地、设施、管理等具体困难。对因教育网点调整而留下的闲置中小学校舍,各镇乡、街道和有关部门要为村级组织提供方便,鼓励和支持村级组织在现有基础上进行扩建、改建,建设、规划等部门要提供规划和建设方案,使村级组织基本阵地建设更加科学、更加符合实际。

3. 要进一步规范监督管理。各镇乡、街道要采取有效措施,加强对村级组织基本阵地规范化建设的监督,内部装饰装潢和功能设施的总体水平应与村级集体经济实力相匹配,杜绝搞形象工程。要依法明确基本阵地的资产性质和产权归属,加强对固定资产、设施设备、文件资料等的日常管理,明确专人负责,严格登记造册。

2.1.2 关于实施基层党建"五大引领"工程深化发展新时代"枫桥经验"的意见[1]

为坚持和加强党的全面领导,贯彻落实新时代党的组织路线,突出党建引

---

[1] 中共诸暨市委办公室:《关于实施基层党建"五大引领"工程深化发展新时代"枫桥经验"的意见》,2018年8月1日印发,市委〔2018〕35 号文件。

领基层治理,发挥党的群众工作优势,提升基层治理现代化水平,现就实施基层党建"五大引领"工程,深化发展新时代"枫桥经验"制定本意见。

一、指导思想

高举习近平新时代中国特色社会主义思想伟大旗帜,深入贯彻党的十九大精神和习近平总书记关于坚持发展"枫桥经验"的重要指示精神,坚定不移沿着"八八战略"指引的路子走下去,坚持以人民为中心,充分发挥基层党组织组织群众、宣传群众、凝聚群众和服务群众的职责作用,进一步提升基层党组织组织力,不断深化发展新时代"枫桥经验",为推进基层治理现代化提供坚强有力的组织保证。

二、目标要求

坚持把党的领导贯穿基层治理全过程,通过实施政治引领、组织引领、能力引领、发展引领、服务引领"五大引领"工程,努力构建党组织统一领导、各类组织积极协同、广大群众广泛参与的基层治理体系,实现政治核心更加突出、组织覆盖更加有效、队伍素质更加优化、强村富民更加有力、人民群众更加满意五大目标,为深化发展新时代"枫桥经验"注入新的内涵。

三、工作举措

(一)实施"政治引领"工程,把准基层治理主方向

1. 用习近平新时代中国特色社会主义思想武装头脑。把学习贯彻习近平新时代中国特色社会主义思想和党的十九大精神作为今后一个时期最重要的政治任务,结合学习习近平总书记在《中共浙江省委关于"八八战略"实施15年情况的报告》中作出的重要指示精神,组织开展基层党组织书记集中培训、党员集中轮训,上好支部主题党课,用好文明传习点,开展在线学习,推动党员干部干在实处、走在前列、勇立潮头。高水平推进"两学一做"学习教育常态化制度化,高标准开展"不忘初心、牢记使命"主题教育,牢固树立"四个意识",坚定"四个自信",坚决维护以习近平同志为核心的党中央权威和集中统一领导。

2. 开展乡镇党委班子政治责任履职评价。突出乡镇党委在基层政治建设中的主体地位,强化乡镇党委在基层政治思想教育、政治风气引导、政治行为规范等方面的责任。加强对乡镇党委政治理论学习、政治标准执行、政治任务落实等情况的检查。进一步优化完善乡镇党委班子考核评价机制,将政治建设的质量和成效作为班子评价的重要内容,辖区内政治风气情况和党员群众满意度作为评先评优、选拔任用的重要依据。

3. 实行乡镇党委委员党建责任清单制管理。压实乡镇党委书记抓基层党建"第一责任人"责任和党委委员具体责任人责任,着力解决乡镇党委班子"重业务轻党建"等问题。乡镇党委年初制订党委委员党建工作责任清单,明确党委委员党建领办项目,实行进度公示、全程督查、年终评议,强化党委委员抓基层党建的责任意识和履职绩效。

4. 建立村级各类组织向村党组织报告工作制度。强化村党组织在基层治理中的政治功能,健全完善以村党组织为核心、村民委员会和村务监督委员会为基础、村股份经济合作社和农民合作社为纽带、各种经济社会服务组织为补充的农村基层组织体系。实施村民委员会、村务监督委员会、村股份经济合作社和团、妇、民兵等组织每月一次向村党组织报告工作制度,村党组织年终对各类组织工作开展情况点评,并结合党员大会、村民代表会议开展评议,切实发挥村党组织对村级组织和村民群众的政治引领作用。

5. 开展"一个党员一盏灯、一个党员一面旗"亮旗行动。开展以"五带头"为主要内容的党员"亮旗"行动,即:大是大非面前带头亮态度,急难险重面前带头亮担当,乡风文明面前带头亮形象,矛盾纠纷面前带头亮姿态,日常言行面前带头亮规矩。推动党员理直气壮讲政治,在大是大非面前保持清醒定力,争做基层社会治理主心骨。开展"身边好党员"评选活动,重点挖掘宣传一批政治意识强、示范带动好、群众评价高的基层优秀党员。

（二）实施"组织引领"工程，筑牢基层治理主阵地

6. 推行区域化党建联盟。创新基层党组织设置形式，探索建立区域化党建联盟，按照"地域相邻、产业相近、人文相亲"原则，实行组织共建、阵地共享、队伍共育、活动共办，促进基层党组织抱团发力、整体破难，推动基层治理一体化、群众工作一体化。在枫桥镇、草塔镇等乡镇试点基础上，全面推广"村村联盟""村企联盟"等模式，不断激发组织活力，夯实基层基础。

7. 探索"功能型党组织+中心工作"推进模式。紧扣经济发展和社会稳定，在重点项目、重点工作中，按照不转移组织关系、共同参与组织生活的模式，建立功能型党组织。将党建工作与中心工作同步谋划、同步推进，定期开展以助推服务中心工作为主要内容的组织生活，形成党组织主导、党员引领、群众参与的长效工作机制。

8. 实施"1+1+N"网格化党建模式。结合全科网格划分，建立1个党支部+1个网格+N个党小组的"1+1+N"党建模式，推动"党建网"与"治理网"双网合一、良性互动。通过"两委"班子成员管网格、在职党员进网格、志愿服务队驻网格、两新组织联网格等途径，推动群众需求在网格发现、资源在网格整合、问题在网格解决，以网格"小区域"激发党建"大活力"。到2018年底，全市实现网格党小组全覆盖，培育100个引领有力、管理有序、效果明显、群众公认的特色示范网格党小组。

9. 建立农村党组织"螺旋式"提升工作机制。结合农村"五星达标，3A争创"，以乡镇为单位，每年按10%的比例确定先进村党组织，实行资源倾斜，培育提升为示范村党组织。结合五星达标要求，按20%的比例确定薄弱村党组织，采取市领导挂点联系、联系部门结对帮扶、乡镇领导包干负责、第一书记驻村指导等方式进行提升。每季度开展进度排位，年底进行综合评估，提升效果明显的确定为达标，效果不明显的继续提升。每年调整示范村、薄弱村党组织名单，按照抓两头促中间的思路，推动村党组织"薄弱村—达标村—先进村—示范村"

"螺旋式"持续提升,实现基层党组织全面进步、全面过硬。

(三)实施"能力引领"工程,锻造基层治理主力军

10. 打造"通政策、懂基层、有办法"的"枫桥式"乡镇干部队伍。根据乡镇基层工作需求,探索"集训+实战"模式,加强农村实用法律法规、基层社会治理、村级集体经济发展、矛盾纠纷调解等群众工作能力方面的培训,定期选派乡镇干部到急难险重一线和上级部门挂职锻炼。压实乡镇党委干部培养教育主体责任,抓实青年干部成长论坛和成长档案,深化"以老带新"传帮带工作机制,充分发挥老乡镇干部的经验优势。完善包村、驻村工作机制,创新开展基层工作大比武,不断提升新时代乡镇干部做群众工作专业化水平。

11. 建立村党组织书记县级备案管理制度。对村党组织书记实行"乡管县备",村党组织书记基础档案、调整任免、教育培训、激励保障和考核监督等内容报市委组织部备案,强化分析研判、系统管理。探索建立履历实绩量化评价办法,从党建工作、带富能力、治理水平三方面综合评价村党组织书记,对半年度得分较低的,由市委组织部提醒谈话,年度得分情况作为村党组织书记评先评优的重要依据。明确村党组织书记、村委会主任兼任村调解主任、治保主任,压实村"两委"主职干部在乡村治理中的主体责任。加大村"两委"主职干部"一职两备"后备干部队伍建设,为乡村振兴储备充足的村级班子人才。

12. 打造"喊得应、站得出、打得响"的基层党员队伍。实施发展党员"源头工程",突出政治标准,加大从35周岁以下农村优秀青年中发展党员力度,村党组织3年内一般应有新发展党员,不断提高村主任、村民代表中党员的比例。完善党员日常表现量化管理评价标准,亮明底线要求,强化先锋指数考评结果运用,加大警示党员整转和不合格党员处置力度。坚持"一年一个主题"抓好党员"春季集训"工作,做到集训仪式标准化、集训课程菜单化。

(四)实施"发展引领"工程,打造基层治理主引擎

13. 强化以党组织为主导统筹落实资金资源。市级层面统筹整合目标接

近、资金投入方向类同、资金管理方式相近的涉农涉村资金项目,推动资金资源跨部门、跨类别打通使用,由乡镇党委统筹安排。坚持村党组织在乡村振兴各项政策落实过程中的主导作用,凡上级投入到村的各类资金项目和公共服务,原则上由村党组织牵头落实,惠及民生的实事由村党组织牵头组织实施,让基层群众明白惠从何来,不断增强获得感和信任感。

14. 建立健全村干部干事创业激励机制。围绕"一村一策一清单",加大村主职干部发展考核奖励比重,包村领导应一年至少4次与村两委班子成员、党员骨干开展谈心谈话,激发村干部干事创业激情。加强乡村实用技术人才培训,发挥劳动技能培训中心、基层党校、成人学校作用,培育一批有文化、懂技术、会管理、善经营、爱农村的乡村人才,壮大村级发展主力军队伍。探索建立村干部容错纠错机制,甄别村干部在贯彻落实上级决策部署时出现失误或错误的具体情况,加大对担当实干、治理有方村干部的关爱保护。

15. 加快推进村级集体经济发展壮大。坚持因地制宜,用足用好《诸暨市村级集体经济转型发展三年行动计划(2017年—2019年)》等政策。优化村级产业发展规划,积极发展美丽经济、物业经济和服务经济,盘活闲置资产,对接联系在外"乡贤"和"三农"人才,吸纳社会资本、技术力量参与乡村振兴,积极拓展壮大集体经济有效途径。依托党建联盟等平台,运用土地流转、飞地抱团、物业联建等方式,实现资源共享、发展共赢。

(五)实施"服务引领"工程,拓宽基层治理主渠道

16. 深化"3+1"联系服务群众模式。坚持完善"市级机关干部+群众""乡镇机关干部+群众""农村党员干部+群众"的"3+1"联系服务模式。深化市级机关干部"返乡走亲"工作,建立返乡干部助力村建项目清单,服务乡村治理,助推乡村振兴。深化乡镇机关干部"驻村联心"工作,深入开展"民情大比武",推动驻村干部更好地融入群众、服务群众。深化农村党员干部"联户交心"工作,推行"双向选择""双线服务""双重承诺""双色评价"的联系服务群众"四双"工作

法,提升党员联系服务群众工作实效。

17. 推行"5+X"村级社会组织标准化建设。加大对村级社会组织的培育、孵化和扶持力度,发挥社会组织参与基层治理作用。在村党组织领导下,通过构建乡贤参事类、平安巡防类、乡风文明类、志愿服务类、矛盾调解类等五类基础型社会组织,因村制宜培育"X"类个性化社会组织,打造村级社会组织"5+X"标准化体系,探索实施村级社会组织党组织组织力指数动态评价。到2018年底,全市40%以上五星达标村完成村级社会组织"5+X"标准化建设;到2019年底,70%以上五星达标村完成标准化建设;到2020年底,做到有条件的村应建尽建。

18. 探索外来建设者党建服务新模式。加强外来建设者党员教育管理,建立外来建设者(新居民)党支部,引导流动党员"归队、聚心、亮身份",完善流入党员联系流动人口工作机制,提供"上下互通、矛盾化解、安全生产、环境卫生、文明出行、就业创业"的"六联"服务,将外来建设者紧紧吸附到党组织周边。提倡村(居)党组织书记兼任外来建设者(新居民)支部委员,邀请外来党员参加居住地党组织生活,建立集中租住点党小组,推选党员骨干担任"楼长",实现外来建设者的有效融入。

19. 扎实推进智慧党建管理服务工作。建好用好党员教育平台和全国党员管理信息系统,借助现代信息技术创新党员教育管理和党组织活动方式,开展大数据分析,为基层党组织和党员提供权威的信息服务。加快全市智慧党建管理平台建设,开发利用手机、电脑和电视"三屏"服务系统,通过群众在线提交服务需求、党员实时认领服务项目、服务效果线上一键评价,实现党员志愿服务无缝对接。

四、工作要求

(一)加强组织领导。各级党组织要高度重视基层党建引领基层治理、深化发展新时代"枫桥经验"工作,凝聚"抓党建促治理"共识,形成由市委统一领导,组织部门牵头,政法、宣传等部门密切配合的基层党建引领基层治理工作格局。乡镇党委要切实履行好抓基层党建的工作职责,每季度开展1次工作分析研判,班子成员每月听取所包村情况,推动形成党建引领社会治理、三治融合共建共享、惠民服务百姓有感的良好局面。市级层面要建立定期督查制度,及时发现问题,加强督促整改。

(二)强化工作保障。市财政要加大对基层公共服务投入,切实保障基层组织运转经费、党建工作和党员教育管理经费、党组织服务群众专项经费和社会治理经费。落实农村"一定三有"要求,确定职责,确保基层组织有人管事、有钱办事、有场所议事。关心关爱村干部,充分保障村干部报酬待遇。加强村级组织活动场所建设,拓宽资金筹集渠道,鼓励引导社会资金投入基层治理领域。

(三)营造良好氛围。充分发挥传统媒体、网络新媒体等舆论引导作用,加大对基层党建引领基层治理的重大内涵、重点工作、重要成效的宣传力度。围绕坚持和发展"枫桥经验",开展"典型选树、示范引领"活动,大力表彰先进集体和先进个人,全面宣传党建引领基层治理好故事、好经验,切实提升社会参与度和群众满意度。

2.1.3 关于坚持党建统领推进村级组织整体智治的意见[1]

为深入贯彻落实新时代党的组织路线,坚持和加强党对农村工作的全面领导,适应村党组织书记、村民委员会主任、村经济合作社社长"一肩挑"带来的深刻变革,构建党建统领的村级组织整体智治体系,根据《中国共产党农村基层组织工作条例》《浙江省村级组织工作规则》等有关法律法规和政策文件,特制定本意见。

一、着力构建集体领导、权责清晰的分工协作体系

(一)村社党组织书记、村(居)民委员会主任。全面主持村两委会工作,充

---

1 中共诸暨市委办公室、诸暨市人民政府办公室:《关于坚持党建统领推进村级组织整体智治的意见》,2021年4月29日印发,市委办〔2021〕15号文件。

分发挥带头人作用,带领和督促村两委班子成员依法依规履行职责,团结协作开展工作。除上级明确规定外,村社党组织书记一般不兼任其他村级组织职务。

(二)村社党组织副书记。协助书记开展工作,分管党建工作、纪律检查、村务监督、群团建设等。兼任村(居)务监督委员会主任的,不得分管或负责财务资金、工程项目、资产管理等与履行监督职责有关的事项。

(三)村(居)民委员会副主任。从有利于健全党组织领导下的基层群众自治机制、发挥村(居)民委员会功能出发,根据各村社实际具体确定分工。

(四)其他村社两委班子成员。按照发挥村社两委班子成员个体优势、凝聚村社两委班子整体合力的原则,根据各村社实际具体确定分工。

村社两委班子成员要严格遵守《诸暨市村干部工作守则》,切实履行网格长职责,形成网格长、专职网格员、兼职网格员和网格指导员协同抓村级治理的合力。要进一步压实村社组织抓平安促和谐的工作责任,充分展现调处化解矛盾的一线担当,具体按照《村主职干部信访工作"十条负面清单"》执行。

二、进一步健全党组织主导的村级组织运行机制

(一)健全村社干部上班值班制度。村社干部上班值班时间原则上为上午8:30—11:30,下午1:30—4:30。村社主职干部周一至周五全天上班;村社党组织副书记、村(居)委会副主任周一至周五各半天上班;每周二为村社两委干部集中办公日,当日召开村社民情分析会和村(居)务联席会议;村社两委干部实行周一至周日轮流值班制。严格执行村社干部上班值班请假和外出登记制度。为保证村社主职干部有足够精力抓发展、抓治理,镇乡(街道)凡须村社主职干部参加的会议必须经党群副书记审批同意。

(二)健全村社党组织委员会会议制度。村社党组织委员会是村社党组织日常工作的领导机构,村社党组织委员会会议一般每月召开1次,根据需要可随时召开,对村社党组织重要工作进行讨论、作出决定。

(三)健全民情分析会和村(居)务联席会议制度。民情分析会和村(居)务联席会议可合并召开,由村社党组织书记召集并主持,包村领导、驻村干部、下派"第一书记"和全体村社两委干部参加,不是村社党组织班子成员的村(居)务监督委员会成员列席。会议先汇总分析并商议解决民情事项,再讨论研究其他议题,布置相关工作。

(四)健全村民(代表)会议制度。进一步规范和完善村民代表会议制度,推动村民依法自治,发挥村民代表作用,保障村民依法行使民主权利。具体参照《关于印发〈诸暨市村民代表履职规范(试行)〉的通知》(诸民〔2020〕42号)执行。

(五)健全村级重大事项议事决策制度。凡与村民切身利益相关的村级重大事项,必须按照"三上三下三公开"制度规定的程序进行决议。村(居)务联席会议和议事主要环节,包村领导、驻村干部必须到会指导并签字确认。具体参照《诸暨市村级重大事务决策"三上三下三公开"实施细则(试行)》(诸组通〔2020〕26号)执行。

(六)健全村社组织请示报告制度。村社党组织每半年听取1次村(居)民委员会、村股份经济合作社,以及村(居)务监督委员会等村级组织的工作报告,并提出意见建议,必要时随时听取汇报。村社党组织每年至少向镇乡(街道)党(工)委作1次全面工作报告,对重要事情或遇到突发性重大情况,应当及时向镇乡(街道)党(工)委请示报告。具体按照市委组织部《关于建立村级重大事项报告制度的通知》执行。

三、从严规范村级管理各项制度

(一)规范村级财务管理制度。村级财务支出严格执行村社党组织书记、村(居)民委员会主任、村股份经济合作社社长、村(居)务监督委员会主任、村(居)民委员会副主任联审联签制度,不设副主任的村社,由村(居)务联席会议研究确定1名村(居)民委员会班子成员参与联审联签。涉及对外签订合同、工程发包和数额较大财务支出的,应召开村社两委会议集体研究,提交村(居)民代表会议讨论同意并按程序报批后联审联签。

（二）规范村级工程项目实施管理制度。严格规范村级工程项目决策申报、招投标、工程变更、施工现场管理等环节，积极推行工匠库发包方式，具体参照《诸暨市村级工程项目实施管理规定》（市委办〔2019〕91号）执行。村社党组织、村（居）民委员会、村社股份经济合作社以及村（居）务监督委员会班子成员及其近亲属、近姻亲属不得参与或变相参与本村工程项目的投标、承包，不得私底下参股或参与利益分成，不得以利益交换搞村与村之间的相互承包。

（三）规范印章管理制度。印章使用的审批人与印章保管人不得为同一人。党组织印章由指定的党组织委员保管，村（居）民委员会印章和村股份经济合作社印章由文书保管。村（居）务监督委员会印章由村（居）务监督委员会主任以外的指定成员保管。村（居）民委员会主任、村股份经济合作社社长调整的，调整期间村（居）民委员会和村股份经济合作社印章由镇乡（街道）保管。印章的使用做到先审批后用印，村社党组织印章、村（居）民委员会印章、村股份经济合作社印章原则上均须由村社党组织书记签字同意后加盖，印章保管人要对印章使用情况进行登记，党组织和村（居）民委员会及印章审批人要定期核对登记、备案情况，登记簿纳入年终文书档案统一封存，以供查考。

（四）规范村级阵地管理制度。抓好村级阵地10件"关键小事"，及时更新各类上墙制度、人员照片、"三务"公开栏内容，清理各类废旧标识标牌等。按照"十个有"的标准规范阵地建设，整合资源，拓展功能，把村级活动场所建设成集村级组织办公议事、党群活动、教育培训、便民服务和文明实践、文化礼堂等功能于一体的综合阵地。

（五）规范村规民约积分管理制度。坚持依法、民主、问题导向原则，因村制宜修订完善村规民约。市级相关部门要加强对村规民约的合法合规性审查。运用数字化手段，全面推行村规民约积分制管理。进一步健全检查执行机制，解决村规民约执行中监督缺位、执行软弱等问题。建立健全适当的奖惩机制，激发村民参与村级事务管理的热情。具体参照《关于认真做好村规民约、社区公约修订完善及积分制试行工作的通知》(诸村换办发〔2020〕15号)执行。

四、全面推进村社干部数智管理

(一)推行村社干部数字化管理。适应村社干部市级备案和统筹管理要求,积极运用数字化技术、数字化思维、数字化认识,建立村社干部智慧管理系统。围绕选任调整、履职管理、教育培训、激励保障等工作内容,综合集成信息汇集、分析研判、预警提醒等功能,打通融合市、镇、村三级工作力量,建立村社干部数字化考核评价和管理机制,着力提高精准管理水平。

(二)完善村社干部考核。坚持日常考核和绩效考核相结合,加强过程管理和刚性考核。村社班子绩效考核主要包括基层党建、集体经济、民生改善、社会治理、人居环境和配合重点工作推进等方面。村社干部绩效考核主要包括政治素质、遵纪守法、勤政廉政、执行能力、工作实绩和群众口碑等。绩效考核按季度进行,考核结果直接与村社干部绩效奖金挂钩,体现奖优罚劣、多劳多得,突出干好干坏不一样的评价导向。

(三)加强村社干部监督。村(居)务监督委员会依法行使知情权、质询权、审核权、建议权和主持民主评议权,重点加强对村务决策和公开情况、村级财产经营管理、村级工程项目建设、惠农政策措施落实等的监督。村(居)务监督委员会每月应召开1次例会,每半年向村社党组织汇报1次村(居)务监督情况,每年向村民(代表)会议报告1次工作,推行村(居)民委员会主任定期报告村(居)务财务制度。发挥村社监察工作联络站作用,实现村(居)务监督委员会和村监察工作联络站一体运作。建立信息监管系统,实现村社"三资""三务"等"云公开"。搭建村社干部"云联审"平台,每年初开展1次集中性资格条件联审。

(四)实行村社干部个人重大事项报告。村社干部个人重大事项实行一年一报,对发生重大疾病、非正常死亡、遭遇家庭变故、未经批准长期离岗、受到处分处罚、被追究刑事责任等,应即事即报;因私出国(境)、操办婚丧嫁娶,本人及其近亲属、近姻亲属在本镇乡(街道)承揽工程项目等,实行事前请示,由镇乡(街道)党(工)委研究答复。村社主职干部报市委组织部备案,其他两委干部由镇乡(街道)留档备查。

五、加强激励保障落实村社干部报酬

(一)村社主职干部。"一肩挑"人员按照不低于上一年度我市农村居民人均可支配收入的2.6倍为基数(2020年我市农村居民人均可支配收入为42 296元,2.6倍的基数为109 970元),市财政予以全额保障。分设的村社党组织书记、村(居)民委员会主任按照不低于上一年度我市农村居民人均可支配收入的2倍为基数(2021年度的基数为84 592元),市财政予以全额保障。将村主职干部的报酬与履职表现、实绩考核挂钩,适当加大考核比重,明确"一肩挑"人员的基本报酬为5万元,分设的村社党组织书记、村(居)民委员会主任基本报酬为4万元,考核性报酬由镇乡(街道)根据实际,综合村社规模、基层党建、重点工作、集体经济发展和村级治理等因素进行专项考核。

(二)村社党组织副书记、村(居)民委员会副主任。按照不低于上一年度我市农村居民人均可支配收入的1.8倍为基数(2021年度的基数为76 133元),市财政予以全额保障。其中基本报酬3.5万元,其余为考核性报酬,由镇乡(街道)进行考核发放。

(三)村(居)务监督委员会主任。由村社党组织纪委书记、纪检委员或党员担任的,按照不低于上一年度我市农村居民人均可支配收入的1.4倍为基数(2021年度的基数为59 214元),市财政予以全额保障。其中基本报酬2.5万元,其余为考核性报酬,由镇乡(街道)进行考核发放。

(四)其他村社两委干部。以镇乡(街道)为单位人均不超过4万元,个人最高不超过5.5万元,其中基本报酬2万元,其余为考核性报酬,由镇乡(街道)进行考核发放,报酬资金由镇乡(街道)、村两级统筹解决。

村社主职干部、党组织副书记、村(居)委会副主任、村(居)务监督委员会主任每季度进行一次考核,其他村社两委干部每半年进行考核,排位通报后及时发放基本报酬。考核性报酬按考核得分均分成三个等次,以0.8、1.0、1.2的系数,年终一次性发放。实行村社主职干部与驻村干部、其他两委干部捆绑考核,提高考核的精准度和实效性。村社干部因违反村级管理"五件事"被查处、"履职体检"不合格、停职(免职)的,即日起取消基本报酬,取消年度考核性报酬。

六、切实加大对村社干部的关心关爱

(一)落实村社主职干部基本养老保险。镇乡(街道)要统一按规定为符合参保条件的村社主职干部落实职工基本养老保险,应缴纳费用从其基本报酬中列支,也可根据实际给予一定补助。统一为村社两委干部办理人身意外保险。

(二)实行村社主职干部年休假和健康体检制度。镇乡(街道)每年安排村社主职干部年休假5天左右,同一时间休假的村社主职干部不得超过三分之一。每年组织一次村社主职干部健康体检,体检医院和项目可参照机关干部执行,费用由乡镇财政列支。

(三)关怀帮扶困难村社干部。用好党内关爱基金,落实走访慰问制度,镇乡(街道)党(工)委每年至少组织开展1次村社干部家访或谈心活动。建立村社困难干部帮扶档案,对患重大疾病、因公受伤、家庭出现重大变故的,开展针对性帮扶;对因公殉职的村社干部家属,落实优抚政策,"一户一策"研究关爱措施,及时帮助解决实际困难。

(四)关心关爱退职村社干部。认真落实离任村社干部关心关爱"十项措施"。对符合条件的年满60周岁的退职村社主职干部由市财政给予适当补助,连续任村主职10年(或满3届)至19年(或满6届)的每人每年补助4 800元,连续任职20年以上的每人每年补助6 000元。

七、坚持常抓严管畅通村社干部退出机制

(一)严格执行村社干部"四不"公开承诺。突出高线标准与底线要求相统一,根据换届前签订的"不参与本村工程、不出现'四违'、不参与非访、不履职就辞职"的"四不"公开承诺书,凡出现上述情形的,根据有关规定启动责令辞职、免职、罢免等程序。

(二)加强不合格村社干部教育处置。以"四过硬、五不能、六不宜"为标尺,结合村社五年发展规划和年度工作清单,镇乡(街道)党(工)委在每年的农村党员春季培训时组织村社主职干部公开亮诺,年底开展村社干部"履职体检"。对认定为不合格的村社干部,由镇乡(街道)党工委组织实施教育处置工作,根据具体情形和情节轻重,采取停职教育、责任辞职、免职、罢免、职务终止等处置措施。具体程序按照上级相关规定执行。

各级各部门要充分认识加强村级组织建设管理的重要性,坚持党建统领,强化系统化、数字化思维,统筹发展资源,减少"多头管理",为村级组织赋能减负。各镇乡(街道)党(工)委要切实履行主体责任,定期研究调度,精心组织实施,不断提高村社组织科学化、精细化管理水平。市级相关部门要加强对镇乡(街道)和村(社区)的工作指导,加大政策资源供给,推动资源力量下沉。市委组织部要加强对村级组织管理的调研督查,及时总结,表彰先进,鞭策后进。

2.1.4 镇乡(街道)组织建设工作的特色做法[1]

(1)暨阳街道:立足社区工作实际,围绕社区和谐目标,进一步探索完善网格化管理新模式。一是建立社区管理网格,细化社区管理服务职责。以区域地理图为基础,将社区划分成网格状单元(即工作片),进而形成小区责任区、楼群责任区、楼道责任区三级组织网络。通过服务人员进网格、服务载体进网格,以及健全工作片片长、居民小组长、楼群组长、单元长、信息员五支队伍,提高管理服务水平。二是构建社区信息平台,实现社区信息快捷传递。建好常住人口、

---

[1] 中共诸暨市委组织部:《组织工作情况:第24期》,2007年12月25日印发。

辖区单位、特殊群体三个基础台账,使社区干部做到包片联系三个"一口清"(居住人口住址、弱势群体和重点工作对象、各类骨干和依靠对象一口清)。设置党建群团、治安卫生、民政劳保、人口计生、精神文明、网格管理等12个业务模块,设立社区信息中心,以及与96345热线、网站联动,实现社区服务资源的有效整合。三是规范完善工作机制,实现社区工作高效运转。建立信息收集、协调处理、督查反馈各项机制,以及社区工作者包片联线"一人双岗"制度、片长每周例会及巡查制度、进社区单位工作人员定期例会制度、居民小组长定期例会制度、线片工作月考联考制度、社区共建单位联系工作片制度等配套制度,确保网格化管理有序开展。

(2)店口镇:制订《店口社区规章》,以店口社区为试点,对新村治理模式进行了探索。一是突出权利的透明性。建立两委会例会和干部管线联片制度,落实职责权利。建立落实党员代表制度、代表年会制度、听证会制度,充分发挥党员代表、居民代表、老干部、企业家等各界人士的参政议政作用,推动决策透明化、规范化。二是突出社务的公开化。通过制度上墙,使群众对社区概况、工作职责和各项工作流程一目了然。通过设立党务、社务公开监督小组和财务监督小组,监督社区民主办事、按章办事以及费用支出情况。通过编发《社区简报》,让干部群众了解、关注社区各方面情况。三是突出服务的便民性。制发以办事指南为主要内容的便民手册,方便群众办事。通过建立值班台账制度、便民联系制度、志愿者服务制度等,努力实现由"管理"向"服务"转变。

(3)次坞镇:从该镇实际出发,着力抓好村级公共服务中心建设,使各村办公有地址、活动有场所、服务有平台。一是出台政策鼓励建设。出台文件,明确目标,切出200万元奖励资金,列入镇、村干部年度岗位目标责任制考核予以激励。二是统一要求规范建设。在新村村庄规划时作为重点,并委托建筑规划设计院进行统一建筑设计。委托广告公司进行VI设计,统一外墙颜色、字体、功能布局及形象标识。按照卫生医疗、文化活动、便民服务、村部办公四位一体要求统一功能定位。各类规章制度由镇提供统一的规范样式制作上墙。三是整合资源促进建设。利用校舍调整、村集体房产、自然村村部、非耕地等,采取扩建、改建、新建等形式实施建设。采取政府、社会、市场三结合办法,以及村企结对等途径筹措建设资金。

(4) 浣东街道:开展"实施目标管理,以实事工程推动新村发展"为主题的实践活动,加快新村的融合和发展。一是明确工作目标。集中一个月时间,通过调研梳理,调整完善新村的发展规划和目标任务,并在村务公开栏进行任期目标承诺公示,接受群众监督。二是明确工作内容。出台文件,对新农村建设工作进行全面部署并提出具体政策意见。要求各村完成四个"必选"动作:纳入全街道生活垃圾专业化运作体系,全面完成河塘整治,以原调整村为单位,村村建成一个篮球场、一个体育小公园。在此基础上,要求各村结合实际自主挑选2—3个"自选"动作。三是落实工作措施。把4—6月作为新农村建设推进月,通过进度上墙、定期督查、及时验收等方式,开展实事工程竞赛活动。制订出台专项奖励补助政策,切出1 500万元专项资金用于奖励补助。四是完善制度,加强管理。制订下发一系列制度和办法,对新村的财务管理、重大事项讨论与表决、村级实事工程招投标、干部值班办公等均予明确和量化,并通过建立专职驻村员制度、加强街道各职能办公室日常监管,推动村级事项民主、依法运作。

(5) 璜山镇:对以岗位职业化、报酬工薪化、待遇保障化为主要内容的村级干部规范化管理作了初步探索。一是健全教育培训机制,提高村干部队伍素质。每年举行一期读书会和1—2次培训会,平时充分利用远程教育网络资源,加大对干部的培训。积极引导和激励参加学历教育,凡由上级安排的学历教育,镇政府报销50%学费。二是落实规范管理机制,充分激发村干部队伍的活力。制订《璜山镇行政村主职干部岗位目标责任制考核办法》,形成有担子、有压力、有动力,各司其职、各负其责的目标管理体系。在《考核办法》中,按日常工作、经济建设、社会事业、党建工作、附加分五部分内容详细制订考核细则。

实行季度工作分析点评、半年考核、年终考评相结合,村党员、村民代表定性评议和镇党政班子成员定量评议相结合的方式完善考核方式。通过设置固定的基础性报酬和浮动的奖励性报酬,由镇、村按相应比例共同承担资金来源等途径,增加村级干部报酬。同时配套设立镇长特别奖、党委诫勉谈话等其他激励措施。三是健全完善保障机制,切实稳定村干部队伍。通过实施养老保险、意外伤害救助、离岗补助等制度,初步形成了较为完备的保障体系。

(6)五洩镇:针对行政村规模调整后,村文书工作量增加、工作要求提高的实际,对村文书进行了职业化管理探索。一是实行公开选聘。由镇组织办和农经站组织实施,经过公开报名、业务考核、综合考察等程序,对全镇所有村文书进行公开选聘。对个别缺乏合适村文书人选的村,实行异地选聘。二是实行月薪制。包括基础报酬和奖金两部分。资金由镇村统筹,镇里按月考核,统一发放。三是实行上下班。固定场所、固定时间上班,并公布文书联系电话,方便群众办事。四是规范村级台账。根据实际工作需要,推行"十簿"制度,设立村民户口进出、印章使用、收文登记、经济合同登记、群众来信来访、在外人士名册、劳动用工、值日情况、大事记录、党员远程教育和管理等10本"记事本",要求记录完整,镇里定期检查。

(7)阮市镇:借力传统文化,营造乡村和谐环境,在金岭村开展"儒学治村"试点并逐步推广。一是编印《村规民约》、村务简报。发放到村民和外来建设者中,引导大家遵纪守法、热爱家乡、弘扬新风、致力和谐。二是强化环境熏陶。在村口竖立一块镌刻古语警言的巨型文化石,在主道安装图文并茂的灯箱广告牌,在热闹地段绘制一组以"孝为先""和为贵"等儒家精华为题材的墙头文化。三是开展儒学宣教活动。开办孔子文化夜校,成立"和谐"文化宣传队,每月两次放映弘扬优秀传统道德理念的经典影片,刻制一部以儒家经典故事为主要内容的动漫片,开展"儒家文化与和谐新村""诸暨人文精神"大讨论活动,并利用清明、端午、中秋、重阳、春节等传统节日,开展"儒家文化小故事"演讲比赛等不同形式的教育活动。四是建立"和谐帮扶基金"。用于帮困、助学、扶持村民发展创业等,弘扬中华民族扶危济困的传统美德。

2.2 村级的干部队伍建设

2.2.1 关于加强村干部队伍绩效管理的意见[1]

各镇乡、街道党(工)委,市级机关有关部门党组织:

抓好村干部队伍建设,特别是村主职干部队伍管理,是提高村级治理水平,加快社会主义新农村建设进程的关键。针对当前新村治理当中存在的一些新情况、新问题,为加速新村融合、加快新农村建设步伐,现就加强村干部队伍绩效管理提出如下意见:

一、指导思想

以行政村规模调整为契机,着眼于建设"团结(合心合力合拍)、实绩(肯干会干实干)、廉洁(公开公平公正)"的村级班子和村干部队伍,整合力量,强化管理,探索建立与形势发展相适应的村干部教育培训、考核奖惩、民主监督和保障激励等机制,构建上下联动、齐抓共管、常抓不懈的基层组织建设工作新格局,努力实现农村基层组织建设和新农村建设"双促进"。

二、建立和完善教育培训机制,着力提高村干部队伍的整体素质

(一)建立健全分级分类培训责任制。市级有关职能部门要对村干部实行"二年一轮训"制度,其中,村主职干部的培训以市委组织部和市委党校为主,市民政局配合做好村委会主任的培训,村文书(会计)的培训以市农办为主,轮训时间原则上不少于3天。各镇乡、街道党(工)委要切实担负起对村干部以及党

---

[1] 中共诸暨市委组织部办公室:《关于加强村干部队伍绩效管理的意见》,2007年6月12日印发,诸组〔2007〕18号文件。

员和村民代表的教育培训职责,对村干部集中培训的时间每年不得少于一周,每次集中培训要解决一两个突出问题,对党员和村民代表要实行"三年一轮训"。

(二)切实提高教育培训的实效性。教育培训内容要适应农村改革和发展需要,坚持理论联系实际,按需施教,学以致用。按照"团结、实绩、廉洁"的总体要求,充分利用市、镇两级党校进行系统性培训;利用市、镇两级村干部教育培训实践基地进行实践性培训;利用远程教育网上培训和请进来、走出去的方式进行开放性培训等。重视抓好村干部的学历教育,依托市委党校学历班或采取与高校联合办班、委托办班等形式,组织村干部尤其是村主职干部参加学历培训。鼓励、支持村干部和村后备干部参加各类函授学习和自学考试。

(三)加强村干部教育培训实践基地建设。加强对实践基地的动态管理,深入开展星级基地建设活动。各镇乡、街道党(工)委要进一步加强对本辖区内市、镇两级基地的建设,对镇级基地建设工作成效明显的,经验收合格后提升为市级基地,市里将适当补助部分建设经费。对本辖区内市级基地建设不力的,将取消市级称号。

三、建立和完善考核监督机制,着力强化村干部队伍的绩效管理

(四)实行村级班子创业承诺和实绩公示制度。各镇乡、街道要积极推行村级班子创业承诺活动,帮助指导村级班子研究制订任期及年度工作目标,向党员、村民作出任期和年度工作的承诺,承诺及完成情况须在镇、村务公开栏内公布,接受党员村民的监督。镇乡、街道党(工)委要对村级班子及成员承诺事项的完成情况进行跟踪考核,并将考核结果与村干部的政治、经济待遇相挂钩。同时,各镇乡、街道要根据面上工作需要,每年明确若干项实事工程作为各村的规定动作。

(五)加强对村级班子的年度岗位目标责任制考核。根据村级组织的职责,各镇乡、街道党(工)委要每年制订村级岗位目标责任制考核细则,内容主要包括上级党组织下达的任务、村级班子年度承诺的工作、群众根据自治章程提出的合理化建议等。考核采用平时动态评估和年终考核相结合的方式。平时动态评估根据市委组织部《关于建立村级班子动态评估制度的通知》执行。年终岗位目标责任制考核情况要作为对村干部进行奖惩的直接和重要依据,并在镇乡、街道的政务和各村村务公开栏内公示。

（六）建立健全村干部"双述双评"制度。年终,各镇乡、街道党(工)委要统一组织部署村干部的述职述廉活动,述职述廉的主要内容应包括新农村建设、日常为民服务和制度执行等情况,接受党员、村民代表的满意度测评,满意度测评情况由驻村干部和镇乡、街道党(工)委掌握,必要时可以向村民公布。根据对村级班子的动态评估和岗位目标责任制考核情况,结合党员和村民代表的满意度测评,各镇乡、街道党(工)委要对每位村干部作出综合评价,分优秀、称职、基本称职和不称职的评定等次。等次评定情况要在镇乡、街道的政务和村务公开栏进行公示,时间不少于一周。测评和评定情况要与村干部的报酬、奖惩、任用直接挂钩。对优秀的村干部,要给予表彰和奖励；对相对较差的村干部要进行谈话诫勉；对群众意见较大、考核不称职的村干部,应按照党内有关规定和国家有关法律法规及时进行整改或调整。

（七）完善党务村务民主决策、民主管理、民主监督制度。各镇乡、街道党(工)委要帮助村级班子制订好自治章程,进一步规范民主决策程序。原则上,村两委会联席会议每月至少召开一次,村党员大会、村民代表会议每年至少召开两次。要深化完善各项管理制度,健全落实村干部轮流值班、分工负责制度,创新落实"三会一课"、党务村务财务三公开等制度。要进一步加大民主监督力度,积极发挥村务、财务公开监督小组的作用,创新监督方式,着力加大对制度执行和工作落实情况的监督,建立健全村主职干部离任审计等制度。

（八）实行村干部诫勉制度。干部中的党员凡有下列表现,经批评教育仍不改正的应予以诫勉:一是政策法律观念不强,制度执行不力,缺乏事业心、责任感,在履行职责时违背政策,造成不良后果的;二是上级党委、政府按照有关政策法规下达的重要工作任务,不能按时完成的;三是对群众反映强烈、能够解决的正当要求,久拖不决,使集体和群众利益受到严重损害的;四是房族、派性思想严重,闹不团结,工作方法简单粗暴,影响村内工作正常开展的;五是长期外出务工经商、组织纪律观念淡薄,不履行职责的;六是民主测评不称职票数超过半数。非党员干部有上述表现的,可以口头或书面方式通报批评,直至被劝退或罢免。

四、建立和完善激励保障机制,着力激发村干部队伍的工作热情

(九)切实关心村干部的政治待遇。各镇乡、街道党(工)委要积极开展各类评先评优活动,大力营造创强争先的工作氛围,对涌现出来的先进典型,要及时总结,加强宣传。对实绩突出、群众拥护、符合条件的优秀村干部,要优先推荐为各类市级先进、参加公务员考试。

(十)逐步改善村干部的经济待遇。村干部报酬原则上由基础、绩效和评议三部分构成,具体实施办法由各镇乡、街道根据各村人口规模、工作难易和目标责任制考核等情况确定。各镇乡、街道要根据本地的经济社会发展实际和村级集体经济发展水平,适时调整提高村干部的报酬标准。对任职时间较长、工作勤奋、成绩显著的村干部,可采用适当方式予以奖励。市财政将逐年增加专项资金补助力度。

(十一)积极推行村干部养老保险制度。根据当地经济社会发展水平和村干部任职年限等情况,通过多种渠道筹措资金,采取个人和集体分担、市财政补贴的办法,帮助村干部办理养老保险、医疗保险,解决其后顾之忧。鼓励有条件的地方,村干部养老保险逐步实现由农村社会保险向城镇社会保险过渡。

(十二)适当提高退职村主职干部报酬。对连续任村主职干部10年以上的退职干部,并一直关心支持镇村公共事业的,按照相对稳定、适当提高的原则,继续实行补贴。各镇乡、街道党(工)委要在严格执行市委办〔2005〕33号文件精神的基础上,根据各地实际,适当调整补贴标准。调整时间原则上为三年一次,调整幅度不得高于当地农民人均纯收入增长幅度。

五、切实加强对村干部队伍绩效管理的领导

加强村干部队伍建设是加强全市农村基层组织建设的一个重要抓手。各镇乡、街道党(工)委要高度重视,把它作为今后党(工)委工作的基本立足点来抓,建立健全经常性研究分析农村基层组织建设和村干部队伍建设的工作机制,不断创新工作载体、改进工作方法。市级有关部门要按照各自职责,分工负责,密切配合,在财力、物力、精力上积极帮助镇乡、街道加强农村基层组织建设和村干部队伍建设。市委组织部将在深入调查研究的基础上,加强统筹协调,定期督促检查,强化对农村基层组织建设和村干部队伍建设的宏观指导和综合性服务工作。

2.2.2 关于进一步加强选聘到农村和社区工作高校毕业生队伍建设的意见[1]

各镇乡党委、政府,各街道党工委、办事处,市级机关各部门,市属企事业单位:

为贯彻落实中央、省、绍兴市关于引导和鼓励高校毕业生到农村和社区工作的意见精神,进一步加强对选聘到农村和社区工作高校毕业生的教育、培养和管理,促使他们在基层经济社会事业建设中发挥作用、建功立业、历练成才,现就进一步加强我市选聘到农村和社区工作高校毕业生队伍建设提出如下意见:

一、目的意义

高校毕业生是党和国家宝贵的人才资源,是全面建设小康社会、推进中国特色社会主义事业的生力军。选聘高校毕业生到农村和社区工作,是党中央站

---

[1] 中共诸暨市委办公室:《关于进一步加强选聘到农村和社区工作高校毕业生队伍建设的意见》,2009年4月23日印发,市委办〔2009〕51号文件。

在战略和全局高度作出的一项重要决策,对于培养造就经过基层实践锻炼、对人民群众怀有深厚感情的党政干部后备人才,加强农村基层干部队伍和人才队伍建设,加强党的基层组织建设和社会主义新农村、和谐社区建设,具有重大而深远的战略意义。

目前,我市选聘到农村和社区工作的高校毕业生已达400余人。他们在基层发挥了文化素质较高、观念思路较新、接受能力较强等优势,对发展农村经济、改善基层干部队伍结构、提高基层组织管理水平起到了积极的推动作用。但选聘高校毕业生到农村和社区工作作为一项全新工作,无论是高校毕业生自身在思想上、工作上,还是各级党委政府在管理上、培养上,都存在着一定差距,需要我们进一步加强探索,积极创新,不断提升工作水平。

二、指导思想和总体目标

1. 指导思想:坚持以邓小平理论、"三个代表"重要思想和党的十七大、十七届三中全会精神为指导,深入贯彻落实科学发展观,紧扣"创业创新、富民惠民"工作主题和"保增长促转型、保民生促和谐"工作主线,把加强选聘到农村和社区工作高校毕业生队伍建设与加强基层人才队伍建设相结合,与加强党的基层组织建设相结合,与推进城乡统筹协调发展相结合,大力提高高校毕业生的实际工作能力,为社会主义新农村建设和和谐社区建设提供坚强的人才保障。

2. 总体目标:通过3—5年努力,建立起比较规范完善的市、镇、村(社区)三级联动机制,进一步加强对选聘到农村和社区工作高校毕业生的教育、培养和管理,力争培养造就一批基层实际工作经验丰富、奉献精神较强、工作能力突出,有志于扎根基层的新农村建设和和谐社区建设后备人才;培养输送一批熟悉基层情况、政治敏感性较强、发展潜力较大的基层党政后备人才;培养造就一批经营管理意识较强、创业能力突出,有志于发展农村经济、带领农民致富的创业型人才。

三、工作措施

1. 加强教育培训，提高工作能力。要把选聘到农村和社区工作高校毕业生纳入干部教育培训规划和农村实用人才培训计划，制定培训方案，落实培训经费，分级分类定期组织培训。组织人事部门对新选聘录用的对象统一组织上岗培训，每年对在岗人员组织专题培训或知识更新培训。市级机关有关部门在组织农村基层相关培训时，要把选聘到农村和社区工作高校毕业生纳入培训范围，多渠道提供学习培训机会。各镇乡、街道要在市级培训基础上，继续组织上岗培训和专题培训，每年组织集中培训的时间不少于一周。培训内容可选择党在农村和社区的方针政策、"三农"工作法律法规、基层工作实务、中心工作内容、本地风土人情等，也可加强资源整合，联合周边镇乡、街道分片举办。村级层面，要结合中心工作适时组织各类短期培训，尤其要重视上岗培训，及时帮助他们了解村情民意，熟悉相关情况。选聘到农村和社区工作的高校毕业生要端正学习态度，找准工作定位，认真参加各类教育培训，尽快掌握技能，融入基层，适应岗位，积累经验，提高自身工作本领。

2. 健全培养措施，促进成长成才。各级党组织要进一步重视对选聘到农村和社区工作高校毕业生的培养，不断丰富培养措施，放手使用，压担锻炼，促进他们在实际工作中茁壮成长。镇乡、街道要确保选聘到农村和社区工作的高校毕业生"岗位在村（社区）、工作在村（社区）"，保证他们列席参加镇乡、街道机关干部会议、村（社区）党员大会、村民（居民）代表会议、村（社区）两委会和阅读相关文件的权利，鼓励其参与村级事务管理和重大活动。要建立完善联系帮带制度，根据不同特点和发展方向，为他们设计个性化的培养计划和措施，并指定一名基层工作经验丰富的镇乡、街道干部和一名村（社区）干部结对，实行定向传帮带，帮助他们履行好自身职责。要完善上挂锻炼制度。结合选聘到农村和社区工作高校毕业生的所学专业，可根据工作需要选派到上级党政机关、企事业单位、示范村（社区）等进行短期上挂锻炼，但全年累计上挂时间不得超过2

个月。镇乡、街道及其他单位不得以各种名义长期借用。同时,各镇乡、街道可根据工作需要和个人意愿,在本区域内的村(社区)之间开展轮岗交流,促进合理流动。要做好选聘到农村和社区工作高校毕业生的党员发展工作,及时吸收优秀人员进入党员队伍。要按照形成来自基层和生产一线党政干部培养链的要求,对在村(社区)工作2年以上,表现优秀、业绩突出、群众信任的对象可通过法定程序进入村(社区)领导班子,特别优秀的可推荐为镇乡、街道领导班子后备干部。要以"回乡大学生创业项目贷款贴息补助政策"和青年创业卡发放为契机,鼓励和引导选聘到农村和社区工作高校毕业生结合村情民意和专业特长自主创业,或以技术入股等形式参与创办经济实体,发展基层经济,带领群众致富,并在政策上给予倾斜,在信息上搞好服务,在技术上加强指导,在资金上重点扶持。

3. 完善管理制度,积极发挥作用。组织人事部门要根据上级有关政策和要求,进一步完善选聘高校毕业生到农村和社区工作的相关政策意见和管理办法,切实加强对基层政策落实情况的监督检查。各镇乡、街道要在《关于引导和鼓励高校毕业生到农村和社区工作的实施意见》(市委办〔2006〕117号)和《诸暨市到农村和社区工作的高校毕业生管理办法(试行)》(市委办〔2007〕66号)文件精神的基础上,结合本地工作实际,因地制宜完善工作日志、工作例会、双向签到、请销假等日常管理制度。要建立在农村(社区)工作高校毕业生信息管理系统和工作台账,利用信息化等手段实现动态管理。高校毕业生另行择业的要提前30天(试用期内提前3天)以书面形式通知镇乡、街道,并报人事局备案,可以解除劳动合同。要严格落实选聘到农村和社区工作的高校毕业生年收入不低于上年度全市职工平均工资(含规模以上私营单位)的规定,并按有关政策办理各类保险,努力帮助解决工作、生活上的实际困难。要细化选聘到农村和社区工作高校毕业生的岗位职责,制定岗位职责说明书,通过落实"联系一项重点工作、一个重点产业、一块农业基地、一个自然村(小区)、一户贫困户、一个信访案件"的"六个一"联系制度,确保他们有职可履、有事可做、有章可循、有责可究。要根据本镇乡、街道实际和阶段性工作要求,制定考核办法,建立考核档案,强化考核激励,并把考核结果和福利待遇挂钩,进一步促进选聘到农村和社区工作高校毕业生的作用发挥。年终考核结果分为优秀、称职和不称职三个等次,考核结果要及时上报市人事局存入个人档案,并作为将来优惠政策享受、先进评选、合同续签、解聘等的重要依据。

四、工作要求

1. 加强领导,落实责任。根据上级有关要求,市级层面调整充实相关单位为市选聘高校毕业生到农村和社区工作领导小组成员,调整后成员单位包括市委办、市政府办、市委组织部、市人事局、市财政局、市农办、市劳动和社会保障局、市教育局、市公安局、市民政局、市农业局、团市委等部门,领导小组下设办公室。市领导小组成员单位要结合自身职能,各司其职,配合做好相关工作。各镇乡、街道党(工)委是选聘到农村和社区工作高校毕业生管理的主体,负有主要管理责任,要通过建立机构,落实人员,建立健全相关管理措施和办法,切实加强管理。镇乡、街道党(工)委书记作为选聘到农村和社区工作高校毕业生管理的直接责任人,要细化工作任务,落实工作责任,并及时督促联系帮带人和村(社区)干部认真做好相关工作。村(社区)"两委"班子,尤其是主职干部要加强对他们在村(社区)日常工作的指导和督查,切实担负起具体责任。

2. 结合实际,探索创新。各镇乡、街道要积极探索,努力创新,把加强选聘到农村和社区工作高校毕业生队伍建设和基层人才队伍建设相结合,把他们纳入基层组织建设目标管理体系,制定实施意见,细化管理措施,重点在教育、培养和管理上创新形式,创设载体,力争取得实效。组织部门要发挥牵头抓总作用,统筹协调选聘高校毕业生到农村和社区工作相关政策和有关工作的落实;人事部门要抓好具体组织实施,重点抓好选拔、管理、考核和人事代理等工作;财政部门要落实经费保障,其他职能部门要结合实际,积极为选聘到农村和社区工作高校毕业生发挥作用提供服务和保障。

3. 强化宣传,营造氛围。各镇乡、街道和市领导小组成员单位要进一步加强对选聘高校毕业生到农村和社区工作的宣传引导,通过各种宣传渠道,大力提高全市各级对选聘高校毕业生到农村和社区工作的认识,切实营造良好的工作环境和社会环境。组织人事部门要创设交流沟通平台,通过建立论坛,定期编印工作简报等形式,积极宣传他们在农村和社区工作中的先进典型、创业故事和优秀事迹等,交流工作经验,提供资讯信息。组织开展各级各类先进评选活动,举办各类文体活动,进一步激发选聘到农村和社区工作高校毕业生队伍的活力,促进他们扎根基层,施展才华,发挥作用。

2.2.3　关于加强村党组织书记队伍建设的意见[1]

各镇乡、街道党(工)委,市级机关各部门、市属企事业单位党组织:

为全面贯彻落实科学发展观,根据《中共浙江省委关于按照构建城乡统筹的基层党建新格局要求全面加强农村基层组织建设的意见》(浙委〔2009〕58号)精神,围绕加快推进社会主义新农村建设步伐,培养造就一支守信念、讲奉献、有本领、重品行的村党组织书记队伍,为促进农村经济社会又好又快发展提供坚强的组织保障,现就加强村党组织书记队伍建设提出如下意见:

一、进一步明确村党组织书记的工作职责

根据党内有关文件规定和当前农村实际,村党组织书记要认真履行好以下职责:

(一)推动科学发展。以科学发展观为指导,按照生产发展、生活宽裕、乡风文明、村容整洁、管理民主的要求,主持讨论决定本村经济和社会发展的重大问题,研究确定符合本村实际的新农村建设规划和富民强村路子,协调推进经济

---

[1] 中共诸暨市委组织部办公室:《关于加强村党组织书记队伍建设的意见》,2009 年 9 月 15 日印发,诸组〔2009〕16 号文件。

建设、政治建设、文化建设、社会建设以及生态文明建设,促进经济社会全面协调可持续发展。

（二）带领农民致富。落实上级党委、政府各项支农惠农强农政策,带领和引导党员群众抓好农业生产,推进农业产业结构调整,推广普及农业技术,发展农民合作经济组织和致富项目,为农民群众提供多种形式的生产经营服务,千方百计增加农民收入。领导和支持集体经济组织管理集体资产,搞好生产服务和资源开发,发展壮大集体经济实力。

（三）密切联系群众。了解群众所思所想,听取群众对村党组织工作的意见建议,做好思想政治工作。组织党员干部为群众办实事做好事,及时解决涉及群众切身利益的实际问题,做好困难群众帮扶工作。坚持服务群众、依靠群众,积极推行网格化管理和组团式服务。组织村民群众有序参与村级民主选举、民主决策、民主管理、民主监督实践,支持和保障村民依法开展自治活动。

（四）维护农村稳定。加强村民群众教育,提高群众的法律意识、道德素质和集体观念。抓好社会治安综合治理、平安创建、人民调解、计划生育等工作,疏导和化解矛盾纠纷,促进社会和谐稳定。组织开展健康有益的文化活动和文明村、文明户等群众性精神文明创建活动,教育和引导农民群众崇尚科学、诚信守法、抵制迷信、移风易俗,养成健康文明生活方式,形成男女平等、尊老爱幼、邻里和睦、勤劳致富、扶贫济困的良好风尚。

（五）加强村党组织建设。贯彻落实党的路线方针政策和上级党组织及本村党员大会的决议。带头执行党的民主集中制原则,健全村党组织议事规则和决策程序,组织开展"五个好"村党组织创建活动。组织开展党的组织生活,执行党的"三会一课"等制度,加强对党员的教育、管理、监督和服务,增强党员主体意识,督促党员履行义务。负责抓好入党积极分子的教育和培养,做好经常性的发展党员工作。带头执行党风廉政建设各项规定,抓好对村、组干部的教育管理和监督。

二、建立健全村党组织书记队伍建设工作机制

（一）建立健全选拔培养机制

1. 明确选任标准。把思想政治素质好、带富能力强、协调能力强的"一好双强"优秀党员选拔为村党组织书记。思想政治素质好，就是理想信念坚定，宗旨观念较强，认真贯彻执行党的方针政策，自觉学习实践科学发展观，办事公道、廉洁自律；带富能力强，就是有知识、有见识，思路宽、点子多，懂经营、会管理，能团结带领党员群众共同致富；协调能力强，就是热爱农村、对农民有感情，善于运用民主、法律、示范和服务的方法做群众工作，妥善处理矛盾，维护农村和谐稳定。

2. 拓宽选任渠道。在坚持从本村内部选配村干部的同时，打破地域、身份、职业界限，通过下派、回请、公开招聘等途径，拓宽村党组织书记选任渠道。注重选派部门（单位）和镇乡（街道）机关的优秀人员、后备干部、退居二线人员到村任职；鼓励外出创业致富能人、退伍军人、优秀企业经营管理人员、提前离岗或退休干部职工回村任职。对那些本村没有合适人选的，要积极探索村党组织书记跨村任职，采用强村带弱村、大村带小村的办法建立联合党支部，或通过面向社会公开选拔、镇乡（街道）党（工）委委派等方式择优选配村党组织书记。选好配强农村工作指导员，具备条件的村，党员农村工作指导员要担任派驻村的党组织书记或副书记。

3. 改进选任方式。选拔任用村党组织书记由镇乡、街道党（工）委具体负责，按照有关规定和程序进行。坚持民主、公开、竞争、择优的原则，根据不同村情，采取"两推一选"、"公推直选"、镇乡（街道）党（工）委委派等方式产生村党组织书记。

4. 培养后备人才。着眼于把党员人才培养成为村干部，把优秀村干部培养成村党组织书记，大力实施党员人才工程，建立村级后备干部选拔培养机制。加强非党员村委会主任的培养，及时把他们中的优秀人才吸收到党内来。有序

推进选聘高校毕业生到村任职工作,到村任职的党员高校毕业生原则上要担任村党组织书记助理进行重点培养。

(二)建立健全教育培训机制

教育培训由市委组织部牵头组织进行,村党组织书记培训纳入整个干部培训规划,制定村党组织书记年度培训计划。按照分级负责的原则,有计划地组织实施培训工作,确保村党组织书记每年至少参加1次市或市级以上的集中培训,累计集中培训时间不少于7天。通过教育培训,着力提高村党组织书记执行农村政策、引领经济发展、服务农民群众、化解矛盾纠纷和加强村党组织自身建设的本领,增强履行岗位职责能力。充分运用现代远程教育、专题研讨、现场体验和社会实践等方式,增强教育培训的吸引力和实效性;积极组织村党组织书记到农村党员干部教育实践基地学习磨炼,到强村强企挂职锻炼,拓宽村党组织书记视野;注重培育和树立一批先进典型,开展优秀村党组织书记巡回宣讲活动,组织村党组织书记到先进村实地学习考察,进行短期实践培训;通过开设"村官论坛"等形式,加强村党组织书记之间的工作研讨和交流。

(三)建立健全激励保障机制

1. 保证合理经济待遇。认真贯彻中央"落实三真、关爱基层"的要求,给予村党组织书记合理的待遇保障,解决好他们的后顾之忧。按照不低于全市农村劳动力平均收入水平的要求,进一步解决村党组织书记的基本报酬,所需资金列入财政预算。逐步建立村党组织书记养老、医疗保险制度。在此基础上,建立村党组织书记业绩考核奖励制度。具体办法由各镇乡、街道根据实际情况确定。

2. 拓展优秀村党组织书记发展空间。加大从优秀村党组织书记中考录乡镇公务员和招聘乡镇事业编制人员的力度。对特别优秀的村党组织书记,依法依章选拔进乡镇党政领导班子。对那些政治素质好、参政议政能力强的村党组织书记,要积极推荐作为各级党代会代表、人大代表、政协委员人选。定期或不定期开展优秀村党组织书记评比表彰活动,大力宣传优秀村党组织书记的先进事迹,营造良好的社会舆论氛围。

3. 完善村党组织书记创业创新激励政策。鼓励和支持村党组织书记领办和创办集体经济项目,培育村级集体经济新亮点,对村级集体经济增收作出较大贡献的予以表彰。

(四) 建立健全岗位责任和监督机制

1. 全面推行村党组织书记创业承诺制。村党组织书记要根据工作职责和本村实际,在充分征求党员群众意见的基础上提出任期目标和年度工作目标,报经镇乡、街道党(工)委同意后向党员和群众作出公开承诺。对任期内完成承诺情况较差、党员群众意见较大的村党组织书记在换届时,一般不得列入村党组织班子成员候选人。

2. 完善村党组织书记考核管理办法。健全村党组织书记工作考核机制,因地制宜制定切实可行的村党组织书记考核办法,准确评价履职情况,考核结果作为落实村党组织书记业绩考核奖励和其他激励措施的主要依据,严格兑现奖惩。建立健全村党组织书记每年向镇乡、街道党(工)委、本村党员大会述职制度,并向村民代表会议或村民会议通报工作情况,接受镇乡、街道党(工)委和本村党员、群众的评议,评议结果作为年度工作考核的重要依据。各镇乡、街道党(工)委要结合实绩考核、党建述职和民主评议情况进行综合排位,将排位情况上报市委组织部。建立健全村党组织书记重大事项报告、外出请假、离岗登记等制度,加强对村党组织书记的日常管理。建立健全经济责任审计制度,加强村党组织书记任期和离任经济责任专项审计工作。督促村党组织书记认真落实农村党风廉政建设责任制,做到为民、务实、清廉。

3. 健全不合格村党组织书记调整制度。探索建立发现、调整不合格村党组织书记的机制。对作风不实、履行职责不到位、群众有反映的,要及时批评教育,促其改正;对镇乡、街道年度考核综合排位在末位的或民主评议中不合格票数超过二分之一的村党组织书记,特别是岗位目标任务完成情况差、群众反映强烈的,各镇乡、街道党(工)委可通过委派、公开选拔等方式进行及时调整;对以权谋私、违法违纪的,要严肃处理。探索推行村党组织书记工作实绩档案制度,如实记载工作实绩和考核评议情况,及时向党员群众公开。换届选举时要将实绩档案记载的内容向广大党员公布。

三、切实加强组织领导

各镇乡、街道党(工)委要全面落实村党组织书记队伍建设各项政策规定,支持和保障村党组织书记履行职责、开展工作。切实加强对村党组织书记的教育、考核和管理,实行村党组织书记队伍现状定期分析制度,进一步细化和确定村党组织书记工作职责,形成岗位有明确目标、工作有合理待遇、干好有发展前途的村党组织书记队伍建设长效机制,不断提高村党组织书记队伍建设水平。

2.2.4 关于印发《诸暨市驻村(社)指导员工作规范》的通知[1]

各镇乡(街道)党(工)委,市级机关各部门、市属企事业单位党组织:

为深化拓展"三驻三服务"工作,进一步夯实村社基层基础,规范驻村(社)指导员日常管理,引导全市驻村(社)指导员"当先锋、争先行",结合我市实际,现制定《诸暨市驻村(社)指导员工作规范》,请认真贯彻执行。

驻村(社)指导员是指从机关事业单位、国有企业和镇乡(街道)选派到农村(社区)的人员,主要履行指导基层党建、强村富民、基层治理、基础建设、民生服务、政策宣传等方面的职责。本文件适用于驻村(社)指导员的管理工作。

一、工作原则

(一)健全机制。健全常态化驻村(社)工作机制,守护好"红色根脉",为全面推进乡村振兴、共同富裕和提升基层治理能力提供坚强组织保证和干部人才

---

[1] 中共诸暨市委组织部办公室:《关于印发〈诸暨市驻村(社)指导员工作规范〉的通知》,2022年7月22日印发,诸组通〔2022〕15号文件。

支持。

（二）精准选派。按照先定村社、再定人选原则,摸清选派需求,统筹选派力量,因村社派人。

（三）严管厚爱。严格人选标准,加强管理监督,注重关心激励,确保选得优、下得去、融得进、干得好。

（四）务求实效。推动驻村(社)指导员用心用情驻村(社)干好工作,处理好加强外部帮扶与激发内生动力的关系,形成兴村治社共富的整体合力。

二、选派要求

（一）基本条件

1. 应具备较好的政治素质和较强的业务能力,敢于担当,善于指导,能沟通、会协调。

2. 应优先选派群众感情深厚、有培养潜力的优秀干部、年轻干部。

（二）选派方式

1. 驻村(社)指导员由村社所在镇街负责选派。软弱落后村、有中心工作任务或者重点提升任务的村社,由市委组织部增派市级驻村指导员(第一书记)。

2. 镇街根据实际情况,可以采用专职或兼职驻村,鼓励实行专职驻村。

3. 结合实际,积极采取双向选择、新老结对、组团帮带等多种方式。

（三）派驻时间

1. 驻村(社)指导员任期应不少于1年,1年可调整1次。

2. 专职驻村(社)指导员应与村干部工作时间同步。市级下派的第一书记每周驻村(社)时间应不少于2天,原则上每周周二的民情分析会时间为固定驻村日。

3. 派驻期间,市级派出单位在报经市委组织部同意后,可对本单位选派人员进行内部统筹。

三、工作内容

（一）党建指导

1. 推动村社干部、党员深入学习和忠实践行习近平新时代中国特色社会主义思想，学习贯彻党章党规党纪和党的路线方针政策。

2. 推动加强村社两委班子建设，增强村社班子的凝聚力，突出政治功能，促进担当作为，帮助培育后备力量、发展年轻党员、吸引各类人才。

3. 推动加强党支部标准化规范化建设，严格党的组织生活，加强党员教育管理监督服务，充分发挥党组织和党员作用。

4. 推动村社干部经常性、熟练使用"浙里兴村治社"场景应用。

（二）共富引领

1. 协助村社两委推动现代社区建设、深化农村改革、实施乡村振兴行动等重大任务的落地见效。

2. 帮助村社两委理清村社经济发展思路，制定发展规划，发展特色产业，积极引进项目，促进村级集体增收、农民致富。

3. 加快转变发展方式，盘活利用闲置资源，持续增强内生发展动力。

（三）治理提升

1. 助力加快推进"五治融合"，指导完善村（居）民自治、村级议事决策、民主管理监督、民主协商等制度机制。

2. 会同村社干部及时排查调处各类矛盾纠纷，对村级重大事件及时向镇街包联领导汇报，并明确具体落实措施。

3. 助力推动乡村善治，规范村（居）务运行。

4. 组织乡贤积极参与村级重大事项的商讨和建设。

（四）建设督导

1. 推动村社党组织加强对村社各项工作的全面领导，督导各类创建工作高质量完成。

2. 加强基础设施建设督导,协助村社干部做好工程项目招投标、督查工程施工进度和质量等工作。

3. 切实防范村级项目建设廉洁风险,确保与招标主体存在利害关系的人员(村级组织领导班子成员本人、近亲属及近姻亲属和村民代表会议讨论确定的其他人员等),不参与本村社工程项目招投标,不作为该工程项目的项目经理、现场管理员和联络员。

(五) 民生服务

1. 健全落实"走村不漏户、户户见干部"机制,每年进村入户率达到100%,对村两委成员、党员、村民代表和困难户做到"找得到门、叫得上名"。

2. 推动建立以党群服务中心为主阵地的基层服务矩阵,积极参与便民利民服务,帮助群众解决"急难愁盼"问题,能当场解决的立即当场解决,不能当场解决的督促指导解决,并及时上报镇街。

3. 加强对困难人群的关爱服务,协调做好帮扶工作,帮助群众解决就学、就医、建房等实际困难。

4. 助力加快城乡融合,积极向上级争取各类惠民资源,并协助村社两委及时予以落实。

(六) 政策宣传

1. 及时把上级相关政策和会议精神、工作要求等传达到村社,并抓好贯彻落实。

2. 积极向群众宣讲政策法规知识,并会同村社干部解答群众提出的问题。

3. 保持村社内信息上报渠道畅通,及时向市、镇街上报信息,积极做好典型人、重要事的动态掌握。

四、工作职权

1. 列席村社两委重要会议,对村级重大项目建设及资金使用情况等进行指导与建议,对村社干部用权行为进行监督。

2. 对村级组织重大事项、重大资金安排、小微公权力运行的监督情况定期向镇街报告。

3. 向镇街提出调整、充实村社两委班子成员的人事安排建议。

4. 审核村社重大决策的出台或重大项目的组织实施。

五、日常管理

（一）工作例会

1. 村级层面工作例会一周一次，驻村（社）指导员积极参加，主动传达上级文件、协调处置村级相关问题。

2. 镇级层面工作例会一月一次，由镇街副书记牵头召开，协调须镇街层面解决的问题。

3. 市级层面工作例会原则上一季度一次，由市委组织部牵头召开，总结梳理阶段性工作，协调市级相关问题，部署下阶段重点工作。

（二）工作报告

1. 坚持记录民情日记，记录办理的实事、完成的具体工作等，按照要求上传到"浙里兴村治社"应用。

2. 每月初将上月工作情况报镇街党建办，遇重大事项随时报告。

（三）考勤管理

1. 各镇街负责对驻村（社）指导员的考勤管理。

2. 遵守镇街日常管理规定。

3. 驻村（社）指导员在村社召开各类会议时应到场；在村级招投标、工程开工和验收等各类重大活动、重要工作、重点项目实施时应到场；在村社内发生急事、难事、群体性事件、突发性事件或处理不稳定事件时应到场；因工作需要，要求驻村（社）干部参与的场合应到场。

（四）学习培训

1. 按照分级负责、分级培训的原则，市、镇两级对驻村（社）指导员进行任前集中培训,推动新任指导员掌握基本的农村工作政策法规和农村工作方法。

2. 镇街结合阶段性重点工作,一般一月一次有针对性地对驻村(社)指导员进行专题培训,提高解决实际问题的能力和水平;市级层面一般每年一次,可根据实际情况增加培训次数。

(五)组织纪律

1. 主动接受群众监督。

2. 不做违背群众意愿、侵害群众利益和不利于所驻村(社)开展工作的事情。

3. 对出现日常履职松散、出工不出力,敷衍塞责、推诿扯皮等,情节恶劣、造成不良影响的,对有关人员进行通报批评、诫勉谈话、组织处理和纪律处分;对失职渎职、违纪违法的,严肃追责。

4. 不应有以下行为,包括但不限于:

(1)在下村社工作时接受所驻村(社)公款宴请和报销各种应由个人支付的费用;

(2)收受所驻村(社)发放的各种补贴、有价证券、农副产品;

(3)收受、廉价购买所驻村(社)的物品或到村社推销个人盈利性商品;

(4)以任何名义向所驻村(社)索要财物;

(5)参与赌博等有损形象的活动。

六、考核激励

1. 驻村(社)指导员由所在镇街负责考核。市级下派第一书记在镇街考核基础上,由市委组织部核准并函告所在单位。

2. 驻村(社)指导员的考核形式为个人自评、群众测评和专项考察。

3. 驻村(社)指导员的考核内容包括日常办公、走访群众、解决问题、重点任务推进等情况。

4. 驻村(社)指导员在派驻工作中出现以下情形之一的,在年终考核中实行

"一票否决":

（1）发表和散布与党的路线、方针、政策相违背以及有损于党和国家形象的言论；

（2）存在(五)4中相关行为；

（3）违反国家法律、法规和廉洁自律有关规定；

（4）在群众测评中,基本满意、不太满意率超过50%。

5. 市里单列驻村(社)指导员优秀考核比例,考核结果分为优秀、良好、合格三个档次,记入干部档案,作为年底评先评优、干部提拔晋升的依据。

2.2.5 镇乡(街道)村级干部队伍建设工作的特色做法[1]

（1）牌头镇扎实推进专职驻村工作:一、完善运行机制。镇党委结合年初的机关运行机制改革,将驻村指导中心由原先按地域划分的5个管理处改革成并行的3大组,实现由块状管理为主向点状交叉管理转变,打破原管理处之间的不平衡性和驻村干部的固定性,增强组与组之间、驻村干部间的竞争性,促进驻村干部的交流与合作。二、明确驻村职责。在驻村干部专职化的基础上,进一步明确驻村干部在社情民意了解、政策法规宣传、代理代办服务、强村富民帮助、矛盾纠纷调解、基层组织建设等六方面的工作职责。三、规范日常管理。制定学习计划,开设电脑培训课程,让驻村干部有机会"洗洗脑""充充电"。下发专用笔记本,要求驻村干部认真记录每次下村入户时参加的会议、了解的村情民意、为群众解疑答难和实事工程进展等情况,镇党委对记录情况进行不定期抽查核实。健全村情民意报告制度。对村民提出的热点、难点问题,由驻村干部及时汇总交镇党委、政府研究解决。实行目标化管理。每月定期召开工作例会,听取驻村干部汇报,布置下阶段工作任务。四、强化考核激励。定期组织村

---

1 中共诸暨市委组织部:《组织工作情况:第7期》,2007年5月29日印发。

干部、党员、村民小组长、各级人大代表和部分群众代表对驻村干部进行民主测评。同时,把驻村干部与所驻村的各项工作进行捆绑考核,并作为年终评先奖优的主要依据。对驻村干部因工作失察失职,造成工作被动和失误,且影响较大的,由该驻村干部承担第一责任,列入相应的岗位目标责任制考核。五、抓好典型示范。注重挖掘驻村工作先进典型,并在全镇加以宣传推广,充分发挥先进典型的示范带动作用。同时,选定了新乐、王劳军和牌头等三个村分别作为村级民主管理、新农村建设和科技普及的示范点,逐步形成干部驻村亮点和特色村庄示范点相结合的驻村工作典型。

(2)阮市镇采取四项措施强化驻村干部管理考核:一、严格执行周三夜办公制度。驻村干部每周三进行夜办公,组织村两委成员学习有关政策法规,传达贯彻党委政府的有关会议、政策文件精神,结合实际部署本村工作,及时调处村里的矛盾纠纷,并如实记好台账。二、继续深化党员学习日制度。充分利用党员远程教育网络,把远程教育与农村党员干部培训相结合,由驻村干部在每月的党员学习日,组织开展学习培训活动,整体提高农村党员干部、入党积极分子和村级后备干部的素质。三、定期开展走访调研活动。驻村干部每半年须走访一次村民代表、党员干部,与村民代表、党员交心谈心。同时积极开展调查研究,每年撰写一篇以上有质量的村情调研报告。四、切实加大督查考核力度。镇党委对驻村干部除了实行月考、年考和中心工作考核外,又单独设立考核奖,切出专项资金,根据《驻村干部工作考核内容》计算得分,每半年考核一次。同时,建立党政班子成员联系制度,及时了解掌握驻村干部的思想和工作动态,加大督查管理力度。

(3)同山镇实行驻村干部"日报、周评、月议、季考、年比"制度:一、日报。驻村干部每日须填写驻村干部工作日志上交镇驻村指导中心,内容要求简明扼要,重点体现工作职责要求,并用一句话加以概括。二、周评。驻村干部及时对各项工作进行总结,每周上报年初制定的重点工作进度,由驻村指导中心及时梳理上报的信息,采用领导点评、上墙公示、编发简报等形式进行反馈。三、月议。驻村指导中心每月底组织召开一次交流会,由各驻村干部汇报各村工作开展情况,并交流驻村心得。四、季考。镇党委、政府对照年初各村拟定的重点工作进度进行考核,考核结果列入驻村干部个人年度岗位目标责任制考核。五、年比。在驻村干部中开展"比态度、比业绩"活动,对工作积极、成绩突出的驻村干部在年度考核中予以加分,适时在内部提拔使用和向上推优。

(4) 山下湖镇开展了驻村干部"交叉蹲点调研促和谐"活动:在为期一周的调研活动中,全镇11位驻村干部"自愿联合、交叉换位",深入到"交换村"进行帮扶蹲点。围绕新农村建设,以"摸村情、听民声、理思路、送温暖、解难题、办实事"等为内容,通过听取"交换村"两委会汇报,召开民情"恳谈会",走访慰问农户等多种途径,倾听民意,了解民情,及时总结所驻村与"交换村"发展的异同点,认真分析当前农村经济社会发展中遇到的困难和基层组织面临的新问题、新情况,帮助理清发展思路,解决实际困难。

(5) 璜山镇推行"季度点评分析"制度:璜山镇召开了由各村主职干部和驻村干部参加的"季度点评分析"会。镇村干部共同研究了并村后实事工程开展、村级班子运行、村集体资产融合等方面存在的问题,分析原因,提出解决办法和具体建议,对有影响力、能提供现场示范的典型方法和值得总结的工作经验,通过编印《新村工作运转情况》向全体村干部反馈,供各村借鉴参考。

2.2.6　枫江村、枫源村干部党员管理的实践做法

2.2.6.1　枫江村干部管理的主要做法

枫江村村干部"十防十忌"[1]

1. 党组织堡垒作用不强,党建引领作用难发挥(班子成员不团结,干事创业

---

[1] 该部分内容根据枫江村党支部书记陈惠飞提供的资料整理。

难齐心,要尊重历史,实事求是)。

2. 理论学习不深,政策理解不够(不能及时跟牢上级政策的方向,趋势,导致发展思路不清晰,村庄发展缺乏方向性和针对性)。

3. 盲目投资,照搬照抄(产业振兴不结合自身村庄产业实际,盲目超额投资;村庄建设不结合自身的人文特色,照搬照抄,不伦不类)。

4. 生活不自律,工作不卖力(不遵守规章制度,酒驾,赌博,说大话,放卫星,瞎表态,形式主义,个人作风不检点,吃拿卡要)。

5. 没有担当作为的精神,缺乏干出变化的决心(把村庄发展的包袱甩给政府,把村庄落后的责任推给村民,自己不担当,不作为)。

6. 不谋全局,不谋长远(缺乏规划意识,不思考村庄发展前景,让村民失去信心)。

7. 喜欢做老好人,不肯做红面人(当面一套,背后一套)。

8. 三资政策不明确,档案管理混乱,集体资产不明,不查,不统计(经济、矿产、地产、林权、田地湖、库存、物资、财务)。

9. 小事不想管,大事不敢管(上级分配的工作推诿,矛盾调处不及时,群众上访,影响村庄和谐发展)。

10. 群众观念淡薄,服务意识欠缺(喜欢当老爷,高高在上,对村民实际需求不上心)。

2.2.6.2　枫源村党员干部管理的主要做法[1]

党支部书记党建责任清单20条

1. 开展基层组织建设星级管理创建工作;
2. 规范做好发展党员工作;

---

[1] 诸暨市乡村志编纂编委会编:《诸暨市乡村志:枫源村志》,吉林文史出版社2020年版,第205—218页。

3. 执行"三会一课"制度；

4. 召开组织生活会；

5. 认真落实民情通管理制度；

6. 认真做好党务公开工作；

7. 切实加强村级后备人才培养；

8. 认真落实村级配套组织负责人聘用工作；

9. 开展党员先锋指数考评管理工作；

10. 开展党员日常表现量化管理工作；

11. 严格执行党员组织关系管理制度；

12. 认真做好党费收缴工作；

13. 开展不合格党员处置工作；

14. 认真执行《村干部"四不"公开承诺》；

15. 严格遵守村级"五件事"纪律要求；

16. 切实履行村主职干部坐班制度；

17. 扎实抓好村干部轮流值班制度；

18. 执行村级重大事务决策"五议两公开"制度；

19. 积极联系服务群众；

20. 认真开展年度双述双评工作。

党小组长党建责任清单十条

1. 负责做好各类通知工作。根据支部要求，及时通知组内党员参加"三会一课"、民主评议、民主生活会、固定党员活动日等会议和活动。

2. 认真落实"三会一课"等制度。每月组织召开党小组会议一次，会前须落实党费收缴和登记工作，严格落实会议签到制，及时做好会议记录。

3. 认真做好流动党员联系服务工作。建立外出流动党员名册,协助支部做好组内流动党员活动证审批和发放工作,并在党员返乡时收集流动党员活动证交党支部查验,每季度向党支部报告流动党员在外情况。

4. 执行党内亲情关爱制度。对组内党员,特别是老党员、生活困难党员要经常联系走访,做好党内亲情关爱制度政策的宣传落实。属于因病致困、党员离世情形的,要及时向支部汇报,协助做好困难党员慰问和离世党员家属慰问金申请等工作。

5. 落实党员联系农户制度。建立党员联系农户名单,每名党员联系5—10户农户,督促党员对联系农户开展不定时走访,及时解决农户困难。根据实际情况,做好组内党员联系农户名单的调整和更新工作,及时将名单上报村党支部并发至党员户。

6. 配合做好党员考核管理工作。对照党员先锋指数考评、党员日常量化管理等工作要求,加强组内党员教育管理,组内党员日常表现中有可能评定为警示党员、不合格党员情形的,应及时掌握信息,给予提醒谈话。

7. 配合开展警示党员帮扶工作。配合支部做好组内警示党员帮扶转化工作。

8. 配合做好不合格党员处置工作。党员被确定为不合格党员处置对象,党小组长要配合支部统一组内党员思想,积极配合镇组织办做好相关调查取证工作。

9. 支持配合各项中心工作。运用各种形式,及时引导组内党员带头支持配合"五水共治""三改一拆""四边三化""美丽乡村"等市镇中心工作和村级实事工程,落实党员责任岗职责,积极维护村级稳定。

10. 及时完成村党支部交办的其他工作。对村党支部交办的其他临时性工作要督促组内党员及时按要求完成。

村干部"四不"公开承诺

为更好地履行岗位职责,规范自身行为,推进枫源村的各项事业发展,村干部特向全体村民作出以下承诺:

1. 不参与工程:不参与(含直系亲属)承包承建(变相承包承建)或违规干预插手本村的公共项目及涉及征用本村土地的所有项目;

2. 不出现"四违":不出现违法建设、违法开采矿山、违法轧(洗)沙、违反殡葬管理规定的行为;

3. 不参与非法上访:本人及直系亲属不煽动、组织或参与集体上访、越级上访等;

4. 不履职就辞职:不贯彻执行党委政府政策部署或村"两委"、村民(代表)会议的决定;无正当理由,不按时完成村干部创业承诺事项;年度考核综合评定为不称职等次;未按要求完成治水拆违任务;未按时完成剿灭 V 类水体任务;不执行村主职干部坐班和村干部轮流值班等规章制度;参与赌博、嫖娼、打架闹事等违法活动;其他不正确履行岗位职责的行为,都属于不履职,就得自动辞职。

枫源村村主任工作职责

1. 在党支部的领导下,带领村委会一班人,组织村民依照《村民委员会组织法》规定,实行村民自治,认真学习和贯彻执行党的路线、方针、政策,遵守国家的法律、法令。

2. 主持村委会的全面工作,组织全体委员执行村民会议和村民代表议事会的决议,并将执行的情况,向村民会议和村民代表大会报告。

3. 召集和组织委员会的委员,讨论、制订本村的经济和社会发展计划、安排好村民的生产,解决生产中出现的难题,帮困扶贫,带领本村的村民走向共同富裕的道路。

4. 领导村委会和村民小组的工作,经常检查他们完成各项任务的情况。

5. 组织村民因地制宜兴办本村的公共事务和公益事业。

6. 召集村民会议和村民代表大会,接受村民监督,积极协助上级政府开展工作。

枫源村发展党员和党员队伍管理的"五个严禁"

1. 严禁各级党组织在党员发展过程中,把入党申请人、入党积极分子、发展对象、预备党员及转正未满一年的党员作为特定对象组织捐款。

2. 严禁入党申请人、入党积极分子、发展对象、预备党员及转正未满一年的党员以入党为名向所在党组织、单位或党员个人捐款、请吃、发放实物等。

3. 严禁党组织向参加组织生活的党员发放误工补贴,不得以党日活动经费、过节费、通讯费等名义向党员发放钱物。

4. 严禁党组织向入党申请人、入党积极分子、发展对象、预备党员和党员强行摊派各类实事工程建设、报刊订阅等费用。

5. 严禁党组织采用垫交或扣交等形式收党员党费,不得要求党员交纳规定以外的各种名目的"特殊党费",党费交纳情况必须及时公布。

党员谈心制度

心理活动是精神源泉。坚持党员谈心制度,是加强党的思想建设的重要形式。通过谈心活动,党组织可了解党员的思想动态,解决党员思想上、认识上存在的问题,确保党员在思想上、行动上与党中央和上级党委的要求一致。同时,党内同志之间,领导者与被领导者之间,可及时沟通思想,消除隔阂,增进了解,加强团结,促进各项工作正常开展。

一、组织形式:党员谈心以党支部为基本单位,由党支部书记或委员对党员定期进行谈心。

二、谈心时间:党支部每季度对党员谈心一次,如发现党员思想和工作中出现异常时,应及时与党员进行谈心。

三、谈心内容:了解党员学习、工作、思想和生活情况,征求党员对支部工作及本单位业务经营工作的意见和建议,解答党员提出的疑难问题,指出或批评党员思想中存在的问题,并帮助克服解决。

四、谈心应坚持的原则:一是平等原则。领导要放下架子,以平等的心态和党员相处,不得盛气凌人。二是诚恳原则。要对人诚心实意,要别人说心里话,首先自己说心里话。三是锲而不舍原则。要不怕麻烦,不怕"碰钉子",不怕反复。四是艺术性原则。要善于选择时机,善于掌握分寸,要有进有退,有礼有节,找准问题。

镇干部驻村制度

驻村干部在镇党委政府的领导下开展工作,协助所驻村党支部抓好党的基层组织建设,巩固党支部在农村各项建设事业中的领导核心地位,同时,指导所驻村村委会依法开展自治。处理好与群众生产生活相关的各类问题。2017年枫源村的驻村干部是傅建萍同志,2018年为周宇驰同志。具体工作职责:

1. 宣传党和国家在农村的各项政策法规;传达贯彻镇党委、镇政府的各项重大决策和工作部署。

2. 抓好以村党支部为核心的村级配套组织建设,提高村级班子的凝聚力和战斗力,确保村级班子协调顺畅地运作。

3. 帮助清理所驻村的发展思路,发展壮大村级集体经济,完善村级基础设施。推进社会主义新农村建设。

4. 牢固树立群众观念,开展农村素质培训,促进农业增效,农民增收;积极引导、扶持村内企业的发展。全面做好各项服务工作;努力为困难群众排忧解难,联系1—2户困难户。

5. 开展入户察民情、听民声、重民意、解民忧活动,积极为村民办实事,办好事,解决实际困难,办一些群众看得见、摸得到的实事。随时掌握村干部和群众的思想动态,注意做好思想政治工作。协助村干部抓好社会治安综合治理、安全生产和信访工作,做好信访、上访人员的说服、疏导、化解等工作,及时化解各类矛盾纠纷。

6. 协助村干部抓好土地管理、计划生育、环境保护等基本国策的落实,做到情况明,底子清,对违法行为和个体要及时加以制止,并做好信息反馈工作。

7. 督促村党支部规范党务工作,健全"三会一课",规范党员发展工作程序;协助村党支部抓好党员日常教育管理工作,组织发展党员远程教育工作。

8. 推进基层民主政治建设,规范村务决策制度,落实村级重大事项集体决议和重大工程招投标等规章制度,规范村级财务管理制度。

9. 着力推动新民居建设工作,指导帮助村做好村庄建设规划编制、拆迁补偿方案制定,严格民主程序,切实维护群众利益,确保新民居建设工作顺利进行。

10. 积极开展文明村、新农村、文化特色村、生态村、民主法治村等各类创建活动,适时组织开展文体娱乐活动,营造积极健康向上的社会风气。

驻村干部工作纪律

实行"四必到"制度:

1. 村内各类会议必到,指导有关会议按时按规召开;

2. 村级招投标、宅基地放样、工程开工验收等各类重大活动、重要工作、重点项目实施时必到;

3. 村内发生急事、难事、群体性事件、突发性事件或处理不稳定事件必到;

4. 因工作需要,村要求驻村干部参与的场合必到。

驻村干部执行"五不准"纪律:

1. 不准在下村工作时接受所驻村公款宴请和报销各种应由个人支付的费用;

2. 不准收受所驻村发放的各种补贴、有价证券、农副产品;

3. 不准收受、廉价购买所驻村的物品或到村推销个人盈利性商品;

4. 不准做违背群众意愿、侵害群众利益和不利于所驻村开展工作的事情;

5. 不准参与赌博等有损形象的活动。

枫源村文书工作职责

(一)负责村财务的业务工作,加强集体资产管理,严格执行财经纪律和财务管理制度。

(二)负责本村农民负担、农村财务、农村土地承包管理、农业统计等农村经营管理方面的工作。

(三)负责村部日常内务管理,完善村级制度建设,协助支部书记抓好党建业务工作。

(四)做好户籍、人口管理,负责完成农村经济综合统计年报工作。

(五)及时调解土地、合同、农民负担等纠纷。

(六)听取和收集干部群众对财务管理、农民负担、农民土地承包的意见和反映,并负责具体问题的处理。

(七)做好社会服务、公益事业、村两委会等相关会议记录以及领导安排的其他工作。

(八)负责收集整理村内各种业务资料和档案管理工作。

枫源村出纳员工作职责

（一）负责管理本村的财产物资，维护集体经济利益，并监督集体经济组织的其他成员。

（二）出纳员负责现金、支票、发票的保管工作，做到收有记录，支有签字。

（三）遵照现金管理条例，管理好本集体经济组织的现金、有价证券等货币资产，配合其他财务人员搞好财务管理。

（四）现金日清月结，按日记录现金日记账，并按日核对库存现金，做到记录及时、准确、无误。

（五）办理其他银行业务要核对发票金额是否正确、准确，并经领导批准后签发，不得随意办理汇款。

（六）收付现金双方必须当面点清，防止发生差错。

（七）及时按财务管理规定做好民主理财和财务公开工作。

2.3 村级的服务体系建设

2.3.1 关于推进城乡社区建设的意见[1]

各镇乡党委、政府，各街道党工委、办事处，市级机关各部门，市属企事业单位：

为贯彻落实党的十七大和十七届三中全会精神，根据《中共浙江省委浙江省人民政府关于推进和谐社区建设的意见》《中共浙江省委浙江省人民政府关于推进农村社区建设的意见》，结合本市实际，现就推进我市城乡社区建设提出如下意见。

---

1 中共诸暨市委办公室：《关于推进城乡社区建设的意见》，2009年1月13日印发，市委〔2009〕4号文件。

一、指导思想

按照构建社会主义和谐社会的要求,统筹城乡社区发展,以社区党建为核心,以社区稳定为基础,以居民自治为导向,以社区文化为载体,以社区服务为重点,以群众满意为标准,不断探索创新基层社会管理和公共服务的体制机制,把城乡社区建设成为和谐的社会生活共同体,推动经济社会又好又快发展。

二、基本原则

1. 以人为本。改善城乡民生,增进生活幸福,促进人的全面发展。

2. 统筹整合。城乡统筹,资源整合。

3. 管用节约。致力解决问题,满足需求,发挥作用,不搞重复建设,不搞铺张浪费。

4. 共建共享。由有关部门牵头,镇乡(街道)主抓,以村(居)群众为主体,号召社会各界参与,实现资源共享、成果共享、工作共享。

三、总体目标

围绕"走在前列,创新特色"的城乡社区建设总体目标,按照城乡统筹、梯次推进、辐射延伸、巩固提高的工作思路,把城乡社区建设成为群众自治、管理有序、设施配套、服务完善、生态和谐、文明祥和的新型和谐社区。力争通过三年的努力,到2010年底全市城乡社区建设达到全覆盖,努力使我市城乡社区建设工作走在全省、全国的前列。

四、工作重点

(一)城市社区建设

围绕全面提高城市化水平和城市整体素质这一目标要求,改革城市基层管理体制、强化社区功能、巩固党在城市工作的组织基础和群众基础,以社区居委会为重点加强城市基层政权和群众性自治组织建设,积极探索城市社区建设和管理的新机制,以街道、社区党组织为核心,以社区居委会为依托,强化党群关系,维护社会稳定,实现城市经济和社会的协调发展。

1. 理顺工作机制。按照"党委、政府领导,民政部门牵头,有关部门配合,街道(镇乡)、社区主办,社会各界支持,群众广泛参与"的社区工作领导体制和工作机制,进一步加强对城市社区建设工作的规划指导、综合协调和督促检查。理顺党政职能部门与社区组织的关系,适应新形势要求,改进对社区居民委员会的工作指导。

2. 强化服务功能。健全"市、街、居"三级联动的社区服务平台,统筹整合职能部门公共服务资源和社会各方力量,大力发展社区服务业,开发社区服务资源。积极鼓励和支持各类组织、企业和个人开展社区服务,逐步建立一套比较完善的覆盖社区居民、功能完善、服务多元化、质量水平高的就业、救助、卫生医疗、治安防范等公共服务体系。

3. 加强工作保障。建立政府财政投入增长机制,社区工作经费由市财政按每户每年55元拨付,街道1:1同等比例配套。积极拓展社区建设资金的筹措渠道,形成政府投入为主、社区服务收入为辅、共建单位和社区居民资助为补充的社区建设财力保障机制。加大硬件设施建设力度,把标准社区办公服务用房建设列入城市建设规划,制订具体的实施方案。争取通过3年时间的努力,使全市各社区的工作服务用房建设有明显改善。

4. 注重队伍建设。优化社区工作者的班子队伍,建立能上能下的用人机制,保持队伍活力,优化社区工作者队伍结构。切实解决好社区工作者的工资福利待遇和各项社会保险待遇,确保其年收入不低于上一年职工平均工资水平,并参照企业有关标准享受养老、失业、医疗、工伤、生育等社会保险待遇和住房公积金。加强对社区工作者的教育培训,鼓励社区工作者参加在职学历教育,推动社区工作者的职业化、专业化进程。

(二)农村社区建设

以村级基层组织为基本组织构架,以新农村建设为主要内容和抓手,以统筹整合为主要方法,以城市社区的理念为联结纽带,因地制宜,推进农村社会建设、制度建设、公共服务体系建设,促进农村形成和谐的社会生活共同体。

1. 构建服务平台。农村社区设置原则上以行政村为单位,即按"一村一社区多场所"形式组织社区建设。要重点推进农村社区服务中心建设,依托村级公共场所和设施,根据社区服务的要求和群众需求,拓展内容,完善功能,逐步形成以综合性社区服务中心为主体、室内外专项设施相配套的农村社区服务设施体系,争取用3年左右时间,在全市建立起集管理、服务、教育、活动等功能为一体的501个村级社区服务中心。

2. 构建服务机制。建立以农村社区党组织领导为核心、村民自治为基础、农村居民广泛参与、社区各类组织互动合作的农村社区民主治理机制。充分发挥党组织在辖区内社会性、公益性工作中的主导作用,充分发挥各类社会组织在服务性、群众性工作中的协调作用,充分发挥广大群众在联动性、互助性工作中的自主作用,实现村民自治与社区管理有机统一。

3. 构建服务体系。以城市社区的理念规范农村社区服务。进一步完善社区公共服务体系,加快社区服务制度和人才队伍建设。加强农业生产服务,健全服务机构,发展农民专业合作经济组织;加强卫生计生服务,加快建立以社区卫生服务中心(乡镇卫生院)和站(村卫生室)为主体的社区卫生服务网络;加强文化体育服务,开展丰富多彩的文体活动;加强社会救助和社会福利服务,健全救助制度,统筹福利政策;加强教育培训服务,提高群众综合素质;加强社会治安服务,大力推进治安防控体系建设,维护社区正常秩序和公共安全。在扩大公共服务供给的同时,要按照方便、实惠、安全、生态的原则,加快发展农村社区经营性服务,满足居民生产生活、消费娱乐等需求。鼓励和支持各类社会组织、企业和个人创办村级综合服务社,提供超市、家政、中介、维修、配送、保洁等各类便民利民服务。培育发展农村社区志愿互助服务,鼓励和支持各类社会组织参与志愿服务。

五、工作要求

（一）加强领导。为切实加强对城乡社区建设工作的组织领导，市成立了城乡社区建设工作领导小组。各镇乡（街道）应成立相应的组织，由主要领导负责抓落实。形成党委领导、政府负责、部门配合、社会参与的领导体制与工作机制。

（二）加强指导。要将城乡社区建设纳入和谐社会建设和社会主义新农村建设总体规划，一同部署、一起考核、一体推进。

（三）加强协作。建立党委政府目标考核、群众评价和社会评议相结合的城乡社区建设绩效评估机制。加强对城乡社区建设的分类指导，引导城乡社区创造特色。要明确城乡社区建设领导小组各成员单位职责，各有关部门要各司其职，密切协作，整合资源，统筹推进。

（四）加强宣传。加强城乡社区建设重要意义的宣传，努力营造良好的社会舆论氛围，切实增强城乡居民对社区的认同感、归属感，努力培养和提高城乡居民的主体意识、参与意识，激发他们共驻共建的热情，推动和谐社区建设不断向前发展。

2.3.2　关于加强村级便民服务中心建设的实施意见[1]

各镇乡党委、政府，各街道党工委、办事处，市级机关各部门，市属企事业单位：

为进一步方便群众办事，提升村级便民服务中心（社区服务中心，下同）服务水平，根据省、绍兴市有关要求，结合我市实际，现提出如下意见：

一、指导思想

全面贯彻落实科学发展观，按照市委"一切为了发展，发展为了民生"的要求，推进村级便民服务中心建设，把行政管理、行政审批、行政服务延伸到基层，努力构建规范、高效、便捷的村级便民服务体系，为我市"推进科学发展、建设幸

---

[1]　中共诸暨市委办公室：《关于加强村级便民服务中心建设的实施意见》，2011年5月25日印发，市委办〔2011〕67号文件。

福诸暨"创造良好环境。

二、基本原则

村级便民服务中心以为民、利民、便民为宗旨，开展代办、协办服务，具体遵循以下原则：

1. 依法办理原则。除必须由当事人到场的申办事项外，当事人申请办理的事项，由村级便民服务中心提供代办服务。

2. 自愿选择原则。为当事人提供代办服务，应尊重当事人意愿。当事人不愿授权委托的，由村级便民服务中心提供协办服务。

3. 快捷办理原则。代办事项应在承诺期限内及时办理，并将代办结果及时转交当事人。

4. 无偿办理原则。除依据法律、法规应当向办事机关交纳的费用外，不得收费。

5. 公开透明原则。建立健全代办、协办制度，公开代办、协办程序，实行阳光服务，接受村(居)民监督。

三、建设标准

村级便民服务中心建设分标准型、示范型二个档次，分类确定建设标准。

1. 标准型：达到"十个一"标准，即一个场所、一块牌子、一套制度、一本台账、一部电话、一套办公设备(电脑、打印机、复印机)、一个公示栏、一名以上代办员、一套办事须知、一张便民服务卡。

2. 示范型：在达到"十个一"标准的基础上，有办事大厅，有至少一名专职代办员，有特色服务项目等。

在村级便民服务中心建设全覆盖的基础上，到2011年12月底，"示范型"达到行政村总数的20%以上，其余均达到"标准型"要求。

四、服务项目

按照省、绍兴市统一要求，村级便民服务中心逐步完善并提供以下便民服

务(代办)项目:

民政:低保、临时救助、医疗救助、殡葬改革、老年优待服务。

人力社保:人力资源调查,就业、失业登记,职业介绍,职业供求和职业培训信息发布,职业技能培训,就业援助;居民社会养老保险参保缴费,参保人员领取养老保险金资格认证,死亡人员终止养老保险关系;社会保险政策咨询、宣传发动、参保登记、信息变更;劳动用工网格化协管;劳动争议调解。

国土资源:农村宅基地审批受理和代办、设施农用地审批受理和代办、农村宅基地确权登记发证受理和代办、建设用地相邻纠纷的调解与协调。

住建、规划:乡村建设规划审批受理和代办;农民建房政策和技术咨询。

农办、农业:土地流转信息收集、审查、发布、上传;农产品买卖市场信息发布;有关生产技术、气候变化、抗灾防灾、支农惠农的政策传达;农技推广、动植物疫病防控、农产品质量安全监管;粮食直补资金落实服务;农资供应、育秧育苗、植保统防统治、机耕机收等生产作业性服务;农业技术培训。

卫生:组织农村居民办理参加新型农村合作医疗,协助开展农村居民新农合报销情况公示;组织农村居民参加健康教育和健康体检、妇女"两癌"筛查、欲婚青年婚检;改厕技术指导。

人口计生:再生育审批的初审和代办;一孩生育证明、流动人口婚育证明等计生证件代办;计划生育奖励扶助金、特别扶助金和公益金发放对象资格确认初审和公示;外来流动人口婚育证明查验;计生政策宣传、咨询;优生"两免"服务告知书发放;病残儿医学鉴定申请及初步审核。

五、工作要求

1. 强化组织领导。要建立健全纪检监察机关协调监督,民政部门组织实施,公共服务中心业务指导,财政部门经费配套的工作格局,组织、人力社保、国土资源、住建、规划、农业、农办、卫生、人口计生等部门要全力配合支持。各镇乡(街道)要在抓好具体落实的基础上,探索建立公共服务分中心或便民服务站。村级便民服务中心建设纳入镇乡（街道）党风廉政建设责任制和部门效能行风综合考核。

2. 落实基本保障。要落实好服务场所，各行政村（居）便民服务中心建设一般依托本村的村部大楼，有条件的应设立集中办事大厅；要落实好工作人员，村级便民服务中心工作人员一般由村两委成员兼任，村文书和驻村大学生原则上要求常驻办公，有条件的行政村还可聘请专职人员；要落实好建设经费，由市、镇乡（街道）、村共同承担，并发动社会力量参与共建。

3. 健全工作制度。各镇乡（街道）要加强对村级便民服务中心日常管理，会同有关部门明确服务事项的具体办理条件和工作流程，建立健全全程代办、公开办事、轮流值班、服务承诺、台账登记、考核管理等基本制度，开展业务培训，确保村级便民服务中心正常运行。按照上级要求，村级便民服务中心工作推进情况实行月报制，各镇乡（街道）要于每月5日前将上月工作情况报市效能办公室。

2.3.3　关于印发诸暨市村级便民服务中心考核办法的通知[1]

各镇乡党委、政府，各街道党工委、办事处，市级有关部门：

根据《关于2013年镇乡街道岗位目标责任制的考核意见》（市委〔2013〕17号）要求，市纪委、市民政局、市公共服务中心对村级便民服务中心责任制考核内容进行了细化，现将考核办法印发给你们，请认真执行落实。

诸暨市村级便民服务中心考核办法

一、考核依据

依据《关于2013年镇乡街道岗位目标责任制的考核意见》（市委〔2013〕17

1　中共诸暨市纪委、诸暨市民政局、诸暨市公共服务中心：《关于印发诸暨市村级便民服务中心考核办法的通知》，2013年4月1日印发，诸纪发〔2013〕11号文件。

号),村级便民服务中心未能实现规范化运行的,每个村(社区)扣0.2分。

二、考核内容

重点考查村级便民服务中心硬件设施、日常管理、服务质量等内容(见附件)。

三、考核方法

1. 考核采用平时抽查与年终考核相结合的方法进行。

2. 考核采用百分制计分法,每个村(社区)便民服务中心扣完一百分为止。各村(社区)实际扣分折算后,累加计入镇乡(街道)岗位目标责任制考核。

3. 根据考核结果,市有关部门年底按全市村(社区)数10%的比例,评定星级示范村级便民服务中心,予以表彰奖励。各镇乡(街道)要结合市考查结果和日常检查、考核情况,对市拨村(社区)专职代办员奖励补助资金实行奖惩挂钩。

附件:

村级便民服务中心考评细则

考核项目	考核标准	考核分
硬件设施配套(20分)	1. 未在醒目位置悬挂绍兴市"村级(社区)便民服务中心"标识牌的,扣2分。	
	2. 服务大厅(窗口)未按柜台式布置的,扣10分。	
	3. 办公桌椅、档案柜、电话(传真机)、联网电脑、打印机、复印机等办公设施配备不全或运行不正常的,每项扣3分。	
	4. 便民服务手册、联系卡、政策宣传资料未按要求摆放的,每项扣3分。	
	5. 未为办事群众提供人性化服务设施的,办事场所环境脏乱差的,各扣3分。	
日常管理规范(40分)	1. 聘任的专职代办员不符合市规定任职条件的,不做代办工作,工作时间未到岗到位的,每人(次)扣10分。	
	2. 村(社区)未与专职代办员签订聘任合同的,专职代办员待遇未落实、奖惩不挂钩的,各扣5分。	
	3. 专职代办员姓名、照片、联系电话未按要求上墙公布的,扣5分;专职代办员不按要求参加市级业务培训等活动的,每人(次)扣2分。	
	4. 村干部轮流值班表未上墙的,轮值制度执行不到位的,各扣5分。	
	5. 未公布"96345"、镇乡(街道)本级举报投诉电话的,各扣5分;未设立投诉箱(意见簿)的,扣2分。	

续表

考核项目	考核标准	考核分
服务优质高效（40分）	1. 应代办而不代办服务事项的,每发现一次扣10分。	
	2. 未按照规范流程办事的,每发现一次扣5分。	
	3. 即办的事项未当场办结的、承诺事项未开具受理凭证、未在承诺期限内办结、办结后无送达回执的,每发现一次扣5分。	
	4. 专职代办员未按要求规范记录工作台账的(以服务内容登记簿为准),办理事项未分类归档的,每项扣5分。	
	5. 未实行非工作时间预约服务、急事特事无休服务的,每次扣5分。	
附则	1. 办事群众向"96345"等举报投诉,被认定为有效投诉的,每次扣20分。	
	2. 在市日常检查中发现问题的,每次扣5—10分,未按要求整改落实的,加倍扣分。	
	3. 被媒体批评曝光,造成负面影响的,扣10—20分。	
	4. 被绍兴市及以上明察暗访查实问题通报的,扣100分。	

2.3.4 关于梳理规范村(社区)证明事项的通知[1]

各相关部门(单位):

根据上级部门要求,现就梳理、规范村(社区)证明事项通知如下:

1. 本次梳理为办事群众(企业)需要村(社区)出具的证明事项。没有法律法规依据的,不予列入。

2. 请各相关部门(单位)按照工作职责,对照民政部、司法部等六部门联合下发的《不应由基层群众性自治组织出具证明事项清单(第一批)》(附件1),梳理本单位须列入清单的事项,做到应梳尽梳不遗漏。

3. 我局将会同司法局对各相关部门(单位)报送列入清单的事项进行审核,形成《准入村(社区)证明事项清单》向社会公布。今后,清单实行动态管理,在

---

[1] 诸暨市民政局办公室:《关于梳理规范村(社区)证明事项的通知》,2020年11月4日印发,诸民〔2020〕48号文件。

清单之外的事项,村(社区)将不予提供证明。

4. 请各相关部门(单位)高度重视,认真填写"《准入村(社区)证明事项清单》填报表"(附件2),表格须经单位主要领导签字并盖章,于11月13日下班前报送给市民政局。

附件1:

不应由基层群众性自治组织出具证明事项清单(第一批)

序号	证明名称	办事途径
1	亲属关系证明	居民办事事项涉及的相关部门可通过与公安、民政、卫生健康等部门信息共享方式进行核对,或由居民据实提供居民户口簿、结婚证、《出生医学证明》等予以证明,证件材料遗失的由相关部门予以补办;曾经同户人员间的亲属关系,历史户籍档案等能够反映,需要开具证明的,公安派出所在核实后应当出具(不动产登记情况、公证办理情况除外)
2	居民身份信息证明(户籍证明)	居民办事事项涉及的相关部门可通过与公安部门信息共享方式进行核对,或由居民据实提供居民户口簿、居民身份证、出入境证件等予以证明,证件材料遗失的由相关部门予以补办
3	户口登记项目内容变更申请证明	居民直接向公安部门申请办理姓名、性别、民族成份、出生日期、公民身份号码等5项户口登记项目内容变更,无须基层群众性自治组织提供前置证明材料
4	居民养犬证明	养犬居民应当自行征求利害关系人的同意,并提供相关证明材料;公安等有关部门应当按法律规定自主进行调查核实
5	无犯罪记录证明	根据相关规定,国家正在逐步健全完善犯罪记录制度,人民法院负责依规定向公安机关送达生效的刑事裁判文书,公安部门、国家安全部门和司法行政部门分别负责受理、审核和处理有关犯罪记录的查询申请
6	社区戒毒社区康复人员情况证明(表现证明)	由街道(乡镇)社区戒毒社区康复机构出具
7	人员失踪证明	利害关系人直接向基层人民法院提出申请,由基层人民法院依法定程序宣告人员失踪
8	婚姻状况证明(婚姻关系证明、分居证明)	居民办事事项涉及的相关部门可通过与民政部门、人民法院信息共享方式进行核对;或由居民据实提供结婚证、离婚证、人民法院生效裁判文书或离婚证明书、配偶死亡证明等予以证明,证件材料遗失的由相关部门予以补办(婚姻登记档案丢失、收养情况除外)

续表

序号	证明名称	办事途径
9	出生证明	居民应当据实提供《出生医学证明》、居民户口簿、居民身份证、出入境证件等予以证明,证件材料遗失应当及时通过相关部门补办
10	健在证明	居民办事事项涉及的相关部门通过与卫生健康部门信息共享的方式进行核对
11	死亡证明	居民办事事项涉及的相关部门通过与卫生健康部门、公安部门、人民法院信息共享的方式进行核对;负责救治或正常死亡调查的医疗卫生机构出具《居民死亡医学证明(推断)书》,未经救治的非正常死亡证明由公安部门出具,失踪人员由人民法院依法定程序宣告死亡
12	疾病状况证明(急诊证明、意外伤害证明)	疾病状况证明(急诊证明)由具备医学鉴定资质的医疗卫生机构出具;意外伤害证明由当事人向人力资源社会保障部门、保险公司提供就医记录等材料
13	残疾状况证明	由户籍所在地县级卫生行政机构和残联指定的具备评残资格的医疗卫生机构出具相关证明
14	婚育状况证明（生育状况证明）	居民办事事项涉及的相关部门通过与卫生健康部门信息共享的方式进行核对;居民提供《出生医学证明》、居民户口簿等予以证明,证件材料遗失应当及时通过相关部门补办(收养情况除外)
15	居民就业状况证明	居民实际持有能证明失业身份的,如终止解除劳动关系证明、个体工商户(私营企业主)停业证明等,由居民自行提供;登记失业人员、就业困难人员由公共就业服务机构在其申领的《就业创业证》上予以注明
16	居民个人档案证明	居民办事事项涉及的相关部门通过居民个人档案保管单位信息共享的方式进行核对;居民应当提供真实、合法、充分的有关证明材料(国家另有规定的除外)
17	居民财产证明(经济状况证明、收入证明、偿还能力证明、房产证明、银行存款证明、投资情况证明、车辆所有权证明等)	居民办事事项涉及的相关部门按照法定程序与权限,通过与财政、税务、人力资源社会保障、房地产管理、自然资源、银保监、证监、市场监管、公安等部门信息共享或个案查询的方式进行核对;居民应当据实提供不动产权属证书、银行存款凭证、有价券、保险合同、车辆行驶证等予以证明,证件材料遗失应当及时通过相关部门补办(法律援助情况除外)
18	遗产继承权证明	居民办事事项涉及的相关部门通过与民政、卫生健康等部门信息共享的方式进行核对;居民应当据实提供结婚证、离婚证、居民户口簿、《出生医学证明》等予以证明,证件材料遗失应当及时通过相关部门补办;继承人应当本着互谅互让、和谐团结的精神,协商处理继承问题,遗产分割的时间、办法和份额,由继承人协商确定,协商不成的,可以由人民调解委员会调解或者向人民法院提起诉讼

续表

序号	证明名称	办事途径
19	市场主体住所证明（经营场所证明、同意住宅改变为经营性用房证明、社区经营性用房无扰民证明）	申请人应当提供经营场所的不动产权属证明文件、有效租赁合同等；住宅改变为经营性用房的，申请人应当自行征求利害关系人的同意，并提供相关证明材料
20	证件遗失证明	居民遗失居民身份证、居民户口簿、出入境证件、结婚证、离婚证、老年人优待证、残疾人证、残疾军人证、车辆行驶证、《出生医学证明》、《居民死亡医学证明（推断）书》、学历学位证书等证件、证明材料，以及银行卡、存折、保险合同、邮政汇款单、邮政包裹单、电卡、天然气卡等商业凭证，应当向业务归口管理部门或经办单位申请补发，无须基层群众性自治组织提供前置证明材料

附件 2：

《准入村（社区）证明事项清单》填报表

证明事项名称	
证明事项内容	
政策法律依据	
责任单位	
单位领导签名	

联系人： 　　　　　　联系电话：

××局（盖章）

2020 年×月×日

2.3.5 枫源村完善村民服务的制度实践

枫源村党员结对联系服务群众制度[1]

为进一步密切党员与群众的关系,充分发挥党密切联系群众的优良传统,永葆共产党员的先进性,特制定本制度。

1. 全体党员要提高对党员联系群众制度的重要意义的认识,保持与发扬党的密切联系群众的优良传统。积极地宣传群众,动员群众,组织群众,全心全意地依靠群众,真心实意地为群众服务。

2. 每个党员要积极、主动、认真地开展与群众谈心活动,每个党员至少联系5—10户农户,定期与群众联系,主要任务是了解群众的思想、工作和生活等情况,向他们宣传党的路线、方针和政策,做好思想工作,为群众排忧解难。

3. 按照党支部的工作分工,正式党员要及时联系、培养、考察入党积极分子,对他们进行党性知识教育,帮助他们提高对党的认识,发扬优点,改正缺点,尽快成长。对要求入党的积极分子,至少谈话2次,做好记录,掌握思想动态,并及时向支部汇报情况。

4. 要经常了解群众对党员、党支部工作的批评和意见,凡是正确的意见,就应当向党支部反应,认真采纳。一时难以办到的,要耐心地讲清道理,做好解释工作。凡是错误的意见、无理的要求,要进行说服、教育,引导群众正确对待。做到坚持原则,秉公办事。密切关心群众,维护群众正当权益。

5. 党员每月向党支部汇报一次联系群众的情况,支部每半年进行一次总结。支部要把党员联系群众的情况进行记录,并将其作为评选优秀共产党员的条件之一。

---

1 诸暨市乡村志编纂编委会编:《诸暨市乡村志:枫源村志》,第210页。

枫源村残疾人工作制度[1]

村残疾人工作小组在村两委会领导下开展工作,为保证工作规范有序,订立以下规章制度:

一、会议制度:每年召开不少于两次会议,讨论和承办阶段性残疾人工作。

二、走访制度:每逢春节、助残日等重大节日,村领导与工作小组成员一起走访慰问本村残疾人家庭,了解情况与需求,帮助解决他们的实际困难,了解残疾人特长、爱好,动员他们参与社会及村经济建设,实现残疾人"平等、参与、共享"的目标。

三、随时记录制度:建立残疾人情况记录制度,及时记录残疾人及其家庭的基本情况。

四、服务形式:从残疾人的实际需求和村集体、社会组织能力可以提供的实际出发,协同进行"一助一""众助一""一助众"帮扶,也可以定人、定时服务,上门服务;可以无偿服务,也可以对低保边缘户无偿服务;可以提供劳务服务,也可以提供资金、物资等。

枫源村关心下一代工作委员会(关工委)职责[2]

一、村关工委在村党支部及村委会领导下,配合共青团、妇联、村教育顾问开展工作。

二、针对青少年思想状况,不定期举行各类思想道德教育报告会,利用各种节假日、纪念日,开展多种形式的教育活动。

三、配合有关部门对青少年进行科技资讯和组织科普活动,为青年解决一些致富,奔小康中遇到的困难和问题。

---

[1] 诸暨市乡村志编纂编委会编:《诸暨市乡村志:枫源村志》,第215—216页。
[2] 诸暨市乡村志编纂编委会编:《诸暨市乡村志:枫源村志》,第216页。

四、配合有关部门组织创办家长学校,抓好家庭教育,帮助解决贫困生、辍学生的就学问题。

五、掌握当地失足、劣迹少年基本情况,制定相应的帮教规划和措施,切实做到帮教与帮扶、帮带相结合,帮助他们解决思想、就业、生活、脱贫等问题,巩固帮教成果。

六、开展调查研究,如实向有关部门反映或反馈青少年的思想脉搏和现状,为推动关工委工作提供科学决策。

七、关工委负责人参与对未成年人协会会员的评价工作。

八、做好其他有关工作。

枫源村便民服务中心办事公开制度[1]

(一)办事公开应遵循实事求是、民主监督的原则,方便群众办事。

(二)人员身份公开:设立公开栏,工作人员身份公开,办事桌上要摆放工作明示牌,承办人姓名、职务、权限、咨询电话公开。

(三)窗口办事公开:办事事项公开,办事程序公开,(包括需要提交的申办材料,办理时间、办事流程)、办事结果公开。

(四)收费公开:办事涉及的收费项目、收费标准、收费依据公开,未经公示或超标准的收费,服务对象可以拒绝缴纳并进行投诉。

(五)各项办事制度和内部管理制度公开。

(六)监督措施公开:对不正之风,如以权谋私、办事拖拉、相互推诿、吃拿卡要等不良现象和违反制度的情况,一经发现,必严肃处理。欢迎广大群众监督举报。

(七)公开的方式:上墙公示、公开栏公示、印发办事指南等。

---

[1] 诸暨市乡村志编纂编委会编:《诸暨市乡村志:枫源村志》,第218页。

第三章
诸暨市强化民主选举推进村民自治

提要：民主选举是农村基层民主建设的重要内容之一,也是村民行使民主权利的重要环节,在推动农村政治、经济、文化等方面起着举足轻重的作用。从1982年《中华人民共和国宪法》指出了由部分农村地区自主发起组建村民委员会,确认了村民民主自治选举的法律地位,到1987年《中华人民共和国村民委员会组织法(试行)》确定了村民委员会组织功能和选举方式,再到1998年正式颁布了《中华人民共和国村民委员会组织法》,最后到2018年第十三届全国人民代表大会常务委员会第七次会议对《中华人民共和国村民委员会组织法》进行了修订,村民民主自治经历了将近40年的探索和实践,农村村民选举制度已经成为当今中国农村扩大基层民主和提高农村治理水平的一项基本政治制度。在全国农村地区,村委会选举成为整个村庄最为重要的政治活动。村民也逐渐重视这个可以自己当家作主的政治制度。但在此过程中,一些问题不可避免地随之产生,这些问题不仅阻碍着民主选举在全国农村的推进,而且也影响了整个农村民主自治工作的开展。

诸暨市在坚持发展"枫桥经验"过程中,始终将村民民主选举作为体现村民村庄治理主体地位的重要形式,并且在逐步的实践过程中已经形成了一套相对完整的村民民主选举制度。鉴于此,本章在村民民主选举中,主要选取了三个方面的史料。一是村民民主选举的组织领导。主要包括《关于在春节开展"返乡走亲"服务村级组织换届工作的通知》《关于进一步严肃公职人员村(社)组织换届纪律的通知》《关于做好村社换届中村级配套组织建设的意见》等文件。二是村民民主选举的制度设计。在推进村级换届选举工作规范化方面,诸暨市典型文件主要有《关于认真做好村级组织换届选举工作的意见》《诸暨市村民委员会换届选举工作实施细则》等。三是村民民主选举的特色做法。主要是收集了相关乡镇(街道)在推进村民民主选举工作中的创新做法与生动实践。另外,为保护个人隐私,本章内容中涉及的具体人员的姓名已被隐去,但是具体单位则保留了下来。

3.1 村级组织换届选举工作的组织领导

3.1.1 关于在春节开展"返乡走亲"服务村级组织换届工作的通知[1]

各镇乡、街道党(工)委,市级机关各部门党组织:

为进一步发挥市级机关部门返乡干部作用,利用亲情、乡亲,深入了解基层选风选情,确保村级组织换届选举平稳有序,经研究,决定开展机关干部春节"返乡走亲"服务村级组织换届工作。现将有关事项通知如下:

一、参加对象

市级机关各部门机关干部和企事业单位在编人员。

二、活动内容

1. 开展选情摸排,当好选情调查员。返乡干部要坚持问题导向、效果导向,

---

[1] 中共诸暨市委组织部办公室:《关于在春节开展"返乡走亲"服务村级组织换届工作的通知》,2017年1月18日印发,诸组通〔2017〕5号文件。

深入一线了解选风选情,除原有联系群众外,再走访一批具有代表性的党员、村民代表和普通群众。重点做到三个摸清:一是摸清人员。通过深入走访群众,了解现任村"两委"成员在群众中的反响和口碑,了解现任村"两委"成员及其他党员群众的参选意愿,摸排"过得硬、能带富、善治理"的村内"能人",了解其参选意向。二是摸清选情。充分发挥"熟人"优势,通过"搭肩膀""拉家常"的工作方式,了解党员群众对村级组织换届选举关注程度,对换届相关政策的掌握情况,参与换届投票的积极性,及时收集群众对换届的意见建议。三是摸清选风。摸排换届选举相关的矛盾问题,着重了解村内宗族宗派势力动向,对于在走访过程中发现的拉票贿选等违反换届纪律的苗头性、倾向性问题,以及影响换届的历史遗留问题要及时向镇乡(街道)党(工)委反馈。

2. **加强沟通引导,当好政策宣传员**。返乡干部要及时主动学习村级换届选举相关政策法规、选举程序,在吃透精神的基础上,带着政策返乡,用生动平易的家乡话向群众宣讲换届政策。一是宣传选举程序。以法律、政策为依据,强调依法有序,明确直白地告知群众选举过程中的行止规范,引导群众充分行使民主权利。二是宣传资格条件。重点宣传好村干部候选人(自荐人)"五不能、六不宜"资格条件、村民代表"五不能"资格条件、贿选情形和典型案例等,为群众明确选人标准,推动实现劣迹人员"零当选"。三是宣传新情况、新要求。要大力宣传村"两委"干部交叉兼职,提高党员在村民代表中的比例、推行村民代表履职承诺等政策要求,营造良好的舆论氛围。

3. **强化选举服务,当好选举观察员**。返乡干部要积极为村级换届选举工作出谋划策,做好工作参谋,充分运用自身优势和专业特长,帮助村"两委"班子提前谋划确定今后三年的干事创业重点,列出届期内亟须解决的问题清单。探索以村、镇为单位设立返乡干部换届纪律"观察团""监督团",以"第三方"名义对换届选举工作开展观摩、监督活动,客观真实地记录和见证选举全过程,确保党的领导贯穿村级组织换届选举工作始终。

三、工作要求

村级组织换届工作是基层党员政治生活中的一件大事，各市级机关党组织要高度重视，以严的态度、实的措施确保机关干部及时深入所在村（社区）开展选情摸排和相关服务，实现"返乡走亲"、选情摸排、选举服务的无缝对接，于2月5日前将《村级组织换届选举选风选情摸排情况汇总表》报市直机关党工委汇总。各镇乡（街道）要主动和返乡干部联系对接，及时预告选举工作安排，提供相关宣传资料，听取选举意见建议。机关干部春节"返乡走亲"服务村级组织换届选举活动情况作为2017年机关党建重要内容，列入年度机关党建考核。

附件1：

村级组织换届选举选风选情摸排情况反馈表

基本情况	返乡干部姓名		所在村（社区）	
	走访村两委干部数		走访村民代表数	
	走访党员数		走访普通群众数	
人员摸排情况	主要内容 1. 有参选意向的现职村干部数量； 2. 群众反响好、有参选意向的党员、村民代表和其他非现职干部人选（姓名）； 3. 上届村两委干部履职承诺、创业承诺的兑现情况，以及村民对现职村干部的口碑、评价。			
选情摸排情况	主要内容 1. 镇乡（街道）党（工）委组织换届政策、换届纪律宣传情况； 2. 所走访群众是否关注村级换届进程，是否了解村两委干部资格条件等换届相关政策； 3. 群众（特别是外出群众）参与选举投票的意愿。			
选风摸排情况	主要内容 1. 走访中发现的拉票贿选苗头问题； 2. 走访中发现的矛盾纠纷隐患。			
相关意见建议	主要内容 1. 希望本届村两委班子在任期内解决的主要问题； 2. 对村级换届选举工作的意见和建议； 3. 对基层党组织建设工作的意见和建议。			

备注：本表格由返乡干部本人填写后交所在单位党组织汇总，人员、选风摸排情况及时向所在镇乡（街道）党（工）委反馈。

附件2：

村级组织换届选举选风选情摸排情况汇总表

填报单位：			
返乡干部人数		走访村(社区)个数	
走访村两委干部(人次)		走访村民代表(人次)	
走访党员(人次)		走访普通群众(人次)	
收集意见建议(条次)		发现问题隐患(个)	
群众反馈意见建议汇总	例:1. 某某镇某某村某某人建议:……(内容记录不下可另附纸)		
发现的隐患和问题汇总	例:1. 某某镇某某村某某人反映:……(内容记录不下可另附纸)		

备注:市级机关各部门党组织根据本单位返乡干部反馈情况填写本表,并于2017年2月5日前报市直机关党工委。

3.1.2 关于进一步严肃公职人员村(社区)组织换届纪律的通知[1]

各镇乡党委、政府,各街道党工委、办事处,市级机关各部门、市属企事业单位：

我市村(社区)组织换届工作已全面铺开。为进一步严肃换届工作纪律,现印发公职人员"十不得"换届纪律要求,并将有关事项通知如下：

一、进一步提高政治站位。以高度的政治自觉和强烈的使命担当,充分认识这次换届的极端重要性,把严肃换届纪律放在突出位置。领导干部要带头组织学习"十严禁""十不准"及公职人员"十不得"换届纪律要求,切实增强机关干部纪律意识、规矩意识,把换届纪律要求立起来、严起来,做到明底线、知敬畏、守规矩。

---

[1] 诸暨市村(社区)组织换届工作领导小组办公室:《关于进一步严肃公职人员村(社区)组织换届纪律的通知》,2020年10月16日印发,诸村换办发〔2020〕13号文件。

二、进一步畅通监督渠道。各镇乡(街道)要设立村社组织换届专用举报电话,明确专人值守,及时受理有关信访举报问题。市纪委监委、组织部、公安局等部门要加强监督检查,对违反"十严禁""十不准"及公职人员"十不得"换届纪律要求的行为,直查快办、深挖彻查,做到发现一起、严查一起、曝光一起,形成高压态势,以铁的纪律确保换届风清气正。

三、进一步压紧压实责任。各镇乡(街道)党(工)委和市级各部门(单位)党组织要密切关注党员干部插手干预换届选举工作等信息,一经发现,及时报告市村社换届办。市纪委监委、组织部要强化换届风气专项督导,对重视不够、要求不严、落实不力的单位,及时督促整改,造成不良后果的,严肃问责有关单位责任人员。

请各镇乡(街道)党(工)委和市级各部门(单位)党组织及时组织全体党员干部认真学习,全面落实要求,为确保村社换届平稳有序高质量完成提供坚强保证。

附件:

公职人员"十不得"换届纪律要求

1. 不得利用职务之便对换届选举工作施加影响,向参选当事人所在镇乡(街道)领导打招呼,干预换届选举工作。

2. 不得参与或鼓动参选当事人搞串联和拉票等非组织活动,或以其他方式干扰选民投票意愿。

3. 不得参与村社组织换届有关的宴请或者旅游、健身、娱乐等消费活动。

4. 不得接受任何与村社组织换届工作有关的礼品、礼金、土特产等。

5. 不得发表影响村社组织换届的不正当言论,制造、传播和散布影响、干扰换届工作的"小道消息"。

6. 不得跑风漏气,私自泄露乡镇党委考察、联审村(社区)干部、自荐人(候选人)结果以及讨论决定等有关情况。

7. 不得在村社组织换届工作投票、唱票、计票等选举环节弄虚作假、徇私舞弊。

8. 不得为违反村社组织换届工作纪律的人员说情和干扰案件的调查处理。

9. 不得参与或鼓动基层党员和群众上访。

10. 不得以其他各种形式干扰、妨碍村(社区)组织换届正常开展。

3.1.3 关于做好村社换届中村级配套组织建设的意见[1]

各镇乡党委、政府,各街道党工委、办事处,市级机关各部门:

为做好村社换届中各类配套组织建设,进一步夯实农村基层基础,为乡村振兴提供组织保障,现就加强村级配套组织建设提出如下意见:

一、配套组织设置

1. 村(居)务监督委员会(村级监察工作联络站):村(居)务监督委员会一般由3—5人组成,其中主任1名,主要负责村(居)务决策、村(居)务公开、村级集体"三资"管理、村级工程建设项目等的监督。主任一般由非村(居)民委员会成员的村社党组织副书记或负责纪检工作的村社党组织成员兼任,其他委员候选人一般由村社党组织在广泛征求意见的基础上提出,报经镇乡(街道)党(工)委资格条件初审和市级有关部门联审后确定,经村(居)民代表会议讨论通过,报镇乡(街道)党(工)委统一发文公布。严格执行任职回避,除兼任村(居)务监督委员会主任的村(社区)党组织成员本人外,村(社区)党组织、村(居)民委员会、股份经济合作社董事会成员及其近亲属,以及村报账员、村文书不得担任村(居)务监督委员会成员。出现应回避人员当选的,当选无效。空缺人员可以按照原选举结果依次递补,也可以另行选举。村级监察工作联络站站长、联络

---

[1] 诸暨市村(社区)组织换届工作领导小组办公室:《关于做好村社换届中村级配套组织建设的意见》,2020年11月27日印发,诸村换办发〔2020〕16号文件。

员分别由村(居)务监督委员会主任、委员担任,由所属镇乡(街道)监察办公室聘任,聘期与村(居)务监督委员会任期一致。(责任单位:市委组织部、市纪委监委)

2. 村(社区)股份经济合作社:村(社区)股份经济合作社董事长一般由村社党组织书记兼任,副董事长由村(居)委会副主任兼任,董事由其他村社两委成员兼任,担任村监会主任的除外,未设村社副主任,不设副董事长。村(社区)股份经济合作社董事长已经更换的,应及时变更法定代表人,股份经济合作社执照应及时赋码登记。村(社区)股份经济合作社董事会由股东代表大会选举产生,监事会成员由村监会成员兼任,董事会成员与监事会成员不能交叉任职。(责任单位:市农业农村局)

3. 村(社区)团组织:村社团支部委员会一般由3—5人组成,设书记1人,必要时可设副书记1人。村社团总支部委员会一般由5—7人组成,设书记1人,副书记1—2人。村社团的支部委员会、总支部委员会由团员大会选举产生。坚持德才兼备、以德为先的标准,优先推荐符合条件的35周岁以下村社两委成员作为村社团组织书记候选人意向人选。没有35周岁以下两委成员的,可推荐符合条件且相对年轻的两委成员作为村社团组织书记候选人意向人选,但年龄一般不超过40周岁。两委成员中确没有合适人选的,应从在村社工作的优秀青年骨干中择优选定人选,年龄一般不超过35周岁。积极拓宽选人视野,把政治素质好、富有奉献精神、热爱青年工作、在青年中有较强影响力的各界优秀青年党团员充实到团的岗位上来。要严把团干部候选人资格关,团干部候选人建议人选年龄在28周岁及以上的须为中共党员,28周岁以内的须为中共党员或共青团员,要防止有违法违纪情况的青年进入村社团干部队伍。选举结束后,由村社党组织将选举结果上报镇乡(街道)村社组织换届办公室。(责任单位:团市委)

4. 村(社区)妇联组织:村社妇联设主席1名,副主席1—2名,执委规模可根据村社妇女人口及工作实际确定,一般不少于7人。村社妇联执委会由村社妇女代表大会采取无记名投票方式选举产生;村社妇联主席、副主席由村社妇联执委会全体会议采取无记名投票方式选举产生。确保村(居)民委员会中至少有一名女委员、村社妇联主席100%进两委,妇联主席原则上由村(居)民委员会女委员担任。选举结束后,由村社党组织将选举结果上报镇乡(街道)村社组织换届工作领导小组办公室。(责任单位:市妇联)

5. 村(社区)宣传文化(新时代文明实践)领导小组:由3—5人组成,组长由村社党组织书记兼任,副组长由分管委员兼任,成员包括村乡风文明理事会会长、红白理事会会长等。产生程序为村社党组织提名,经村社两委会集体讨论决定,报镇乡(街道)职能办公室审核,由镇乡(街道)党(工)委统一发文公布。(责任单位:市委宣传部)

6. 村(社区)社会服务管理工作组织:村社设立社会服务管理站,由3—7人组成(包括民兵连长、网格员),站长由村社党组织书记担任,可配副站长1名,各自然村至少设置1名成员。坚持"因村制宜,合理配置"的原则,分别设立村社治安保卫委员会、人民调解委员会。村社治安保卫委员会由3—9人组成(一般考虑居住在村的民兵和治保积极分子),设主任1名,一般由民兵连长兼任。村(社区)人民调解委员会由3—9人组成,设主任1名,由村社党组织提名的两委成员担任,可配副主任1名,副主任和委员须经村(居)民会议或者村(居)民代表会议推选产生,其中必须有1名女性工作人员。调委会主任、副主任、委员由公道正派、廉洁自律、热心人民调解工作,并具有一定文化水平、政策水平和法律知识的成年公民担任。注重从法治带头人、"两代表一委员"、"五老人员"(老党员、老干部、老教师、老知识分子、老政法干警)、网格员、农村四大员、派出所民(协)警、退职村社干部和有关行业专业人士中选聘调解员。调委会委员选任和人民调解员选聘产生后,应及时向所在地镇乡(街道)司法所备案。产生程序为由村社党组织提名,村社两委会集体讨论,村(居)民代表会议通过,报镇乡

(街道)职能办公室审核,由镇乡(街道)党(工)委统一发文公布。(责任单位:市委政法委、公安局、司法局)

7. 村(社区)自然资源管理领导小组:由3—5人组成,人员一般由村社两委班子成员兼任,组长原则上由村社党组织书记兼任,可配副组长1名。产生程序为由村社党组织提名,经两委会集体讨论决定,报镇乡(街道)职能办公室审核,由镇乡(街道)党(工)委统一发文公布。(责任单位:市自然资源规划局)

8. 村(社区)安全生产、劳动用工管理领导小组:由3—7人组成,组长原则上由村(居)委会主任兼任,副组长由分管委员兼任,成员包括村网格员、电工等,各自然村至少设置1名熟悉情况的成员。产生程序为由村社党组织提名,经两委会集体讨论决定,报镇乡(街道)职能办公室审核,由镇乡(街道)党(工)委统一发文公布。(责任单位:市应急管理局)

9. 村(社区)计划生育工作组织:村社党组织书记负总责,专职女委员负分管责任,村社计划生育服务员、联络员负具体责任,其中服务员对联络员有管理责任。原则上每村社设计划生育服务员1名,各自然村设计划生育联络员1名,计生服务员、联络员由思想好、脚步勤、工作实的人员担任。产生程序为由村社党组织提名,经两委会集体讨论决定,报镇乡(街道)职能办公室审核,由镇乡(街道)党(工)委统一发文公布。(责任单位:市卫健局)

10. 村(社区)民兵组织:各村社设普通民兵连连长和指导员各1名,连长由符合民兵干部条件(中国共产党正式党员、热爱民兵工作、综合素质较强,优先从退役军人或长期从事民兵工作的人员中选配,原则上年龄在45周岁以下)的两委班子成员担任,指导员由村社党组织书记兼任。普通民兵连连长产生程序为由村社党组织提名,报镇乡(街道)党(工)委审核同意后,由镇乡(街道)人民武装部按照规定权限任免。(责任单位:市人武部)

11. 村(社区)退役军人服务站:由1—3人组成,站长由村社党组织书记兼任,配副站长1名,退役军人数量较多的村(社区)可视情增加1名工作人员,负责关系转接、联络接待、困难帮扶、信息收集、情况反映、立功喜报、悬挂光荣牌和"八一"、春节等节日以及重大变故走访慰问等具体事务。产生程序为由村社党组织提名,经两委会集体讨论决定,报镇乡(街道)职能办公室审核,由镇乡(街道)党(工)委统一发文公布。(责任单位:市退役军人服务站)

12. 村(社区)网格管理组织:由村社党组织推荐1名两委会干部负责网格管理工作,经镇乡(街道)党(工)委审核后统一发文公布。坚持"便利性、整体性、适度性"原则,因地制宜划分网格,重点村社(城中村、城郊接合部、外来人口较多、社情复杂的村)原则上以自然村为单位划分网格,非重点村社(山区村、偏远村、社情稳定的村)可以几个自然村为单位划分网格。每个网格确定1名网格长,由村社两委成员担任;每个网格确定1名专职网格员,由村社两委会推荐或公开招录的方式,经镇乡(街道)审核确定;兼职网格员由村社两委干部、党员、入党积极分子、热心人士、志愿者、条线协管员等担任,外来流动人口较多的网格,可发展部分外来人员担任兼职网格员。(责任单位:市委政法委)

13. 村(社区)残疾人协会:由3—5人组成,残疾人较少的新型社区可联合组建残协,设主席1名,由村社两委班子成员担任。吸纳党员干部、助残志愿者、爱心人士、残疾人及其亲友等参与残协工作,增强村(社区)残协联系服务残疾人的能力。产生程序为村社党组织提名,经两委会集体讨论决定,报镇乡(街道)残联审核,由镇乡(街道)党(工)委统一发文公布,并报市残联备案。(责任单位:市残联)

14. 村(社区)科普协会委员会:由3—7人组成,设主席1名,秘书长1名,也可设副主席,其中主席一般由村社党组织书记担任,秘书长一般由村社文书担任,委员可由村社工作者、农民技术人员、村内学校校长、卫生服务站负责人、农村基层"四大员"及热心科普公益的志愿者组成。产生的程序为村社党组织提名,经会员(代表)大会等适当形式会议推选产生,结果报镇乡(街道)科协审核,由镇乡(街道)党(工)委批准公布,并报市科协备案。(责任单位:市科协)

15. 村(社区)红十字会组织:村(社区)红十字会理事会由3—5人组成,设会长1名,秘书长1名,一般会长由村社党组织书记担任,秘书长由村委中合适人员担任,成员一般为关心和热爱红十字事业、有相应参政议事能力的会员。设监事1名,从非理事的会员中产生。产生的程序为由村社党组织从会员中提名村(社区)红十字会理事会成员和监事名单,由会员(代表)大会采取等额选举、举手表决的方式产生。(责任单位:市红十字会)

16. 村(社区)社会组织:坚持"党建引领、标准分类、精准服务"原则,在村社两委会领导下,完善乡贤参事类、平安巡防类、乡风文明类、志愿服务类、矛盾调解类等五类基础型社会组织,因村制宜培育"X"类个性化社会组织,优化村级社会组织"5+X"标准化体系。各类村(社区)社会组织的会长、副会长、秘书长等理事会成员原则上均不得由村社两委干部兼任,建议由村社中威信较高的人士、党员、村(居)民小组长、农村基层"四大员"等担任。村(居)民可自愿参与多个村级社会组织。各类社会组织主要负责人调整或新成立社会组织须经镇乡(街道)政府(办事处)备案。

二、选配条件

有下列情形之一的,不得作为村级配套组织人员:

1. 受过刑事处罚,存在"村霸"、涉黑涉恶问题的;

2. 受到党纪或政务处分尚未超过所受处分有关任职限制期限,以及涉嫌严重违法违纪正在接受纪检监察、公安、司法等立案调查处理的;

3. 非法宗教的参与者、实施者,参与邪教组织的,组织、利用宗教宗族宗派势力干扰侵蚀基层组织和基层政权的;

4. 有拉票贿选或其他不正当竞争行为被查处未满5年的;

5. 丧失行为能力。

三、工作要求

(一)加强领导,落实责任。村级配套组织是基层组织建设的重要组成部分,各镇乡(街道)党(工)委要高度重视,切实扛起主体责任,精心组织,选优配足。市级相关部门要加强工作指导和业务培训,提升村级组织建设水平,凝聚推动乡村振兴的强大合力。

(二)把握原则,统筹安排。各镇乡(街道)党(工)委要把握党管干部、德才兼备、精干高效的原则,严格按照任职条件和选配程序,规范操作、从严把关。要坚持村社两委成员交叉兼职、少聘多兼的要求,统筹兼顾、扎实推进、确保建强建好。

(三)完善制度,增强功能。各镇乡(街道)党(工)委在抓好村级配套组织人员配备的同时,要加强制度建设,完善村民自治制度,深化推进基层治理"三治融合"。

3.2 村级组织换届选举工作的制度规范

3.2.1 关于认真做好村级组织换届选举工作的意见[1]

今年,全市各行政村的党组织和村民委员会将进行换届选举,这是我市农村基层组织建设和基层民主政治建设的一件大事。为认真做好这次村级组织换届选举工作,根据上级有关文件精神,结合我市实际,现提出如下意见:

一、指导思想

以邓小平理论和"三个代表"重要思想为指导,深入贯彻落实科学发展观,认真贯彻党的十七大和十七届四中、五中全会精神,以建设社会主义新农村带头人队伍为目标,统一思想认识,加强组织领导,严格依法办事,充分发扬民主,集中广大党员群众的意志和智慧,选出素质优良、结构合理、群众公认的新一届

---

[1] 中共诸暨市委办公室:《关于认真做好村级组织换届选举工作的意见》,2011年2月25日印发,市委〔2011〕25号文件。

村党组织和村民委员会班子,为实现"推进科学发展,建设幸福诸暨"的目标,全面推进我市社会主义新农村建设提供坚实的组织保证。

二、基本原则

在换届选举中必须坚持以下原则:

(一)加强党的领导。把加强党的领导和思想政治工作贯穿换届选举工作全过程,村党组织和村委会换届选举,都必须在党组织的坚强领导下,稳步有序地推进。

(二)充分发扬民主。按照中央提出的扩大公民有序政治参与的要求,坚持走群众路线,发挥和调动广大党员群众的积极性和主动性,尊重、支持和鼓励党员群众充分行使民主权利,体现党员群众意志。

(三)严格依法办事。在换届选举工作中,必须坚持依法办事,严格按照党和国家有关法律法规的规定开展,做到条件不少、程序不漏、要求不减。

(四)坚持继承发展。认真总结、借鉴历届换届选举的成功经验。针对以往换届选举工作暴露出来的问题,以及出现的新情况、新问题,不断完善操作办法和工作方法,改进工作作风,切实有效地加以解决,确保换届选举工作平稳有序。

三、工作要求

(一)班子职数。按照精干高效的原则,从实际出发,从严控制村两委班子成员的名额,提高村两委班子成员交叉兼职的比例,引导、鼓励和支持党员特别是村党组织班子成员通过依法选举当选村民委员会成员,条件具备的村要通过法定程序把村党组织书记选为村民委员会主任。每个村党组织、村民委员会班子成员名额一般为3至7人,具体人数可根据村规模大小确定。村党组织班子职数配置:原则上党员10名以下的,不设委员会,只设书记1名;党员人数在10名以上(含10名),不足80名的党组织,委员名额为3名;党员人数在80名以上(含80名)的党组织,委员名额可增加至5名。村委会班子的职数配置:原则上

2 000人口以下的村配3职,设主任1名;2 000人口以上(含2 000人)的村,可增至5职,设主任1名,根据需要也可设副主任1名。按照上级有关文件要求,每村单独设立妇女委员岗位,专职专选产生1名女委员。确因党员或人口规模较大、自然村结构平衡等须增设职数的,须经镇乡(街道)党(工)委集体研究并报市村级组织换届选举工作领导小组批准。

(二)任职条件。严格执行村干部任职条件联审制度,按照坚持标准、选贤任能的原则,把政治素质好、热心为群众服务、群众公认的农村优秀人才选进村级组织班子,特别是要选准选好村党组织书记和村民委员会主任,旗帜鲜明地反对把一些不具备条件的人选进村级班子。

村两委成员应具备以下条件:(1)素质好。认真贯彻执行党在农村的各项方针政策,与上级党委、政府保持一致,能团结协作,模范执行各项规章制度。(2)能力强。能正确协调处理好各方关系,有一定的政策水平和创新精神,懂经济,会管理,能带领群众共同富裕和发展农村经济。(3)肯奉献。能把主要时间精力投入村内工作中,不计较个人得失。(4)作风好。工作求真务实,处事公道正派,热心为村民办好事、实事,遵纪守法,清正廉洁。(5)有威信。对群众有感情,能深入联系群众,在党员群众中有较高威信。

按照新修订的《中华人民共和国村民委员会组织法》,指导各村在选举办法中提出候选人(自荐人)的具体资格条件,要在村选举办法中明确,有下列情形之一的,不能确定为村级组织班子成员的候选人(自荐人);经选举后当选的,当选无效:

1. 被判处刑罚或者刑满释放(或缓刑期满)未满5年的;
2. 被劳教或者解除劳教未满3年的;
3. 违反计划生育未处理或受处理后未满5年的;
4. 涉黑涉恶受处理未满3年的;
5. 丧失行为能力的。

(三) 结构要求。要统筹考虑村两委班子成员在各自然村的合理分布,在提名党组织委员候选人或鼓励选民自荐竞职村民委员会成员人选时,应充分考虑各自然村的总体平衡,尽量保证村两委干部在自然村的合理分布。进一步加大女干部选拔力度,完善村民委员会妇女委员的专职专选,另行选举时继续实行专职专选,确保每村都有一名女干部。鼓励在实际工作中表现优秀、党员群众认可、有志于扎根农村基层工作的大学生"村官",通过党员推荐、群众推荐和镇乡(街道)党(工)委推荐等方式,实行专职专选,参加村党组织选举;到村任职一年以上的大学生"村官",可由本人提出书面申请,经村民代表会议讨论通过,由村选举办法明确选民资格,参加村民委员会选举。

(四) 落实公开承诺制度。积极推行"先定事、后选人"要求,在村级组织特别是村民委员会换届选举前,镇乡(街道)党(工)委要指导各村按照建设社会主义新农村的目标,根据本村实际,制定三年发展目标和具体工作任务,并围绕目标任务开展竞职和选举。全面推行候选人(自荐人)书面公开竞职承诺、"四不"公开承诺、辞职承诺和集体谈话教育制度,对不签订承诺书的,不得确定为候选人(自荐人),确保候选人(自荐人)在选举前就遵守换届选举纪律。有条件的村,可推行竞职演说,以进一步改进候选人(自荐人)介绍方式,增加选民对候选人(自荐人)的了解。

四、精心组织实施

全市村级组织换届选举工作,要求在2011年3月底基本完成。整个换届选举工作分三个阶段进行。

第一阶段:准备工作阶段

1. 加强宣传引导。结合当前深入开展创先争优活动,以及学习贯彻党的十七届五中全会精神,充分利用镇乡(街道)有线电视、广播、墙报、标语、黑板报、村务公开栏和远程教育等多种形式,大力宣传村级组织换届选举的法律法规和工作要求,以及村两委成员候选人(自荐人)的条件,并把宣传教育贯穿村级组织换届选举全过程,营造风清气正的换届氛围。

2. 搞好"双述双评"和村干部目标责任制考评。换届前,要认真组织开展民主评议党员、村两委干部以及村级创业服务承诺和岗位目标责任制考评工作,并将评议考核结果以一定的形式告知广大党员群众,为下一步推荐确定村级班子成员候选人提供依据。

3. 抓好调查摸底。各镇乡(街道)要根据本地实际,组织人员下村入户进行深入调查摸底,全面、真实了解村级班子现状、群众思想动态,掌握热点难点问题,逐村研究制订换届选举的有关措施、对策。

4. 加强业务培训。有关部门要组织好各镇乡(街道)选举工作骨干的培训,各镇乡(街道)要组织好镇村干部、专职驻村指导员、各村选举委员会成员、工作人员、村民代表的业务培训,帮助掌握换届选举的有关法律、法规、政策和选举的程序规定,切实提高指导和做好换届选举工作的能力和水平。

第二阶段:全面实施阶段

1. 做好村党组织的换届选举。村党组织选举要努力扩大和发展党内、党外民主,着力夯实党的执政基础。原则上要全面推行"两推一选"的选举制度。党组织班子成员候选人由群众、党员和党组织共同推荐产生,在群众推荐时,可以由村民代表等推荐;条件具备的,也可以户为单位或由全体有选举权的村民参加推荐,从党员群众推荐得票数较高的党员中提名候选人。经"两推"产生的候选人预备人选,签订竞职、辞职承诺书后,名单由上届村党组织上报镇乡(街道)党(工)委,经审查、批准后提交村党员大会选举。条件具备的村,可在公开民主推荐的基础上,由党员大会直接选举产生党组织书记和其他班子成员。要通过党组织换届选举,加强村党组织的自身建设,更好地发挥村党组织在村级组织和村各项工作中的领导核心作用。

2. 做好村民委员会的换届选举。村民委员会选举要完善以"参选人报名自荐、无候选人直接选举"为主要内容的"自荐直选"方式,依法规范操作程序。一是推选好村民选举委员会。村民选举委员会由村民代表会议推选产生,人数为3—9人。要按照法定程序将村党组织负责人推选为村民选举委员会主任,主持村民选举委员会工作,发挥村党组织的领导核心作用。二是做好村干部任职条件审查工作。在"自荐"的基础上,由镇乡(街道)党(工)委组织法庭、公安派出所、司法所、计生办等相关职能站所对候选人(自荐人)进行资格初审、联审,审查后,上报市村级组织换届选举工作领导小组备案,按规定程序提交选举。三是推选好村民代表。在村民委员会产生之前,以无记名投票方式由村民按每5户至15户推选1人或者由村民小组推选产生村民代表。人口不足500人的村,村民代表人数不少于20人,人口在500人以上的村,村民代表人数不少于30人,每增加200人可增加一名代表,一般最多不超过50人。滩坑水库移民安置村至少有一名移民被推选为村民代表。妇女村民代表应占村民代表会议组成人员的三分之一以上,可实行专职专选。村民代表会议由村民委员会成员和村民代表组成,村党组织成员在村民代表推选时,按程序增补为村民代表。村民代表要有广泛的代表性,办事公道,作风正派,有一定的议事能力,在村民中有一定的影响力和较高的威信。四是搞好选民登记。选民应在户籍所在地的村进行登记,做到不错登、不重登、不漏登。特殊情况,户籍不在本村的人员,是否在本村进行选民登记,由村选举办法确定,但每一选民只能在一地登记。委托选举严格实行书面委托,所有需要委托投票的选民须委托本村候选人(自荐人)以外的有选举权的近亲属代为投票,且须凭"一书三证"(即委托投票申请书、选民证、身份证、居住证)原件,事先向村民选举委员会申请登记,经审核确认并公告后才可以行使委托权。每一选民接受委托投票不得超过3人,省内不搞委托。在本省范围内因病、因残、住院、敬老院五保老人、在校学生等不能亲自参加投票的特殊人员,可凭本人委托投票申请书、选民证、身份证及相关证明等有效证件原件参照外出选民委托程序办理委托投票手续。五是制定好选举办法。村民选举委员会要在遵循法律法规的基础上,结合本村实际制定具体的、操作性较强的选举办法,并经村民代表会议讨论通过后公告。六是严格规范投票行为。各行政村应召开选举大会集中投票或者设立中心投票会场和若干投票站集中投票,不设流动票箱。在组织集中投票时,要认真落实秘密写票处,确保选民在领票、写票、投票时独立行使好选举权。

3. 做好村级组织配套建设。抓好村务监督委员会、村经济合作社、团、妇、民兵、综治组织等村级配套组织建设,坚持精干高效的原则,通过法定程序确保把村党组织书记选为村经济合作社社长,把村党组织成员特别是负责纪检工作的委员选为村务监督委员会主任。倡导村级配套组织负责人由村两委成员兼任。同时,要加强村级后备干部队伍建设,为村级领导班子建设储备好新鲜血液。

第三阶段:总结提高阶段

1. 建立健全党建工作制度。所有党组织都应根据党员数量多少、工作需要和党员分布情况合理划分党小组;完善"三会一课"、"党日活动"、外出党员管理、远程教育、党务公开等制度,研究制定定期开展党员党性分析和民主评议的具体办法;制订发展党员工作计划;建立党员干部联系服务群众制度,健全农村党员永葆先进性的长效机制。

2. 建立健全村两委科学协调的运行机制。根据《浙江省村级组织规则》和《诸暨市行政村党支部、村委会工作规范(试行)》等规定,建立健全村两委合理分工、团结协作的联席会议制度,实行村两委定期集中办公、集中议决事、集中会签和村两委干部值班、文书坐班等制度,以及岗位目标责任制考核、"双述双评"等村干部绩效管理办法。

3. 进一步健全村民自治制度。要依法修订和完善村民自治章程、村规民约,进一步健全"三上三下"民主决策制度、村务公开、民主管理和民主监督制度,加强对村务的管理和监督,推进村级工作的民主化、制度化和规范化。

4. 加强选后思想政治工作。加强对离任村干部的关心和爱护,鼓励他们继续支持村里工作。切实做好新老班子交接工作,使新一届村级班子能更快地进入工作角色。

5. 抓好上岗培训。换届后,要加强对新上任村干部的岗位培训工作,使新任村干部懂规矩、履好职。市委负责对新当选村主职干部的上岗培训,镇乡(街道)党(工)委负责对新一届村两委班子成员和村民代表的上岗培训,其中村两委班子成员的培训时间不少于2天,村民代表的培训时间不少于1天。

五、切实加强领导

村级组织换届选举工作是今年农村基层组织建设的重中之重,是关系到农村社会稳定和经济发展的大事。各镇乡(街道)必须高度重视,列入重要的议事日程,切实加强领导,保证村级组织换届选举顺利进行。

(一)建立组织。为加强领导,搞好协调,市委决定成立市村级组织换届选举工作领导小组,由市委书记王继岗,市委副书记、市长钱三雄任组长,市委副书记郭浩良任第一副组长,陈玲芳、姚汉松、阮建明、袁立江、倪成良、赵源恩、张振华、汪建江任副组长。领导小组下设办公室,具体负责选举工作的业务指导和日常事务。同时,抽调精干人员成立市委指导组,帮助指导各镇乡(街道)搞好村级组织换届选举工作。各镇乡(街道)也要建立相应的机构,成立村级组织换届选举工作领导小组,由党(工)委书记担任组长。

(二)明确职责。这次村级组织换届选举工作以镇乡(街道)为单位组织实施。党(工)委书记和党群副书记要切实承担起"直接责任人"和"具体责任人"的职责,进一步提高对村级组织换届选举工作重要性和复杂性的认识,克服麻痹思想和畏难情绪,集中时间、集中精力抓好换届工作。镇村干部要精通选举业务,抓好具体指导工作。凡进行换届选举的村,镇乡(街道)都要确定领导干部实行联系包干,派驻各村的指导组成员每村不少于3人。对选情复杂的村,主要领导要亲自抓。凡发现因指导不力或指导错误,造成不良后果的,要追究相关人员的责任,特别是对那些不讲原则、参与派性、收受贿赂的干部要严肃查处。村级组织换届选举工作列为市委对镇乡(街道)党(工)委落实党建工作责任制和年度岗位目标责任制考核的重要内容。各镇乡(街道)要全面落实机关干部在换届工作中的责任,并加大考核奖惩力度。

(三)分类实施。村级组织换届选举工作,要区分不同情况,因村因地制宜。村改居(社区)的组织换届选举,参照村民委员会选举方式,原则上与村级组织换届选举同步进行。个别因特殊情况确实需要暂缓换届选举的村,必须由所在镇乡(街道)提出书面意见并报请市村级组织换届选举工作领导小组批准。

(四)严肃选纪选风。要严格按照宪法、党章和有关法律规章开展工作,坚持依法办事,按程序办事,自觉维护换届选举中的法律、法规、政策的权威。要向社会公布专门的工作电话,提供有关政策法律的咨询服务,对党员群众提出的问题要认真研究,慎重答复。要依法查处选举中的违法行为,对干扰、妨碍、破坏换届选举和拉票贿选的,一经发现,要及时制止;造成后果的,要给予必要的处分;触犯法律的,要依法惩处。以威胁、贿选、伪造选票等不正当手段当选的,其当选无效。对故意不参加党员选举大会而造成不良后果的,要严肃处理。

(五)确保社会稳定。要从维护农村社会稳定大局出发,高度重视并及时处理村级组织换届选举工作中的信访问题,认真落实信访工作责任制,严格防止越级和群体性上访事件的发生。公安机关要加大打击农村黑恶势力和地痞流氓的力度,坚决遏制黑恶势力干扰和暴力介入村级组织换届工作等行为。要建立健全村级组织换届选举重大事件、重要信息及时报送制度。要成立应急处理工作小组,制定应急处理预案,加强对突发事件的防范、掌控和处理。

3.2.2 诸暨市人民政府关于印发《诸暨市村民委员会换届选举工作实施细则》的通知[1]

各镇乡人民政府,各街道办事处,市政府各部门:

现将《诸暨市村民委员会换届选举工作实施细则》印发给你们,请认真组织实施。

诸暨市村民委员会换届选举工作实施细则

为规范村民委员会选举工作,保障村民依法行使民主权利,根据《中华人民共和国村民委员会组织法》《浙江省实施〈中华人民共和国村民委员会组织法〉办法》和《浙江省村民委员会选举办法》,结合我市实际,制定本实施细则。

一、选举工作机构

(一)村民委员会换届选举工作由市人民政府统一部署,在市村级组织换届选举工作领导小组统一领导下进行,市村民委员会换届选举工作办公室负责具体实施工作。各镇乡(街道)相应成立村民委员会换届选举工作指导小组。其主要职责:

1. 宣传有关法律、法规及上级有关换届选举工作的政策;

2. 制定选举工作方案并组织实施;

3. 培训选举工作人员;

4. 指导、督促村民选举委员会拟订具体选举工作计划和办法,依法履行职责;

5. 受理选举工作中的有关申诉、检举和控告;

---

[1] 诸暨市人民政府办公室:《诸暨市人民政府关于印发〈诸暨市村民委员会换届选举工作实施细则〉的通知》,2005年3月28日印发,诸政发〔2005〕32号文件。

6. 监督选票的印制、保管工作;

7. 统计、汇总选举工作情况,建立健全选举工作档案;

8. 办理换届选举工作中的其他事项。

(二)各行政村成立村民选举委员会。村民选举委员会由村党组织主持推选产生,由主任、副主任、委员三至九人(单数)组成,其成员由村党组织提出初步名单,提交村民代表会议通过。村党组织书记要通过法定程序,担任村民选举委员会主任。村民选举委员会名单由村民委员会公布,并报镇乡(街道)选举工作指导小组备案。村民选举委员会行使职责至新一届村民委员会召开第一次会议时止。

村民选举委员会的职责:

1. 宣传有关法律、法规及上级有关选举工作精神;

2. 主持本村村民委员会换届选举工作,负责制订选举工作计划和办法,提交村民代表会议讨论通过后公布;

3. 确定选举工作人员,搞好选举工作业务培训;

4. 组织选民登记,审查选民资格,公布选民名单,填发选民证,审核发放委托证,受理对选民名单不同意见的申诉,并作出决定;

5. 组织选民提名候选人,依法确定并公布候选人名单,组织候选人或竞选选民发表竞职演说;

6. 确定并公布选举时间、地点,制作选票,组织和主持投票选举工作;

7. 解答选民提出的有关选举方面的问题;

8. 总结和上报选举工作情况,整理建立选举工作档案;

9. 办理选举工作中的其他事项。

村民选举委员会接受市和镇乡(街道)选举工作指导机构的指导。村民选举委员会不依法履行职责,致使选举工作无法正常进行的,经镇乡(街道)选举工作指导小组调查核实,报市选举工作领导小组批准后,按规定重新推选产生。

二、选民登记

（一）凡年满十八周岁、户籍在本村的村民，都有选举权和被选举权（依照法律被剥夺政治权利的人除外）。凡具有选民资格的村民，一律在户籍所在地行政村进行选民登记并参加选举，特殊情况，由本村具体选举办法确定。每一选民只能在一处登记。

（二）选民的年龄计算时间以本村选举日为准。选民出生日期以居民身份证为准，无居民身份证的，以户籍登记为准。精神病患者发病期间不能行使选举权利的和无法表达意志的痴呆人员，经村民选举委员会确认，不列入选民名单。

（三）对外出的选民，村民选举委员会应事先发出通知，要求其回村参加选举。因长期外出失去联系，在选举日前未能回村参加选举又未委托候选人之外的选民代其行使选举权的，属自动放弃选举权。

（四）选民名单应当在选举日的二十日前张榜公布，经村民选举委员会确认无误后，发给选民证。对公布的选民名单有不同意见的，应当在选民名单公布之日起五日内向村民选举委员会提出，村民选举委员会应当在三日内依法作出处理。对处理意见不服的，可以在选举日的十日前向镇乡（街道）选举工作指导小组提出，镇乡（街道）选举工作指导小组应当在选举日的五日前依法作出处理。

三、候选人产生

（一）村民委员会成员由主任、副主任和委员共三至五人组成，其中应当有妇女成员。村民委员会成员职数按村规模大小配置，人口在 1 500 人及以下的村设三职，其中设主任一名；人口在 1 500 人以上的村可设三至五职，其中设主任一名，根据需要也可以设副主任一名。

（二）村民委员会成员的候选人应从经登记确认的本村享有选举权和被选举权的村民中产生。同时，应具备以下条件：

1. 有一定的政策理论水平,能正确执行党的基本路线和党在农村的各项方针政策,有大局意识,坚决贯彻上级党委、政府的决策、决定;

2. 遵纪守法,廉洁奉公,团结协作,作风民主,联系群众,热心为村民服务,有奉献精神;

3. 工作认真负责,有处理农村复杂问题和驾驭全村工作的能力,在群众中有较高威信;

4. 思想解放,开拓进取,懂经济、会管理,有带领群众共同致富的本领;

5. 年富力强,能担当重任,身体健康。原则上村委会主任具有高中或相当于高中以上文化程度,村委会委员具有初中以上文化程度。

有下列情形之一的,不宜提名为村民委员会候选人:

1. 近三年来,违反国家法律、法规,被纪检、政法部门立案侦查和处理的,或基本事实清楚正在被查处的;

2. 正在服刑或刑满释放未满五年的,劳教期满释放未满三年的;

3. 政治素质差,私心杂念重,参与非法宗教组织,热衷于搞宗派活动,长期闹不团结,在群众中影响极坏的;

4. 上年度被评为不合格党员的;

5. 村现职干部民主评议有二分之一以上不信任票的;

6. 长期外出,没有时间和精力履行岗位职责的。

(三)采取有候选人差额选举的,村民委员会主任、副主任、委员候选人由本村选民直接投票提名产生。每一选民所提名的候选人人数不得超过应选职数。每一选民不得提名同一人为两项以上职务的候选人。选民不得委托他人提名。

(四)村民委员会主任、副主任的正式候选人应分别比应选名额多一人,委员的正式候选人应比应选名额多一至三人,具体差额数由村民选举委员会确定。

(五)过半数选民参加投票提名,以得票多少直接确定正式候选人。选民被同时提名为两项以上候选人职务的,本人可以书面提出确定为其中一项职务的候选人。直接提名正式候选人时,在投票的场所设立秘密写票处。正式候选人名单在选举日的五日以前按得票多少顺序张榜公布。

(六)正式候选人不愿接受提名的,应当在选举日的三日前向村民选举委员会书面提出。村民选举委员会应及时确认并公告。由此造成候选人名额不足的,在原投票提名候选人中按得票多少依次补足。

(七)村民选举委员会成员被确定为村民委员会成员正式候选人的,其村民选举委员会的职务自行终止;村民选举委员会成员不足三人时,所缺名额应当及时增补。

四、选举程序

(一)村民委员会主任、副主任、委员一律采取无记名投票的方式直接选举产生。选举可以实行有候选人的差额选举,也可以实行无候选人的选举。实行有候选人差额选举的,选民对候选人可以投赞成票、反对票或弃权票,也可以另选他人。实行无候选人选举的,选民应当按照本村应选职位和职数直接投票选举。

(二)村民委员会主任、副主任、委员的选举可采取一张选票、一次性同时投票产生,也可以先选举主任、副主任,后选举委员。

(三)村民选举委员会应按照平等、客观、公正的原则在选举日前向选民介绍候选人的情况,可以组织候选人或竞选选民发表竞职演说,并回答村民的询问。候选人或竞选选民要求发表竞职演说,应当在投票日的三日前提出,由村民选举委员会及时组织。候选人或竞选选民发表竞职演说不得违反宪法、法律、法规和国家政策的规定,不得侮辱和诽谤他人。

(四)村民选举委员会应当在选举日的五日以前公布投票选举的时间、方式、地点和监票人、计票人。村民委员会成员正式候选人及其配偶、直系亲属不得担任监票人、计票人。

(五)外出(诸暨市范围外)选民因特殊情况不能回村参加选举的,向村民选举委员会提交书面委托申请、选民证、暂住证（或当地公安机关证明）和身份证复印件等有效证件，可以办理委托投票手续，经村民选举委员会审核认定并公告后发给委托投票证。未经审核公告的委托无效。每一选民接受的委托投票不得超过三人。本市范围内不搞委托。

（六）选民必须持选民证亲自到投票站领取选票，秘密写票并当场投票。委托投票的受委托人必须持由村民选举委员会核发的委托投票证领取选票。根据本村实际，投票选举可以设中心投票会场和若干投票站进行投票。村民选举委员会应当在投票场所设立秘密写票处。原则上不设流动票箱，但对个别因病因残等特殊原因无法亲自到投票站投票的选民，可采用流动票箱上门接受投票，但必须有三名以上监票人负责。

（七）选票由选民本人填写。因文盲或病残不能填写选票的，可以委托候选人之外的人代写，代写人不得违背选民本人的意志。

（八）投票结束后，应封存收回的选票，并于当日集中在选举中心投票会场或指定地点，由监票人、计票人当众核对、统计选票，作出记录，经监票人签字后报告村民选举委员会。村民选举委员会应当在选民的监督下进行公开计票。

（九）参加投票的选民超过全体选民半数的，选举有效。每次选举所投的票数，等于或少于投票人数的选举有效，多于投票人数的无效。

（十）每张选票内每一职位所选的人数，等于或少于应选名额的有效，多于应选名额的该职位无效。选举同一人为两项以上职务的该人计票无效。无法辨认的选票无效。对难以确认是否有效的选票，由监票人提交村民选举委员会决定。

（十一）候选人或其他选民获得参加投票的选民过半数选票始得当选。获得参加投票选民过半数选票的人数超过应选名额时，以得票多的当选；如遇票数相等不能确定当选人时，应当对得票数相等的候选人再次投票，以得票多的当选。

（十二）经投票选举，当选人数已达三人以上而不足应选名额时，不足名额可以暂缺，不再进行另行选举。但当选不足三人或主任、副主任都未选出的，应当就不足名额另行选举。

（十三）另行选举应在选举日当日或选举日后的三十日内进行。另行选举实行差额选举，正式候选人按未当选人得票多少的顺序确定。另行选举以得票多的当选，但得票数不得少于参加投票选民的三分之一。

（十四）经另行选举，村民委员会成员仍不足三人的，可以不再进行选举。主任仍未选出，由当选的副主任主持工作；主任、副主任都未选出的，由村民代表会议在已当选的委员中推选一人主持工作。

（十五）选举结果经村民选举委员会确认有效后当场公布，并报镇乡（街道）和市民政局备案。

（十六）上一届村民委员会应当在新一届村民委员会产生之日起二十日内，将公章、办公场所、办公用具、集体财务账目、固定资产、债权债务及其他事项，移交给新一届村民委员会。镇乡（街道）对移交工作应当予以指导、监督。

村民代表和村民小组长的推选，与村民委员会选举结合进行。村民代表由各村民小组推选产生，也可由村民按5至15户推选一人产生。人口不足500人的村，村民代表人数不少于20人；人口在500人及以上的村，村民代表人数不少于30人，每增加200人可增加一名代表，一般最多不超过45人。村民小组长由村民小组会议推选产生，可与村民代表推选同时进行。

五、选举纪律

（一）在选举过程中，凡出现下列行为，妨碍村民行使选举权和被选举权，破坏村民委员会选举的，村民有权向镇乡（街道）或市人大、市政府及民政部门举报，镇乡（街道）和市政府有关部门应及时组织调查并依法处理：

1. 以暴力、威胁、欺骗、贿赂、伪造选票等不正当手段，妨碍选民行使选举权、被选举权，破坏村民委员会选举的；

2. 聚众闹事，扰乱秩序，砸毁票箱，撕毁选票，冲击选举会场的；

3. 对检举村民委员会选举中违法行为的村民进行打击、报复的；

4. 扰乱选举机构正常工作,谩骂、殴打选举工作人员的;

5. 其他破坏、妨碍选举的行为。

有上述情形之一的,按情节轻重,给予批评教育、党纪政纪处分;违反治安管理规定的,由公安机关依法予以处罚;构成犯罪的,由司法机关依法追究刑事责任,并赔偿由此造成的经济损失。

(二)以暴力、威胁、欺骗、贿赂、伪造选票等不正当手段当选的,其当选无效。选举结果全部无效的,应当重新进行选举;选举结果部分无效造成村民委员会成员不足应选人数的,依照本细则有关规定办理。

(三)镇乡(街道)选举工作指导机构及其工作人员有下列行为之一的,市换届选举工作领导小组应当责令改正,并对直接责任人给予行政处分:

1. 擅自进行换届选举或无故拖延换届选举的;

2. 指定村民委员会候选人的;

3. 指定、委派、撤换村民委员会成员的;

4. 未依法履行指导职责造成严重后果的;

5. 其他违反本细则规定行为的。

六、附则

各镇乡(街道)可根据本细则规定,结合当地实际,制定相应的实施细则。

3.3 村级组织换届选举工作的特色做法

3.3.1 诸暨市村级组织换届选举工作简报:第 16 期[1]

暨阳街道:有条不紊推进村委会换届选举工作。一是选好村民代表。街道

---

[1] 市村级组织换届选举工作领导小组办公室:《诸暨市村级组织换届选举工作简报:第 16 期》,2011 年 3 月 13 日印发。

47个行政村(居)设村民小组295个,推选产生村民代表1499人,其中党员260人,占17.4%,妇女代表541人,占36.1%。二是开展业务培训。重点对村委会选举操作办法及如何当好一个合格的村民代表进行培训,将选举办法逐层细化,分解落实,使工作人员熟悉掌握操作流程。三是严审参选资格。实施资格"三审"制,即"摸底预审""提前审查""即时即审",扎实做好"五种情况人员"摸排和劝退工作。四是完善预警机制。建立"一村一掌控、一日一汇总"的选情隐患排查制度,第一时间掌握动态信息、第一时间消除矛盾隐患,确保选举工作依法有序开展。

大唐镇:三方面加强村民代表教育培训。大唐镇13个行政村(社区)共推选出新一届村民代表507名。为切实提高他们的履职意识和履职能力,该镇从三方面入手加强教育培训。一是举办一次集中培训。由镇党群副书记授课,重点强调换届选举纪律,明确村民代表的权利义务,要求他们在工作生活中以身作则、加强学习,积极参与村级事务,协助村两委会开展工作。二是开展一次理论测试。组织村民代表认真学习《中华人民共和国村民委员会组织法》《浙江省村民委员会选举办法》等法律法规和镇党委、政府的相关文件规定,在此基础上,专门编印试题,对他们进行现场测试,确保学习效果。三是组织一次模拟投票。分别由村民代表扮演"选民"和"工作人员",现场模拟领票、发票、写票、投票等各道程序,分析容易出现问题的环节,并制定出有针对性的防范措施。

阮市镇:做好做稳村委会换届工作"四个环节"。一是严抓责任落实。制订村级换届专项考核办法,实行联络员具体负责制,要求做到全面掌握村情选情,指导帮助村党支部抓好村委会换届各项工作。二是严把工作程序。根据各村选情实际,镇联络员、村党支部共同把好换届选举的关键环节,做到环环相扣,合法合规,平稳有序。三是严肃换届纪律。进一步明确纪律,严格执行"十条禁令",全面推行"三项承诺"制度和集体谈话教育制度,确保换届选举中"五种情况人员"零当选。四是严明时间节点。按照3月底前全面完成村级组织换届工作的目标要求,周密部署好法定时间节点上的各项工作,确保整个村级组织换届选举工作有序推进。

3.3.2 诸暨市村级组织换届选举工作简报:第11期[1]

直埠镇:率先完成村民代表推选工作。3月6日,直埠镇率先完成村民代表推选工作。全镇11个行政村129个村民小组,共选出村民代表445名,村民小组长129名。在445名村民代表中,有妇女代表170名,占全镇村民代表的38%,党员代表55名,文化结构、年龄结构较上届有了较大的改善。文化程度为高中以上的有81名,年龄在35岁以下的有331名。直埠镇将于近日对新当选的村民代表开展一次集中培训。

东白湖镇:有序开展村委会换届选举工作。一是严格程序,强化培训。召开由村主职干部、联络员参加的村委会换届选举工作培训会,严格规范程序,提高工作效率。二是成立组织,推进工作。20个行政村分别召开村民代表会议,推选成立村民选举委员会,确保工作顺利开展。三是加强应对,确保稳定。全面排查不稳定因素,根据各村实际情况,制定了防范预案,确保村委会换届安全稳定。

江藻镇:廉洁短信助推村级组织换届选举。为营造风清气正的换届选举环境,江藻镇在村级组织换届选举期间,通过农民信箱发送村级组织换届廉洁短信,受到了广大选民欢迎。该镇根据村级组织换届选举工作的不同阶段,编发不同内容的廉洁短信。在动员部署期间,向广大选民发送有关换届选举政策法规的廉洁短信,如在推选候选人阶段,向候选人和广大农民党员发出"广大农村党员干部要充分发挥示范引领作用,确保群众依法行使民主权利,自觉抵制不正当拉票、贿选等违法违纪行为"等的廉洁警示短信。同时,镇选举办还及

---

[1] 市村级组织换届选举工作领导小组办公室:《诸暨市村级组织换届选举工作简报:第11期》,2011年3月8日印发。

时将当天工作内容用短信形式发给全体工作人员,确保选举工作有序展开。通过发送廉洁短信,增强了村级组织换届选举工作的互动性,很多选民看到短信后,都会回电或回讯。这一举措不但丰富了村级组织换届选举工作的宣传形式,还进一步提高了广大选民的民主参与意识和法制意识,为村级组织换届选举工作的顺利开展营造了良好的舆论氛围。

3.3.3　诸暨市村级组织换届选举工作简报:第10期[1]

马剑镇:"三个一"抓好村委会换届选举工作。马剑镇通过建立选情反馈小组、开好选情分析例会、设置选举短信平台三项举措,扎实推进村委会换届选举工作。一是"一村一组"抓好选情反馈。为强化对各村选情变化的动态掌握,马剑镇在全镇15个村成立了由班子成员、驻村指导员、大学生"村官"等组成的选情反馈小组,负责收集与换届选举工作相关信息,班子成员汇总整理后,每天至少向镇党委副书记汇报一次,重大信息随时反馈,及早发现选举进程中的各种矛盾问题,为及时有效排除选举障碍赢得时间,确保了选举工作平稳有序推进。二是"一周一会"抓好选情分析。在扎实做好选情收集工作的基础上,镇选举工作指导小组每周召开一次选情分析会,一方面听取驻村指导员一周选情报告,对选举中出现的重点难点问题进行交流探讨,以集体智慧研究分析和寻求解决矛盾的办法措施;另一方面传达上级有关选举工作的要求,部署下一阶段工作重点。三是"一天一信"抓好选情提醒。专门建立了马剑镇选举工作短信平台,将换届选举工作各节点时段须具体落实的工作、上级的紧急重要指示等相关重点注意事项,以手机短信的方式发送给机关干部,实现对选举工作人员的及时提醒和培训。

大唐镇:完善考核办法,加大督查力度。为抓实抓好村委会换届选举工作,

---

[1] 市村级组织换届选举工作领导小组办公室:《诸暨市村级组织换届选举工作简报:第10期》,2011年3月7日印发。

大唐镇制定完善了专项考核办法,细化工作任务,明确工作职责,对镇村干部实行严格考核。同时,建立健全了工作巡查制度,各驻村指导分中心指定专人到各村对公告、公开承诺及选民名单等张贴情况进行检查,发现问题立即整改;实行选情每日一报制度,要求各村联络员每天下班前上报所在村的各类选举动态信息,并及时开展分析研判,有针对性地制定对策举措。

经验总结:运用人文因素,实行和谐选举。在这次村级组织换届选举中,我市充分考虑当地特有的人文因素,在比较激烈的选举竞争中尽可能发挥感情、感性、面子等人文因素的正面作用,减少负面效应,教育当选者不张扬,使落选者有台阶,努力实现依法选举与和谐选举的有机统一。一、运用感情因素,化消极为积极。诸暨人重感情,讲义气,但容易意气用事。如何克服意气用事,并将其转化为积极的一面,对选举工作而言非常关键。一是用感情吸纳优秀者。以创业承诺、群众满意度测评、杨七明先进事迹报告团等形式,对业绩突出,群众公认的村级班子进行广泛深入宣传,既让竞选者明白当干部为什么、当上干部做什么,又让群众明白选谁当干部、选什么样的人当干部。如草塔镇上下文村杨七明同志,在这次支部换届中满票再次当选为村党支部书记,充分体现了广大党员群众从感情上深深接纳了这位大家心目中的好支书。二是用感情解释新政策。细化明确"五种情况人员"界定标准,提前建立"五种情况人员"信息库,并分村、分类对有参选意向对象和自荐人进行资格预审。"五类情况人员"提前打好预防针,及时做好劝退工作。三是用感情感化"大社员"。注重把部分在农村威信高,说话有分量的"大社员"转化为选举工作的"和事佬"。提前把政策精神向他们解释清楚,主动向他们征求意见建议,充分发挥他们在化解矛盾、维护稳定中的积极作用。二、运用感性因素,化不利为有利。诸暨人性情豪爽、性格秉直,但容易冲动。充分运用好这一人文因素是换届选举的一帖"土方子"。一是以柔克刚。利用广播、报纸、墙报、村务公开栏等阵地,采取多种形式,大力宣传政策法规、选举纪律,告知党员选民职责、权利和义务,让他们明白什么事情该做,什么事情不该做。二是动真碰硬。纪检、政法、公安、信访等部门实行联合办公,对一切破坏选举、扰乱秩序的人和事(特别是拉票贿选等)依法予以坚决打击,决不姑息,决不手软。尤其是对于贿选的处理,牢牢把握三条原则:第一条清晰界定;第二条谁举报谁举证;第三条一经查实,当选无效,维护正常的选举秩序。三是一村一策。对排查确定的重点村、难点村,逐村制定工作预案,针对可能出现的问题,一一制订应对措施和处置方案,并报镇党委审核把关后认真实施,确保选举工作的顺利推进。三、运用面子因素,化被动为主动。诸暨人争强好胜,看重面子,素有"宁为鸡头不为凤尾"的特点。在选举过程中,该市做到"约法三章":一是严格落实"先定事,后选人"和"三项承诺"要求,把群众从"选什么人当官"引导到"选什么人干事"上来。二是凡若出现"当选无效"的,不立即宣布选举结果,必先报告镇乡(街道),由党(工)委、政府(办事处)派员全力做好当事人和全体选民的思想工作,避免激发矛盾。三是明确选后纪律,严禁选后燃放鞭炮、摆设酒席等行为,对落选者进行组织约谈和个别走访,真正做到化被动为主动,使当选者不张扬,落选者有台阶。

3.3.4 诸暨市村级组织换届选举工作简报:第9期[1]

店口镇:"三先行"做好村委会换届选举前期工作。一是调查摸底先行。由镇党委书记牵头,党政班子包村,驻村指导员深入调查摸底,详细了解村干部换届心态、竞职意愿等,全面掌握各村选情动态,及时发现和处置各类苗头性、倾向性问题,扎实做好"五种情况人员"摸底和劝退工作。二是政策学习先行。通过班子成员上党课、专题业务培训会、远程教育专题等多种形式,组织镇村干部学习村委会换届选举工作的政策法规,熟悉工作程序,重视细节问题,确保村委会换届选举工作依法、健康、有序开展。三是宣传教育先行。通过有线电视、墙

---

[1] 市村级组织换届选举工作领导小组办公室:《诸暨市村级组织换届选举工作简报:第9期》,2011年3月6日印发。

报、标语、村务公开栏等形式,大力宣传村级组织换届选举的法律法规、目的意义、村干部任职条件等,引导广大党员群众依法行使自己的民主权利,引导候选人有序参选,心平气和地接受党员群众的评价和挑选,着力营造风清气正的村级换届环境。

浣东街道:三项措施保证女性村民代表当选比例。一是加强组织领导。由街道党群副书记牵头,街道妇联会同各驻村指导分中心党总支研究制订有关方案,明确相关责任。街道妇联、各驻村指导分中心党总支与各村党支部书记、妇代会主任开展一对一谈话,明确工作要求,做细思想工作。二是加大宣传力度。通过发放公开信、有线电视等多种宣传方式,宣传妇女在村级事务管理中的作用,为女性村民代表的推选营造良好的舆论环境。同时,积极鼓励女党员、女经营能手、妇代会成员及、计生协会成员等积极参与女性村民代表竞选。三是抓好关键环节。一方面,各村选举委员会在分配代表名额时,一并将女性代表数量予以明确;另一方面,实行专职专选,在推选票上专门划出"女性村民代表"一栏,确保妇女代表占村民代表会议数量三分之一以上。

岭北镇:与新一届村党支部委员签订廉政承诺书。日前,岭北镇召开村委会换届选举业务培训会,对全镇8个行政村28名新当选的村党支部委员签订廉政承诺书,开展集体谈话,进一步增强其廉洁从政意识和拒腐防变能力。同时,要求各村党支部充分发挥领导核心作用,认真做好下阶段村委会换届选举各项工作,统筹谋划未来三年发展蓝图,力争换出好风气,换出新活力。

面上工作情况。截至3月6日,除试点镇王家井镇外,全市26个镇乡(街道)478个行政村(村改居)全面完成党组织换届选举工作,共选举产生了1 916名村党组织班子成员。村级组织换届选举工作已转入村委会换届选举阶段。在这次村级党组织换届选举中,我市采用了"两推一选"和"公推直选"相结合的选举方式,全市有423个行政村(村改居)采用了"两推一选"的选举方式,55个行政村(村改居)采用了"公推直选"的选举方式。共有329名村党组织书记连选连任,占总数的68.8%;有59名大学生"村官"通过专职专选进入村党组织班子。

3.3.5 诸暨市村级组织换届选举工作简报:第7期[1]

街亭镇:村党支部换届选举工作达到预期目标。街亭镇围绕"风清气正、有序可控、选优配强、群众满意"的总体目标,采取扎实有效措施,平稳顺利完成了村党支部换届选举工作。截至3月3日,全镇15个行政村选出、选足了63名村党支部委员。新一届党支部委员平均年龄52.2岁,高中、大专以上学历28人。街亭镇村党支部换届选举工作呈现三个特点:一是党支部书记连选连任比例较高,有13名书记连选连任,占15个行政村的86.7%;二是党支部委员一次性选出率高,有14个村一次性选出、选足支委,占15个行政村的93.3%;三是新一届村党支部班子整体结构趋向合理,4名高中及大专学历以上的党员当选为新一届村党支部书记,3名女党员当选为新一届村党支部委员。在村党支部换届选举过程中,由于组织有序、操作规范,全镇没有发生扰乱会场秩序的事件,换届选举工作达到了预期目标。

五泄镇:完成村党支部换届选举,走访慰问落选干部。3月3日,五泄镇采用"两推一选"方式,顺利完成全镇8个行政村党支部换届选举,共选举产生党支部委员30人,其中选举产生书记6人,指定党支部负责人2人,通过专职专选1名大学生"村官"当选为村党支部委员,村党支部委员连选连任23人,连选连任率达87.5%。同时,该镇对落选干部开展走访慰问,一方面感谢他们为村里工作付出的辛劳;另一方面做细做深思想工作,帮助其消除顾虑,放下包袱,继续配合支持新一届村党支部班子开展工作。

陈宅镇:村党支部换届选举一次性选出选足。3月3日,陈宅镇11个行政村顺利完成了村级党组织换届选举,产生了41名新一届村党支部委员。委员

---

[1] 市村级组织换届选举工作领导小组办公室:《诸暨市村级组织换届选举工作简报:第7期》,2011年3月4日印发。

职位选足率、一次性选出率都达到100%。据统计,7名书记连选连任,新当选书记4名、委员16名,2名大学生"村官"进入村党支部班子,委员平均年龄为45岁,高中以上文化程度17名,占总数的41.5%,村党支部班子的整体结构进一步趋向合理。

应店街镇:顺利完成村党支部换届选举。应店街镇在做好调查摸底、宣传发动、业务培训等工作的基础上,严格操作程序,把好关键环节,平稳有序地完成了村党支部换届选举工作。3月3日,全镇27个行政村共选举产生94名村党支部委员,其中女性委员1人,连选连任委员60人,占总数的63.8%。

牌头镇:圆满完成村党支部换届选举。牌头镇把抓好村级组织换届选举工作作为今年最大的创先争优,以"五个注重",即注重调研摸实情、注重宣传造氛围、注重引导强保障、注重规范扬民主、注重培训提素质,平稳有序地推进村党支部换届选举工作。3月3日,全镇27个行政村全部圆满完成党支部换届工作,共选举产生新一届村党支部委员107名,其中女性委员8人,比上一届多2人;高中以上文化程度34人,其中党支部书记17人,总体文化程度较上一届有了较大提升。

3.3.6 诸暨市村级组织换届选举工作简报:第5期[1]

依法公正平稳有序地选好配强村级班子

记者:今年上半年,我市各行政村党组织和村民委员会任届期满,将进行换届选举,请问市里对这次村级组织换届选举工作总体上是怎样安排的?

徐洪:本次村级组织换届选举从2月28日开始到3月底基本完成,具体分三个阶段进行。第一阶段,是准备工作阶段,主要是建立组织、选情摸排、资格

---

[1] 市村级组织换届选举工作领导小组办公室:《诸暨市村级组织换届选举工作简报:第5期》,2011年3月3日印发。

预审、业务培训、舆论引导;第二阶段,全面组织实施,原则上3月7日前要完成党组织换届,并及时转入村委会换届的各项工作,至3月底前基本结束;第三阶段,配套完善、总结提高,主要任务是同步抓好村级配套组织建设,建立健全村级管理的各项制度以及开展新当选干部的教育培训等,指导并督促村级班子及时有效地开展工作。

记者:本次村级组织换届选举对当村干部有什么新要求?

徐洪:首先,本次村级组织换届选举对选什么样的干部提出了正反两方面要求。一方面明确村两委成员应具备素质好、能力强、肯奉献、作风好、有威信等条件。另一方面明确"五种情况"人员,即:被判处刑罚或者刑满释放(或缓刑期满)未满5年的;被劳教或者解除劳教未满3年的;违反计划生育未处理或受处理后未满5年的;涉黑涉恶受处理未满3年的;丧失行为能力的,不能确定为村级组织班子成员的候选人(自荐人),经选举后当选的,当选无效。其次,当村干部是要有承诺的。本次村级组织换届选举积极推行"先定事、后选人"要求,在村级组织特别是村民委员会换届选举前,镇乡(街道)党(工)委要指导各村按照建设社会主义新农村的目标,根据本村实际,制定三年发展目标和具体工作任务,并围绕目标任务开展竞职和选举。全面推行候选人(自荐人)书面公开竞职承诺、"四不"公开承诺、辞职承诺和集体谈话教育制度,对不签订承诺书的,不得确定为候选人(自荐人),确保候选人(自荐人)在选举前就遵守换届选举纪律。有条件的村,可推行竞职演说,以进一步改进候选人(自荐人)介绍方式,增加选民对候选人(自荐人)的了解。

记者:本次村级组织换届选举在加强组织领导方面有哪些新举措?

徐洪:市委、市政府对本次村级组织换届选举工作十分重视,主要体现在三个方面:一是成立了由书记、市长任组长的村级组织换届选举工作领导小组,下设办公室,办公地点在市委党校,凡是涉及政策咨询、问题反映,均可采取来人来电等方式,接待地点:市委党校一楼,联系电话:81785501、81785500;二是抽调精干人员成立市委指导组,帮助指导各镇乡(街道)搞好村级组织换届选举工作;三是制定出台了《关于认真做好村级组织换届选举工作的意见》《村民委员会换届选举工作实施细则》《关于严肃村级组织换届选举纪律的通知》等文件,为村级组织换届选举提供了政策保障。

3.3.7　诸暨市村级组织换届选举工作简报:第1期[1]

王继岗同志在全市村级组织换届选举工作动员会上的讲话(摘要)

一、高度统一思想,把村级组织换届选举工作作为当前全局工作的重要任务抓紧抓实抓好

村级组织换届选举,是当前市委市政府的一项全局性工作。各级各部门必须高度重视,坚定清醒,自觉把思想和行动统一到市委市政府的重大决策部署上来,集中精力抓好村级组织换届工作。

1. 要高度认识重要性。这次村级换届是一次正常的换届,也是在"十二五"开局之年进行的换届。村级换届好不好,班子配得强不强,是把"十二五"发展目标落实到农村基层的重要保证,直接关系到农村发展稳定的大局,直接关系到城乡一体化的加速推进,直接关系到党在农村的执政基础。必须把村级组织换届选举作为"十二五"开局的一项重要启动工作来抓,切实为"推进科学发展、建设幸福诸暨"奠定坚实的基层基础。

2. 要清醒把握艰巨性。这次村级组织换届除了政策性强、社会关注度高外,还具有以下一些新特点:一是选举时间紧迫。在一个月内完成478个村(居)党组织、村(居)委会换届及其配套组织建设,时间紧、任务重。二是选情更为复杂。随着基层民主政治建设的推进,广大干部群众的民主意识明显增强,

---

[1]　市村级组织换届选举工作领导小组办公室:《诸暨市村级组织换届选举工作简报:第1期》,2011年3月2日印发。

党员群众的参选热情较高,竞争相对激烈。从先前摸底的情况看,有的村关系比较复杂,存在历史遗留问题,工作过程中可能会出现一些新情况,三是要求更为严格。法律法规和政策对换届工作作了新的规定,特别是"五种情况人员"明确不能参选、当选,等等。同时,我们不但要平稳有序、选出选好村级班子,还要考虑自然村之间干部平衡、妇女干部和年轻干部的结构平衡等。另外,我们有一些干部是第一次参加村级换届工作,实践经验相对缺乏。所以,我们要非常认真地去对待,清醒理性地去分析、把握和推动。

3. 要充分看到有利性。一是有工作基础。近年来,我市新农村建设和基层基础工作取得了显著成效,特别是随着农村集体"三资"管理、村干部"四不"公开承诺等工作的推进,为村级换届选举打下了扎实基础。二是有群众基础。党员群众对村级换届工作比较支持,对村级组织发展充满信心。三是有队伍基础。我们诸暨的干部团结协作,善于攻坚、敢于担当,在重要工作中充分体现了"实干+智慧"的能力和水平。所以,我们既要看到问题,更要充满信心,只要全市上下齐心、众志成城,就一定能够取得这次村级换届选举的全面胜利。

二、明确要求,把握关键,依法公正、平稳有序地选好配强村级班子

上级对这次村级组织换届选举的总体目标是"选出好班子、营造好风气、建立好机制",归结起来就是四个字:又稳又好。"稳"是前提,就是要坚持稳定压倒一切,确保平稳有序、顺利完成,这是硬任务,必须做好。"好"是关键,就是要选好配强村级班子,选出素质优良、结构合理、群众公认的村干部队伍,这是落脚点,必须做实。要严格按照《中共诸暨市委诸暨市人民政府关于认真做好村级组织换届选举工作的意见》要求,精心组织,周密部署,狠抓落实。通过换届,力求换出村级干部队伍的新风貌,换出基层组织的新活力,换出农村发展的新气象。

1. 要坚持原则。这是历届换届选举工作圆满成功的根本经验。一要加强党的领导。要始终把加强党的领导贯穿于换届工作的全方位、全过程,充分发挥党组织在换届选举工作中的核心作用,敢于领导,善于领导,理直气壮地加强领导,牢牢把握换届选举工作的主动权。二要充分发扬民主。实践证明,为了群众、依靠群众、相信群众,村级换届才能平稳、顺利、圆满。要切实保障和落实党员群众的知情权、参与权、选举权和监督权,充分尊重群众意愿,有效发挥群众在换届选举中的主体作用。三要严格依法办事。村级换届是一项法律性、政策性和政治性都很强的工作,只有依法依规,才能公正公平。要严格落实党章和宪法、村民委员会组织法等有关法律法规,不折不扣地做到程序规范、操作合法、结果公正。

2. 要严格程序。严格按照程序操作,是选举工作依法不出事的根本保证。对法律政策明确规定的事项,绝不能搞变通,特别是对"五种情况人员",工作要做在前,做得细,确保"零当选"。市里和各镇乡街道要加强业务培训,教育引导广大干部和工作人员切实增强事业心、责任心,熟悉政策、吃透政策、用好政策,成为政治上的清醒人、政策上的明白人、工作上的内行人,依法依规开展工作。

3. 要讲究方法。思想决定行动,方法决定效果。要吃透政策,研透村情,有的放矢地开展工作。一要因村制宜,坚持原则性和灵活性相结合,特别是对那些重点村、难点村,镇乡街道主要领导要亲自抓,认真研究,周密部署,努力以点上突破来推动面上工作。二要先易后难,一个村一个村地摸清选情、掌握动态,制定预案、逐一攻克,不追求表面形式,不留下任何隐患。三要循序渐进,坚持先村党组织后村委会的顺序开展换届,特别要高度重视村党组织换届,确保首战告捷,积小胜为大成,为接下去的村委会换届打下良好基础。

4. 要严肃选风。对于选风问题,各级都三令五申地作了强调,特别是贿选、破坏选举等行为,上级要求很严格,市里态度很明确,一定要旗帜鲜明、理直气壮、态度坚决。要高度重视掌握信息,及时掌握倾向性、苗头性问题,力争把问题解决在萌芽状态。要制定完善应急处置预案,加强对突发事件的防范、掌控和处理,力求不出事少出事,确保不出影响社会稳定的大事。要坚决同歪风邪气作斗争,尤其对一些违法违纪行为要露头就打,发现一起、处置一起。要进一步严明换届纪律,纪检、政法等部门要主动提前介入,对违纪违规的人和事要严肃查处、决不姑息,着力营造良好的换届环境。

5. 要强调结果。选出选好是硬道理,这是检验此次村级换届是否成功最根本的标准,也是对诸暨长远发展的最好负责。镇乡(街道)党(工)委要紧紧围绕"选好配强"这一目标,按照"先定事、后选人"的要求,签订执行"三项承诺"和"四不"公开承诺,严格落实"两备案一对照"联审制度,通盘考虑班子的年龄、文化、性别结构和各自然村的平衡,真正选出好的班子。

三、加强领导,强化合力,积极稳妥地推进村级组织换届选举工作

村级换届选举涉及方方面面,关乎千家万户,群众关注度高,必须全心投入、全力以赴、全面完成,将其作为一项常规性工作抓实抓好。

1. 要进一步落实工作责任。要认真落实好村级换届选举领导责任制。市委、市政府已经成立了村级组织换届选举工作领导小组,全面加强对村级换届工作的领导。市四套班子成员要深入联系镇乡,加强面上指导,加强督促检查,帮助基层共同解决问题。市村级组织换届选举工作领导小组要认真分析情况、研究制定好相关政策意见,全面加强对村级换届工作的领导;领导小组办公室要指导有力、协调有序,对政策解答做到统一口径、统一答复、令行一致。市指导组要蹲点指导,全程参与,做到精力集中到位、作风深入到位、工作推进到位。各镇乡(街道)党(工)委要强化主抓意识,发挥主抓作用,全面担负起直接组织实施的职责;党(工)委书记和党群副书记要切实承担起"第一责任人"和"具体责任人"的重大职责,精心组织、周密部署,增强掌控力,集中时间、集中精力抓好换届工作。市里已经明确,3月份原则上不安排镇街主要领导和分管领导参加会议和活动,以确保镇街集中时间精力抓好工作。人大要加强对选举过程的监督,确保选举工作依法进行。纪检监察部门要加强对违纪党员干部的处置力度。政法公安部门要提前介入、强势介入,遇有情况快速反应、快速处置,始终保持社会稳定的高压态势,切实维护好换届工作秩序。其他相关部门要全力配合,主动对接,形成强大工作合力。

2. 要进一步加强舆论引导。宣传部门和新闻单位要充分发挥新闻舆论的导向作用,根据选前、选中、选后每一阶段的实际,有的放矢地进行宣传教育,形成良好的舆论氛围。要让党员清楚,选举的目的是什么、选举有哪些程序方法、选人有哪些标准等,教育引导基层党组织和党员在选出好班子、营造好风气中创先争优。要让竞选者明白,当村干部是有条件的,选村干部是有程序的,选上村干部是要做事情的,当好村干部是要守规矩的,教育引导候选人主动坦诚地接受选民的评价与挑选。要让群众理解,"是工作组帮我们选干部,选对选好村干部是对村民自己负责",教育引导群众依法自主理性选择"当家人"。

3. 要进一步统筹推进工作。要统筹安排好换届选举各个阶段工作,从大局上把握和安排村级组织换届选举各个流程,确保按时保质完成各项任务。要统筹考虑后续工作,及时抓好新一届村级班子的教育培训和离任村干部的思想政治工作,调整充实村级配套组织,深入实施"强基工程",健全完善村级治理机制,进一步提高基层组织的战斗力和凝聚力。要妥善处理换届选举与保持正常工作秩序的关系,全力抓好项目建设和社会稳定等工作,保证换届工作和日常工作"两不误、两促进"。

3.3.8 诸暨市村级组织换届选举工作简报(试点工作专辑之六):总第6期[1]

袁立江到枫桥镇调研指导村级组织换届选举工作

3月11日,市委常委、市公安局局长袁立江到枫桥镇调研指导村级组织换届选举试点工作。在充分肯定枫桥镇村党组织换届选举工作取得成绩的同时,

---

[1] 市村级组织换届选举工作领导小组办公室:《诸暨市村级组织换届选举工作简报(试点工作专辑之六):总第6期》,2008年3月11日印发。

袁立江指出要从三个方面入手,切实抓好村委会换届选举的各项工作。

一是定位要正确。镇党委和村党组织要充分发挥领导核心作用,切实加强对村委会换届选举工作的领导。要在保证民主、规范程序的前提下,努力做好教育引导工作,对换届选举中出现的各种不良倾向要抓苗头、抓源头,把工作做在前。当好"裁判员"和"指导员"的角色。二是工作要到位。细节决定成败,选举过程中,一旦一个环节出现问题,就会影响整个选举。首先,选举工作人员的培训和指导非常重要,是选举工作的重中之重。镇党委要切实抓好对联络员的业务培训,选举工作联络员要及时组织村有关工作人员进行具体严格的培训。其次程序要到位,程序比结果更重要,程序少了,选举就不合法,不合法,选举就会无效。特别是各村在制定选举办法时,要注意把握好各个细节、环节,保证选举的程序到位,做到规定动作一个不少。三是信息要掌控。要做过细的思想政治工作,对选举中出现的问题,要慎处理、早解决;要建立快速全面的信息反馈机制,争取在第一时间了解掌握信息,把握选举动态;要区别个性与共性,对选举过程中出现的矛盾与问题,一定要辩证分析、理性对待、有效处置。换届选举工作期间,维护社会稳定的任务相当重,镇党委、政府要采取有效措施,及时化解各类矛盾纠纷,对违法违规现象,要依法作出处理,以确保村委换届选举工作平稳有序进行。

枫桥镇顺利完成村民代表推选工作

截止到3月10日,枫桥镇顺利完成村民代表推选工作,全镇共推选出1 106名村民代表和350名村民小组长。

为切实做好村民代表和村民小组长的民主推选工作,该镇在认真分析总结前阶段村党支部换届选举情况的基础上,为此作了专门研究和部署。

首先是加强对选举工作联络员的业务培训,在相关培训中要求全体选举工作联络员切实把好推选村民代表和村民小组长的程序关,做到"三个到位",即准备到位、通知到位、会议到位,要求各联络员在选民和户长的登记造册上仔细严密,做到不漏登、不错登,及时通知选民或户长参加推选会议,保证推选到会率。其次是注重推选会的质量,特别是要求了解和掌握参与推选群众的思想动态,在会前把有可能出现争议、异议的问题讲清讲透,加强宣传引导,明确村民代表任职条件,引导村民真正把那些群众基础广泛、办事公道的人推选出来。

据统计,新当选的1 106名村民代表中党员360人,约占总数33%;妇女代表77人,占7%;高中及以上文化程度的有276人,约占总数25%。

市委组织部举办村级组织换届选举专题培训班

3月10日上午,市委组织部召开了由各镇乡(街道)组织副书记参加的组织工作例会,在试点结束后,就全市推开村级组织换届选举工作进行了专题培训。

会上,枫桥镇介绍了前阶段开展村级党组织换届选举试点工作情况。市委组织部有关负责人,就村级组织换届选举中政策法规、步骤方法、注意事项等内容进行了专题辅导讲解。

会议要求,各镇乡(街道)党委要把村级组织换届选举作为重点工作来对待,当前要集中精力及早抓好村级组织换届前期各项准备工作,深入开展调查摸底,全面了解各行政村村情实际,认真组织开展村级组织换届选举的宣传教育活动,着力为村级组织换届选举工作营造一个"风清气正"的良好舆论氛围。同时,要结合当地实际,认真做好有关村级组织换届选举政策和方案的制订。明确任务,落实责任,确保村级组织换届工作顺利进行。

枫桥镇举办第二次换届选举业务知识培训

3月10日下午,枫桥镇对28个行政村的村委换届选举工作委员会主任、各村联络员、工作组人员进行了第二次业务知识培训。

据了解,这次培训主要就各村委会换届正式选举时间、地点的确定,监票人、计票人和工作人员名单的公布;选举办法的制订与操作等进行培训辅导。培训会要求各村选举委员会、各村联络员、工作组人员要严格依法细致把握好村委会换届选举中的每一个环节,克服麻痹思想,认真做好村委换届选举前的各项准备工作。

这次培训还对参加自荐竞选者的资格条件、女委员的专职专选等方面作了强调,培训会后,对培训内容进行了现场测试。

3.3.9 诸暨市村级组织换届选举工作简报(试点工作专辑之四):总第4期[1]

谭志桂在调研指导村级组织换届选举试点工作时强调:
扎实推进村级组织换届选举试点工作为全市面上推开提供更多更好的经验

3月4日下午,绍兴市委常委、诸暨市委书记谭志桂带领有关部门负责人,赴枫桥镇调研指导村级组织换届选举试点工作。谭志桂强调,要高度重视,扎实推进村级组织换届选举试点工作,努力为全市面上推开提供更多更好的经验。市委副书记郭浩良,市委常委、组织部部长陈玲芳等参加调研。

谭志桂一行先后来到枫桥镇枫源村、陈家村,与选举产生的新一届村党支部委员座谈,了解村级组织换届选举工作情况。随后又在枫桥镇政府召开座谈会,听取枫桥镇村级组织换届选举试点工作的情况汇报。

谭志桂充分肯定了前阶段枫桥镇的村级组织换届选举试点工作,指出思想上高度重视,工作上部署周密,操作上严格规范,进展顺利,开局良好,特别是全镇28个行政村全部顺利完成村级党组织换届选举,为下阶段村委会换届选举打

---

[1] 市村级组织换届选举工作领导小组办公室:《诸暨市村级组织换届选举工作简报(试点工作专辑之四):总第4期》,2008年3月5日印发。

下了良好基础。谭志桂指出,这次村级组织换届选举是我市行政村规模调整后的第一次选举,必须高度重视,切实抓紧抓好。谭志桂强调,要选好选强村级班子,注重村级班子的任职条件和资格,注重村级班子成员的年龄、文化、性别结构和在各自然村的平衡。要严格依法依规选举,切实做到法定程序不变、规定步骤不少,确保选举工作依法有序、平稳推进。要重视选举过程中的细节,认真总结历届村级组织换届选举的经验和教训,避免因工作失误而影响整个选举。要严明选举纪律,坚决打击干扰、破坏换届选举的行为,努力营造风清气正的换届环境。要统筹兼顾,合理安排,及早考虑村级组织换届后的后续工作,不断夯实基层基础。要切实加强领导,确保高质量地按时圆满完成这次试点任务,努力为全市面上推开提供更多更好的经验。

郭浩良指出,搞好村级组织换届选举试点工作,必须在得失、利弊、两难之间作出正确的选择,确保选举程序依法公正、选举过程平稳有序,选好配强村级班子。要分析研究选举中出现的新情况和新问题,进一步研究对策,落实工作。

陈玲芳就如何做好下阶段村级组织换届选举试点工作提出了要求。

枫桥镇举办村委员会换届选举操作业务培训

枫桥镇在全部顺利完成村级党组织换届选举后,3月4日开始全面进入村民委员会换届选举工作。为切实搞好村民委员会换届选举工作,枫桥镇组织新一届村党支部(总支)书记、现任村委会主任和驻村联络员进行业务培训,就村民委员会选举工作中村民代表、村民小组长和村民选举委员会初步人选的推选工作及授权事宜、发放公开信、村委会换届前期工作、委托投票有关注意事项等工作进行部署。要求换届选举工作全体干部全面熟悉掌握村民委员会选举工作相关法律法规和操作规程,严格依法依规选举,切实做到法定程序不变、规定步骤不少,确保村级组织换届选举工作依法有序,平稳推进。

第四章
诸暨市强化民主决策与管理推进村民自治

提要: 村民自治中民主决策是指村委会按照党的政策和国家法律法规,将涉及村民利益的重要事情和村民共同关心的问题,提交村民会议或村民代表会议,按多数村民的意见作出决定的过程。民主决策是村民自治权的集中体现,是村民自治的关键。而民主管理是指村委会和全体村民,根据全村讨论制定的规章制度对本村事务进行管辖治理。民主管理是村民自治的重要内容,它主要是通过全体村民讨论制定村民自治章程和村规民约等行为规范,来实现对本村事务的自我管理,达到依法治村的目的。

2006年的农村税费改革是新中国成立以来,我国农村继土地改革、实行家庭承包经营之后的又一次重大改革。一方面,农村税费改革从分配上理顺了国家、集体、农民三者之间的利益关系,是切实减轻农民负担的治本之策。但另一方面,农村的税费改革也是农村基层治理的重大转折,给村民的民主决策、民主管理带来了重要影响,是村民这两项权利的深度调整。在农村税费改革之后,诸暨市的村庄治理也经历了一段时间的调整期。本章之所以将农村税费改革后的诸暨市行政村规模调整工作作为史料整理对象,主要原因有两点:一是行政村规模的调整,能直观地反映出村民民主决策与民主管理权利的变化;二是农村税费改革后,诸暨市村庄治理的成功转型,不仅再次证明了"枫桥经验"在乡村治理中的重要价值,更是在这个转型过程中形成了一套完整的后税费改革时代村庄治理的方案,可为学术研究和全国其他地方的村庄治理提供参考。该部分的史料主要分为三部分:一是行政村规模调整中的组织领导,主要涉及《关于开展行政村规模调整工作的实施意见》《关于在行政村规模调整中做好党组织设置和班子选配等工作的若干意见》;二是行政村规模调整后的村庄规范化建设,涉及行政村规模调整后村级组织规范化管理、村级配套组织建设、村民决策与管理体系的重构等文件;三是行政村规模调整过程中以及调整后诸暨市相关乡镇(街道)的生动实践。

4.1 行政村规模调整中的组织领导

4.1.1 关于开展行政村规模调整工作的实施意见[1]

为统筹城乡经济社会发展,加快社会主义新农村建设步伐,根据浙江省民政厅、农业厅、建设厅《关于村规模调整工作的指导意见》,结合我市实际,现就在全市组织开展行政村规模调整工作提出如下意见:

一、指导思想

以邓小平理论和"三个代表"重要思想为指导,以《中华人民共和国村民委员会组织法》《国务院关于行政区划管理的规定》和《浙江省实施〈中华人民共和国村民委员会组织法〉办法》为依据,以确保农村社会稳定为前提,以促进农村经济社会发展为目的,紧紧围绕规模调大、实力调强、班子调优、布局合理的总体目标,坚持尊重民意、依法规范、有利发展的原则,积极、稳妥、有序地开展

---

[1] 中共诸暨市委办公室:《关于开展行政村规模调整工作的实施意见》,2006年8月31日印发,市委〔2006〕41号文件。

行政村规模调整工作,努力推进我市的社会主义新农村建设。

二、基本原则

在行政村规模调整中,应坚持以下原则:

(一)坚持有利于农村经济和社会发展的原则。对行政村规模进行调整,必须通盘考虑促进生产要素的集聚和资源的合理配置及开发利用,考虑农民负担的减轻、管理成本的降低、村级基层政权建设的加强等因素,以大带小,以强扶弱,优势互补,协调发展。通过调整,加速形成一批规模较大、经济实力较强的中心村,发挥其在农村经济社会发展中的示范带头作用,加快农村经济的发展和农村现代化建设。

(二)坚持就近就便和成建制调整的原则。要尊重历史,兼顾自然地理条件、经济发展服务水平以及历史沿革,考虑群众的共同利益和生活习俗,从方便群众自治及生产生活,着眼发展出发,统一规划,就近就便,实行成建制调整。

(三)坚持依法办事和尊重群众意愿的原则。行政村规模调整方案由镇乡人民政府、街道办事处提出,经村民会议或村民代表会议讨论同意并形成决议,报市政府批准后实施。

(四)坚持规划先行和积极稳妥的原则。要按照推进社会主义新农村建设的总体要求,充分考虑各村的地理位置、历史渊源、产业布局、发展水平、人口规模等因素,因地制宜、科学合理地编制行政村规模调整方案,并参照《诸暨市域城镇体系规划》和村庄布点规划。新村规划要突出功能布局,合理规划新行政村的生产、生活和文化、教育功能区块,实现各类要素的优化配置,充分体现时代特色、文化特色和地域特色。调整工作既要审时度势、大胆推进,又必须依法进行、规范操作,确保农村社会政治稳定。

(五)坚持市级指导和镇乡(街道)为主的原则。镇乡、街道是行政村规模调整的实施主体,在市委、市政府的领导下,由镇乡人民政府、街道办事处具体组织实施,市指导组负责指导面上工作。

三、调整目标

根据我市农村的实际情况和发展趋势,行政村的设置规模平原地区以1 500—3 000人为宜,山区以1 000—2 500人为宜,镇乡人民政府驻地所在村及其他中心村、经济强村的规模可适当扩大。

四、方法步骤

行政村规模调整工作涉及面广,政策性强,时间紧,难度较大。对此,必须做到思想统一,领导重视,步骤稳妥,方法得当,工作细致,程序合法,整个调整工作主要分四个阶段:

(一)调查研究准备阶段(8月10日—8月29日)

1. 市委、市政府组织有关部门赴周边县市考察。

2. 市委、市政府组织有关部门到各镇乡、街道调研。

(二)宣传发动、制订初步方案及相关政策阶段(8月30日—9月5日)

1. 市委、市政府召开全市行政村规模调整工作动员大会。

2. 镇乡、街道在全市动员大会后及时组织封存行政村的各种财产、村级档案,统一保管有关印章,并暂时冻结其账户。

3. 市及镇乡、街道分别成立行政村规模调整工作领导小组和工作班子,明确职责,加强领导。

4. 市下派工作指导组赴镇乡、街道指导工作。

5. 镇乡、街道召开专题会议,统一思想认识,研究制订行政村规模调整工作的有关政策意见和工作计划。

6. 根据调整原则和镇乡、街道实际,组织人员拟订行政村规模调整初步方案(包括调整对象、新村名、新村办公地点等),并召开专题会议进行研究论证。

7. 镇乡、街道研究拟订调整后新行政村党组织和村务工作小组、社务工作小组班子组成等方案。

(三)组织实施阶段(9月6日—9月20日)

1. 镇乡、街道召开动员大会,统一思想,明确要求。

2. 分别召开各类人士参加的座谈会,对行政村规模调整方案进行认真讨论,层层统一思想,上下形成共识。

3. 召开村民会议或村民代表会议,讨论通过行政村规模调整方案(草案),并形成决议。

程序材料齐全后,镇乡、街道及时将行政村规模调整方案送市行政村规模调整方案会审组审核并报市政府审批。同时,对调整村的集体资产进行核对,登记造册。

4. 行政村规模调整方案经市政府批准后,在认真酝酿的基础上,建立新村党组织和村务工作小组、社务工作小组,并立即组织实施调整。

5. 召开新村成立大会,宣布新村党组织和村务工作小组、社务工作小组班子,举行新村授牌、授印仪式等。

6. 新村实行合署办公,完善组织设置,进行档案、资产交接。

(四)总结完善阶段(9月21日—9月25日)

对前一阶段工作及时进行总结完善,建立健全有关制度,制订发展规划,妥善做好不进入新村班子的原村干部的政策处理工作,收集整理有关资料并归档,积极稳妥地做好行政村规模调整的后续工作,按新的建制规范运行。

五、工作要求

(一)加强领导,统一思想。这次行政村规模调整工作要求高,涉及面广,政策性强,与群众利益关系密切。全市各级各部门特别是镇乡、街道要高度重视,切实把这项工作列入重要议事日程,集中精力,集中时间,精心布置,周密安排。市里专门成立行政村规模调整工作领导小组;市四套班子领导成员对联系镇乡的行政村规模调整工作实行包干负责制;市里将对各镇乡派出指导组帮助开展工作。各镇乡、街道都要成立领导小组和工作班子,党政"一把手"要切实负起

"第一责任人"的责任。在行政村规模调整中,要做好深入细致的思想工作,讲清行政村规模调整的重要性和必要性,教育干部和广大群众识大体、顾大局,树立全局观念、发展观念,积极支持、参与调整工作。

(二)方案合理,程序规范。各镇乡、街道在调整方案的拟定上,要专题组织调研,在充分调查,掌握村情民意和广泛听取方方面面意见建议的基础上,经书记办公会议、党政班子成员会议反复讨论研究,制定出切实可行的调整初步方案,初步方案要明确新村的村名和村委会驻址,在实施方案前,必须报市行政村规模调整方案会审组办公室审核,使调整方案更趋科学合理。在行政村规模调整过程中必须严格程序,依法办事,做到程序合法到位,手续齐全完备,不能只图眼前方便而给今后工作带来"后遗症"。在召开村民会议或村民代表会议形成决议过程中要严格把好签名关,坚决杜绝代签,确保法律的严肃性。市行政村规模调整方案会审组将对报批材料的内容、格式及要求予以明确和规范,各镇乡、街道必须按照有关规定统一履行好报批手续。

(三)合理安排,配好班子。要按照"精干高效"的原则,合理安排村干部,尤其要选配好高素质的村党组织负责人。要根据行政村规模调整后的党员队伍情况,设置和组建好相应的村党组织。在新村村民委员会和村经济合作社管理委员会依法产生前,成立临时过渡的新村村务工作小组和社务工作小组,提倡村班子成员相互兼职。对班子选配中不进入新村班子的原村干部,镇乡、街道要逐个谈心做好工作,有关政策要妥善处理。

(四)明确政策,稳定人心。对实施调整的村,原村经济合作社与农民签订的各类承包合同(如山林、土地、矿山、鱼塘等)和责任制继续有效;今年市、镇乡(街道)对行政村的有关优惠、扶持政策保持不变;为保证村民代表的稳定性和连续性,调整前各村的村民代表转任为新组建村的村民代表,由新村张榜公布。待新一届村民委员会选举时,再依法选举产生;对一些历史遗留问题,待新村正常运行后逐步妥善予以解决。

（五）严肃纪律，平稳过渡。在整个行政村规模调整过程中，要严肃各项纪律特别是财经纪律和廉政纪律，实行财务公开和民主理财，严防违纪违规行为的发生，严防集体资产流失，真正做到思想不散，秩序不乱，确保全市行政村规模调整工作的顺利进行和社会稳定。

4.1.2 关于在行政村规模调整中做好党组织设置和班子选配等工作的若干意见[1]

各镇乡党委、政府，各街道党工委、办事处，市级机关各部门（单位），市属企事业单位：

为进一步优化村级班子结构，切实增强村级班子的凝聚力、战斗力和号召力，确保行政村规模调整工作顺利实施，根据《中国共产党农村基层组织工作条例》，结合我市实际，现就行政村规模调整中新村党组织设置和班子选配等事项提出如下意见：

一、党组织设置

在行政村规模调整过程中，应合理设置新村各种组织，确保各个组织运转正常。新村党组织的设置要坚持有利于农村改革和经济发展、有利于加强党员教育管理、有利于平稳过渡的原则，根据党员人数、行政村规模和发展趋势等情况综合考虑，不搞一刀切。

规模调整后的新村，以设党的支部委员会或党的总支部委员会为宜。凡是有3名以上50名以下正式党员的行政村，设党的支部委员会；正式党员人数超过50名，党员从业结构复杂或党员居住比较分散的村，经批准可以设党的总支部委员会；正式党员人数虽超过50名，但党员从业结构较为单一或党员居住相对比较集中的村，仍可设置党的支部委员会；正式党员人数超过100名的大村或

---

1 中共诸暨市委办公室：《关于在行政村规模调整中做好党组织设置和班子选配等工作的若干意见》，2006年8月31日印发，市委办〔2006〕106号文件。

中心村,一般设党的总支部委员会。

村级党总支内部组织设置,应从实际出发,采取多种方式。为有利于开展工作,加强对党员的教育管理,加快村与村之间的融合,新村党总支下设的党支部和党支部下设的党小组划分一般应打破调整前行政村的格局。新村居住地较集中,党员从业结构稳定的,原则上应按党员的行业、类别建立党支部;新村自然村落间距较大,党员居住分散,党员从业岗位流动性较大的,也可按自然区域设置党支部;党支部党员人数较多的,根据需要,可按党员从业或居住地设置若干个党小组。

村党支部的撤建,由镇乡、街道党(工)委直接审批;村党总支的撤建,由镇乡、街道党(工)委同意后上报市委组织部审批。

二、班子选配

1. 过渡方式。调整后新村党组织班子的选配由镇乡、街道党(工)委发文指定组成人员和党组织负责人,其中涉及调整村的原党组织书记一般应考虑进入新村党组织班子;村委会班子在依法选举产生前,成立临时过渡的新村村务工作小组,并指定好组成人员和临时负责人,其中涉及调整村的原村委会主任一般应考虑进入新村村务工作小组;同时,成立临时过渡的新村社务工作小组,社务工作小组临时负责人原则上由村党组织负责人兼任,并指定好其他组成人员,其中涉及调整村的原村经济合作社社长一般应考虑进入新村社务工作小组。

2. 配置职数。新村党组织、村务工作小组和社务工作小组配备组成人员一般均为3—5名,规模特别大的新村,视情况可增配1—2名,但须报市委组织部备案。在具体选配过程中,要严格掌握职数。同时,提倡交叉兼职,新村党组织、村务工作小组、社务工作小组及治保调解、民兵、团妇等群团组织负责人可实行交叉任职,新村村务工作小组临时负责人原则上须进入新村社务工作小组,并履行监察职责。在新村班子选配过程中还要注意保持调整前原各村之间的平衡,确保班子调整的平稳进行。

3. 选配途径。镇乡、街道党(工)委对原各村级班子成员要进行深入考察,综合分析,好中选优,认真选配好新村班子,特别是要选优配强新村党组织负责人,为确保市、镇两级党委、人大换届选举平稳圆满打好基础。如村内确无党组织负责人合适人选,可选派镇乡、街道机关党员干部下村任职。同时,要注重选拔年轻干部、妇女干部进入新村班子。

三、报酬待遇

1. 新村主要负责人的考核管理及报酬待遇,由镇乡、街道党(工)委按照《诸暨市村级规范化管理制度汇编》和《关于完善村主职干部报酬保障制度的意见》(市委办〔2005〕33号)的有关规定研究确定,过渡时期报酬待遇要保持相对稳定,不宜借机提高。

2. 对进入新村班子但不担任新村主要负责人的原村党组织书记和村委会主任,在新一届村"两委会"选举产生前,其报酬待遇仍按原所在村的标准享受,并根据村干部岗位目标责任制考核结果,由新村支付。其中已参加基本养老保险的,原则上由新村续保至新一届村级班子选举产生为止。

3. 不再进入新村班子的原村两委会干部及村文书、计划生育联系员等,应协助新村班子继续做好相关工作,直至本届期满,其报酬待遇由各镇乡、街道根据工作实际按原所在村标准予以落实。

4. 对在原村领取生活补贴的老村干部,要做好衔接工作,补贴政策由各镇乡、街道根据《关于完善村主职干部报酬保障制度的意见》(市委办〔2005〕33号)的有关规定制定。对历史遗留下来的其他问题,由镇乡、街道根据实际情况,妥善予以解决。

四、后续管理

1. 进一步加强新村运作的相关制度建设。要规范新村事务管理制度。市将在行政村规模调整工作结束前,制订出台《关于加强行政村规模调整后村级组织规范化管理的若干意见》,对过渡时期的村级组织运行,议决事制度,党务、村务、财务公开制度,集体资产、经济合同、印章管理等制度进行规范完善,确保新村各项工作规范有序。同时,要建立健全村干部轮流值班、集中办公等制度,确保干部在位在岗,及时处理日常事务和群众的矛盾纠纷。

2. 进一步加强对新村干部的教育管理。要加强教育培训。行政村规模调整结束后,市里将抽调相关部门领导、专家和优秀村干部组成讲师团,以镇乡、街道为单位,对新村班子成员进行集中培训,使新村干部尽快适应新的角色,提高他们加快建设社会主义新农村的素质和能力。同时,要加大考核激励力度,切实提高新村干部的工作积极性。

3. 进一步加强对村级班子的评估分析。要通过对新村村级班子定期不定期地排摸评估分类,全面掌握村级班子建设现状,建立起包括班子基本情况、村级经济建设、党员情况、后备干部培养使用情况、班子建设特点和问题以及相应对策措施等内容的动态管理档案,对村级班子建设中的共性和个性问题,做到早介入,早调整,早解决。

4.2 行政村规模调整后的村庄规范化建设

4.2.1 关于加强行政村规模调整后村级组织规范化管理的若干意见[1]

各镇乡党委、政府,各街道党工委、办事处,市级机关各部门(单位),市属企事业单位:

为认真贯彻落实《浙江省村级组织工作规则(试行)》精神,加强和改进党对

---

[1] 中共诸暨市委办公室:《关于加强行政村规模调整后村级组织规范化管理的若干意见》,2006年9月28日印发,市委办〔2006〕122号文件。

农村工作的领导,进一步推进以党组织为核心的村级组织建设,切实增强村级班子的整体功能,促进全市农村经济发展和社会稳定,现就加强行政村规模调整后村级组织规范化管理提出如下意见:

一、规范村级组织体制,强化村党组织的领导核心地位

行政村设党组织、村民委员会、经济合作社、治保、调解、团组织、妇代会、民兵连等组织。根据《关于开展行政村规模调整工作的实施意见》(市委〔2006〕41号)精神,行政村规模调整后新村村民委员会在依法选举产生前,成立过渡性的村务工作小组,代为行使村民委员会的相关职责。

村党组织是党在农村全部工作和战斗力的基础,是村级各种组织和各项工作的领导核心,村党组织要自觉贯彻实践"三个代表"重要思想,切实加强对全村各项工作的思想、政治、组织领导,充分发挥领导核心作用和战斗堡垒作用,推进全村民主政治建设和经济社会发展。村务工作小组、经济合作社及其他村级组织必须在党组织的领导下,依法按章行使职权,积极维护班子团结,切实增强整体合力。

二、规范村级议事规则,推进村务决策的科学化、民主化

村务决策要坚持先党内后党外、先党员后群众和民主集中制的原则,规范决策程序,实行民主决策。

村级事务决策议案一般由村党组织、村务工作小组、1/10以上村民联名或1/5以上村民代表联名提出,村党组织统一受理,以新村班子联席会议的形式,按照民主集中制原则,实行民主决策。须提交村民代表会议讨论决定的重大事项,在村班子联席会议研究的基础上,原则上应事先提交党员议事会和村民小组长会议讨论。

日常事务由村党组织书记和村务工作小组组长沟通或由新村班子联席会议研究后,按照分工办理。重大村务必须提交村民代表会议讨论通过。要坚持少数服从多数的民主集中制原则,表决可采取口头、举手、无记名投票或有记名

投票的方式进行。对少数人的不同意见,应当认真考虑。如对重要问题发生争执,且双方人数接近,除在紧急情况下必须按多数意见执行外,应当暂缓作出决定,进一步调查研究,完善方案,待条件成熟后再行表决。

过渡时期的村班子联席会议由村党组织、村务工作小组和村经济合作社全体班子成员参加,参加会议人数超过应到会人数半数方可举行,表决赞成人数超过应到会人数半数方可形成决策方案。村党员议事会一般由全体党员参加,党员数量较多、召集会议有困难的村,经党员大会同意,也可以通过民主推荐的方法,由全体党员推荐产生20至30名有一定议事能力的党员代表作为议事会成员,但在议事前应听取其他党员的意见,议事结果应向其他党员通报。村民小组长会议由全体村民小组长参加,可以单独召开也可与党员议事会合并召开。过渡时期的村民代表会议由行政村规模调整前各村的村民代表参加,新村村务工作小组负责召集,对因村民代表人数较多且受会议场地限制无条件集中召开的,也可采取分片组织的方式召开,待条件成熟后再作进一步规范。村民代表会议参加人数须超过应到会人数的三分之二,所作决定应经全体代表过半数通过方为有效。

三、规范村级事务管理,保障村民民主权利

过渡时期的村级组织要认真落实党务、村务、财务公开制度,严格集体资产、经济合同、印章等的管理,确保各项工作规范有序。

针对行政村规模扩大的实际,加强村级沟通机制建设。要通过会议、广播、宣传公开栏、村务简报等多种途径加强对村级事务的宣传通报,以沟通来赢得广大党员群众对村级工作和新农村建设的理解与支持。

切实加强过渡时期的村集体经济管理。要健全新村村务公开监督小组,严格按照村级集体经济组织财务管理相关规定,规范对村级集体资产的处置,特别要加强对货币资金、债权债务、工程项目、收支结报等管理,确保农村经济的健康发展和农村社会的稳定。

四、规范党员人才培养,永葆农村党员先进性

要按照《关于进一步做好新形势下发展党员工作的意见》(诸组〔2004〕35号)和《关于进一步加强党员队伍建设的意见》(诸组〔2006〕22号)文件要求,切实加强党员队伍建设。

围绕"把农村人才培养成党员、把党员培养成人才"这一目标,大力加强农村党员人才队伍建设。各村党组织要在深入摸排的基础上,建立健全农村人才库,加强跟踪培养,引导农村人才积极向党组织靠拢。

鉴于行政村规模扩大后集中活动较难组织,民主推荐入党积极分子培养对象活动可根据实际采取多种形式和途径开展。要进一步加强行政村发展党员流程管理,完善发展规划,规范发展程序,切实解决少数村多年不发展党员问题。要及时做好与原村党支部发展党员年度计划、入党积极分子培养等衔接工作,党总支建制的行政村要将入党积极分子培养责任落实到具体党支部,并加强对党支部培养发展党员的审查与管理,认真落实发展党员预审制、票决制、公示制,确保新党员质量。

切实改进农村党员的教育管理方法。除选举及讨论决定其他须全体党员参加的重要问题外,日常的组织活动可以党支部或党小组为单位进行,党员的电化教育、远程教育及政策技能培训等可根据不同党员特点和需求分类组织。同时,要继续加强农村无职党员"设岗定职"和流动党员教育管理工作,认真落实民主评议党员措施,保持农村党员的先进性和纯洁性。

五、规范干部管理监督,激励村干部干事创业

各镇乡、街道党(工)委要大力加强过渡时期的村干部队伍建设,切实强化村级班子成员的日常教育和管理,健全和完善班子成员集中教育、分类培训、谈心谈话等制度,对素质不高、作风不佳、责任心不强及团结共事不好的班子成员坚决予以调整。

进一步健全村级办公服务制度。探索建立村干部集中办公日制度、轮流值班制度和请销假制度,完善群众办事不出村、矛盾调处不出村、信息咨询不出村的便民服务体系,建立健全村干部联系走访党员群众制度,及时了解群众所需所盼所急,切实为群众排忧解难。

继续实行村主职干部报酬保障制度。新村干部的报酬待遇,由各镇乡、街道按照《关于完善村主职干部报酬保障制度的意见》(市委办〔2005〕33号)和《关于在行政村规模调整中做好党组织设置和班子选配等工作的若干意见》(市委办〔2006〕106号)的有关规定,结合实际研究确定。同时,要积极引导原村干部协助新村班子继续做好相关工作,其报酬待遇由各镇乡、街道根据工作实际按原所在村标准享受,直至本届期满。

进一步完善村级班子工作目标责任制度。要在对原行政村班子任期承诺目标进行认真梳理的基础上,研究确定新村的整体规划,制定落实新村班子任期目标和阶段工作计划,并进一步加大对新村班子目标责任制的考核力度。要进一步建立健全关爱激励机制,激励村干部凝心聚力、干事创业。

建立村级班子动态评估制度。要通过对新村班子定期不定期地排摸评估分类,全面掌握村级班子建设现状,建立起包括班子基本情况、村级经济建设、党员情况、后备干部培养使用情况、班子建设特点和问题以及相应对策措施等内容的动态管理档案,对村级班子建设中的共性和个性问题,做到早介入,早调整,早解决。

建立决策责任追究制度。除发生自然灾害等紧急情况外,村级依法按章形成的决议不得随意更改,如因情况发生变化确须更改的,要通过相关程序讨论决定。村民代表会议讨论决定的事项,要形成书面记录并妥善保存。未经村民代表会议讨论决定,任何组织或个人擅自以集体名义借贷,变更和处置村集体的土地、企业、设备、设施等,均为无效,村民有权拒绝,造成的损失由责任人承担,构成违纪的要给予党纪政纪处分,涉嫌犯罪的移交司法机关依法处理。

4.2.2　关于加强行政村规模调整后村级配套组织建设的意见[1]

各镇乡党委、政府,各街道党工委、办事处,市级机关各部门(单位),市属企事业单位:

随着行政村规模的调整,村级管理区域相对扩大,工作任务加重,对村级配套组织建设提出了新的要求,根据《浙江省村级组织工作规则(试行)》的有关规定,现就行政村规模调整后,加强村级配套组织建设提出如下意见:

一、组织设置

行政村规模调整后,村级各配套组织设置要遵循"有利于加强村级党组织对其配套组织的领导,有利于各配套组织在经济建设和社会生活中发挥作用,有利于各配套组织正常开展各项活动"等原则,一般应按照新村党组织设置的模式来相应设立村级其他配套组织,也可视具体情况相应设立各配套组织若干工作小组。同时,可视今后发展的需要,在因地制宜的原则下,积极适应农村社会结构变化来设置各配套组织,实行条块结合,建立区域型、行业型、协会型等新的村级配套组织模式。

二、人员配备

行政村规模调整后,为保持村级配套组织工作的连续性,须及时确定新村各配套组织的负责人,主持过渡时期新村各配套组织的工作。具体由村党组织和镇乡(街道)各线共同考察,提出初步人选,报镇乡(街道)党(工)委审核后按有关程序确定。人选原则要求:村级配套组织负责人,提倡由新村党组织班子和村务工作小组成员兼任。其他成员,要热爱本职工作,政治素质较好,工作能力较强,能确保有时间从事本职工作;人员可在原行政村担任过相应配套组织

---

[1] 中共诸暨市委办公室:《关于加强行政村规模调整后村级配套组织建设的意见》,2006年10月24日印发,市委办〔2006〕134号文件。

和现任村干部中挑选,可兼任其他村级职务,以减少新村干部职数。各配套组织人员由镇乡(街道)各线负责发文任命。

三、工作职责

行政村规模调整后,村级配套组织也必须随之调整。各镇乡(街道)和市级有关部门要重点抓好村经济合作社、村务监督委员会(村务公开监督小组、财务监督小组)、村民民主理财小组、综治工作组(下设治安保卫委员会、人民调解委员会)、工会、共青团、妇代会、民兵连、计划生育委员会、计划生育协会、老年人协会、关工委等村级配套组织建设,真正做到组织设置合理,人员落实到位,工作职责明确。

组织部门负责村级组织建设的宏观管理和牵头抓总,侧重党组织建设和党员队伍建设;纪检部门负责抓好农村基层党风廉政建设、村务公开和民主管理等内容;宣传部门负责抓好村级精神文明建设和宣传员队伍建设,组织开展文明村创建等活动;统战部门负责抓好村级统战工作联络员队伍建设,做好海外乡亲联络工作,依法管理民族与宗教事务,及时掌握基层宗教活动、民间信仰动态,并协助做好安全防范等工作;政法综治部门负责抓好农村社会治安综合治理责任制的督促检查,推进"平安村""民主法治村"创建工作,维护社会稳定等工作;民政部门负责指导农村基层群众性自治组织建设和推进四项民主制度建设等工作;农办负责指导开展新农村建设和发展壮大村集体经济工作,抓好村经济合作社队伍建设,指导村级财会代理服务和村干部离任审计等工作;人口和计划生育局负责指导计划生育政策的贯彻落实及避孕节育科普知识宣传等工作;人武部、总工会、团市委、妇联、计划生育协会、老龄委、关工委等部门(单位)负责指导村级相应群团组织建设;科协负责村科普组织建设和农村科普宣传;市级其他部门(单位)要积极发挥职能作用,通过开展市级机关党组织与农村党组织结对共建活动,加强业务指导,多为基层排忧解难,多为基层办实事办好事,密切党群干群关系,逐步形成党委统一领导,职能部门通力协作,各级共同参与抓村级组织建设的工作格局。

四、工作要求

各镇乡(街道)党(工)委和市级机关有关部门要把加强村级配套组织建设列入议事日程,加强调研,及时掌握情况,经常分析研究,加强督促检查,确保村级配套组织建设工作平稳、有序、顺利开展。

1. 要高度重视,加强领导。行政村规模调整后,加强村级配套组织建设,进一步深化村级组织规范化建设,是提高村级干部干事创业积极性,激发村级组织活力,促进农村经济发展、社会和谐稳定的重大举措。各镇乡(街道)分管领导,要加强对村级配套组织建设的调研、走访,及时提出配套组织建设的意见建议。市级机关有关部门,要加强与镇乡(街道)党(工)委的沟通协调,加强面上业务工作的指导,可下发相应文件到各镇乡(街道)对应的配套组织业务线上,切实帮助镇乡(街道)进一步规范和落实村级配套组织的各种制度,保证村级配套组织围绕村党组织这个核心,按照各自的制度和规章等,协调运转,发挥作用。

2. 要严格程序,规范操作。各镇乡(街道)党(工)委要严格按照村级配套组织组成人员的任职条件和选配程序,规范操作、严格把关。要防止个别村不按要求执行、不按程序操作的现象发生。要保持农村基层干部队伍的相对稳定,对表现好、群众公认的人员调整不宜过大。要从紧控制职数,提倡新村班子成员交叉兼职,力求少聘多兼。

3. 要落实责任,注重实效。为确保调整后村级配套组织工作扎实推进、取得实效,要落实镇乡(街道)领导工作责任,明确镇乡(街道)和部门工作分工,形成齐抓共管村级配套组织工作的责任体系。镇乡(街道)党(工)委领导为主要责任人,分管领导为直接责任人,市级机关有关部门分管领导为具体责任人,形成一级抓一级、层层抓落实、各负其责、齐抓共管的格局。各镇乡(街道)和市级有关部门在组织实施过程中,要坚持实事求是、科学合理、易于操作、群众满意的原则,坚决防止和反对形式主义、做表面文章,真正使配套组织建设工作取得实效。

4. 要统筹兼顾,稳步推进。村级配套组织建设是村级组织规范化建设的重要内容,在实施过程中,各镇乡(街道)要注重"三个结合",即与发挥新村党组织领导核心作用相结合,与加强新村管理和方便群众办事相结合,与调整后平稳过渡和维护社会稳定相结合。市级机关有关部门要深入基层加强调研、指导,注意发现培育先进典型,及时掌握各镇乡(街道)的进展情况,统筹兼顾,稳步推进。

4.2.3 关于自治、法治、德治"三治融合"基层社会治理体系建设推广工程实施方案[1]

根据《中共诸暨市委办公室 诸暨市人民政府办公室关于总结提升推广新时代"枫桥经验"加快推进"枫桥经验"55 周年纪念活动筹备工作的实施意见》(市委办〔2018〕18 号)文件精神,现就自治、法治、德治"三治融合"基层社会治理体系建设推广工程提出如下实施方案:

一、指导思想

认真贯彻落实党的十九大精神和省第十四次党代会、省委十四届历次全会精神,坚持发展新时代"枫桥经验",实现基层党组织领导下的民事民议、民事民办、民事民管,构建乡里事务自治、乡风文明德治、乡村秩序法治的乡村治理体系,打造"三治融合"共建共治共享的新时代基层社会治理格局,推动农村各项工作全域提升。

二、工作目标

(一)强化基层党建引领。基层党组织的领导核心地位更加强化,组织力、凝聚力、战斗力全面提升。以基层党建引领基层治理,推动农村各项工作全域

---

[1] 诸暨市"枫桥经验"纪念活动领导小组:《关于自治、法治、德治"三治融合"基层社会治理体系建设推广工程实施方案》,2018 年 4 月 23 日印发,"枫桥经验"领导小组〔2018〕3 号文件。

提升。全年完成352个"五星达标"村、30个3A级景区村的创建任务。

（二）完善基层自治机制。基层民主协商制度建设进一步加强，基层民主选举、民主决策、民主管理、民主监督等制度有效落实，村（社区）居民权益保障更加有力。创新10项村民自治机制，完善村级事务阳光工程、村规民约、"三上三下"民主议事制度。推进基层群众组织职能归位，培育和创建100个村级乡贤示范参事会。

（三）提升基层法治能力。基层干部群众学法常态化，法律素养普遍提升，办事依法、遇事找法、解决问题用法、化解矛盾靠法的习惯逐步养成。基层普法依法治理深入开展，完成100个"民主法治村（社区）"亮牌提升，村级公共法律服务点全覆盖，社会治理法治化水平有效提高。

（四）发挥基层德治作用。社会主义核心价值观和地方传统美德深入人心，道德的引领、规范、约束作用明显，崇德向善风尚浓厚，文化礼堂活动丰富。广泛开展文明村镇、文明家庭等系列创建工作，完成100个"孝德村"创建工作。

（五）实现基层善治目标。全面树立自治为基、法治为本、德治为先的基层治理观念，"产业兴旺、生态宜居、乡风文明、治理有效、生活富裕"的愿景进一步实现，基层群众的社会治理参与度、公共服务获得感显著增强。全年建设"三治融合"示范村（社区）100个。

三、工作措施

（一）强化基层党组织的领导核心地位，以高质量党建引领"三治融合"。把基层党组织建设、巩固党的执政基础贯穿于"三治融合"基层社会治理体系建设始终，积极探索党建引领基层社会治理有效途径。

1. 加大对"五星达标、3A争创"工作的督查指导和考核力度，制订完善"一村（社）一策一清单"。

2. 做好首批创建对象验收和迎检工作。4月底前，完成首批277个"五星达标"村和15个"3A级景区"村的诸暨市级验收工作；5月底前，迎接绍兴市对首批创建对象的验收。

3. 持续抓好第二批创建工作。12月底前,完成352个"五星达标村"和30个"3A级景区村"的创建工作。

责任单位:组织部

(二)强化基层便民措施,"最多跑一次"改革服务"三治融合"。完善基层便民服务体系,优化服务制度和流程,全面推行首问负责、一窗办理、全程代办、服务承诺等制度,方便基层群众办事。

1. 实施深化"最多跑一次"改革攻坚行动。全面推进"一窗受理"向村级延伸,明确村级可办理事项原则上不少于100项,办理事项推行清单式管理,明确服务事项名称、设立依据、办理条件、所需材料、办理期限、办事程序等。

2. 创建百个"一站式办理"村级便民服务示范平台。坚持"争先创优,示范引领"原则,各镇乡(街道)以所辖行政村的20%作为创建示范平台的目标任务,对照创建标准,9月底前完成创建任务。

3. 制定出台规范化标准化的村级综合受理操作手册,加强村级中心人员、代办员培工作训,不断提高村代办员的办事能力和服务水平。

责任单位:公共服务中心

(三)拓宽民主参与渠道,自治活力催化"三治融合"。大力推广村级民主恳谈会、村民议事会、民情沟通日、村民票决制、村民说事等民主自治形式,促进政府行政管理和社会自我调节、居民自治管理的良性互动。

1. 进一步激发村(社区)自治活力,督促镇村村规民约、"三上三下"民主决策议事制度执行到位。7月底前,对接枫桥镇完成10项创新村民自治机制的梳理工作,并着手试点。8月底前,出台阳光村务工程文件。

2. 认真贯彻落实《关于加快推进现代社会组织建设的意见》(浙委办发〔2015〕14号)精神,3月底前,出台关于优化社区社会组织备案工作的相关文件,成体系、成建制、成规模培育发展社会组织,5月底前,完成社区社会组织备案工作。

3. 充分发挥村级乡贤参事会的枢纽作用,引导和鼓励其参与社会治理,不断提升其承接政府转移职能、拓展公共服务能力。8月底前,完成100个村级乡贤示范参事会摸排及备案工作。

责任单位:民政局、农办

(四)深化法治建设,多元载体丰富"三治融合"。积极推进"法润诸暨"三年行动计划,加大法治文化阵地建设力度,深化"民主法治村(社区)"等系列创建,有效构建覆盖城乡、惠及全民的基本公共法律服务体系,努力提升公共法律服务水平。

1. 开展"法律明白人"培育工程。开展"尊法学法守法用法"主题活动,培育一批以村(社区)干部、农村党员为重点的"法治带头人",评选一批"学法示范户",带动一批"守法用法人"。

2. 开展"民主法治村(社区)"亮牌提升工程。7月底前,筛选首批100个已获批的民主法治村(社区)实行"挂牌子、亮身份",在村(社区)显眼位置突出"民主法治村(社区)"标牌,扩大民主法治村(社区)的社会影响力。

3. 开展法治阵地建设工程。着力推进市镇村三级公共法律服务平台建设,完善法治学校、法治宣传栏、法治书架、法治文化点、人民调解室等法治阵地,为基层干部群众获取普惠、均等的法律服务提供场所。

4. 开展智慧法律服务惠民工程。加快实现村(社区)法律顾问"e服务微信群"建设全覆盖,将村(社区)法律顾问"进村入户"服务、"咨询热线"线上服务、"公共法律服务网"网上服务、掌上服务等有机融合,加速构建网络立体化的法律服务模式,扩大法律服务覆盖面,提升法律服务实效。

责任单位:司法局、综治办

(五)树立文明新风,德润人心促进"三治融合"。培育和践行社会主义核心价值观,推进乡风文明建设,进一步弘扬和传承优秀家风,集聚全社会崇德向善的正能量,促进文明和谐社会风尚的形成。

1. 建立完善市、镇(街道)、村(社区)三级道德模范等先进典型的评选体系,开展身边好人、最美人物、道德模范评选活动,做好第五届百名身边的道德模范评选活动,加大对先进典型的宣传力度。

2. 推进"孝德村"创建工程。以"家风家训"、"星级文明家庭"、"四好"先进典型(好媳妇、好婆婆、好邻居、好村嫂)等评选活动为载体,9月底前,完成百个"孝德村"创评工作,弘扬向上向善、孝老爱亲的文明新风。

3. 开展村级道德评议、乡风评议活动。村(社区)全面建立了光荣榜和曝光台,以法律法规、社会公德和村规民约、社区公约为准则,发动村(居)民对不文明现象进行评议,以道德评议和社会舆论的力量革除陋习、淳化民风。

责任单位:文明办、妇联

四、工作要求

(一)加强组织领导。将"三治融合"基层社会治理体系建设工作纳入重要议事日程,落实配套政策,建立由组织部、司法局、农办、综治办、民政局、公共服务中心、妇联、文明办等部门参与的"三治融合"工作联席会议制度,以点带面强力推进100个"三治融合"示范村(社区)建设。

(二)明确工作责任。充分发挥"三治融合"工作联席会议作用,做好组织、指导、协调和监督检查工作。各责任部门要按照本方案进一步细化目标任务,扎实推进各项工作措施,形成解决各自领域实际问题的长效机制,完成目标任务。

(三)强化宣传引导。把宣传引导贯穿于"三治融合"基层社会治理体系建设推广工作的各环节和全过程。通过多途径、多形式,深入宣传"三治融合"建设的重要意义和主要内容,营造良好的舆论氛围。鼓励和支持各种社会力量参与"三治融合"基层社会治理体系建设推广,形成全社会共同关注、共同推进、共享成果的良好局面。

4.2.4 关于印发《诸暨市村级重大事务决策"三上三下三公开"实施细则(试行)》的通知[1]

各镇乡(街道)党(工)委,市级相关部门:

将《诸暨市村级重大事务决策"三上三下三公开"实施细则(试行)》印发给你们,请认真学习并切实贯彻执行。

诸暨市村级重大事务决策"三上三下三公开"实施细则(试行)

第一条 为创新发展新时代"枫桥经验",深化实施"五议两公开"制度,进一步规范村级重大事务决策,推进民主决策、村民自治和村务公开,根据《浙江省村级组织工作规则(试行)》等有关法律法规和政策文件,对村级重大事务决策实行"三上三下三公开"制度,现制定具体实施细则如下。

第二条 "三上三下三公开"是指:"一上一下"收集议题,村两委干部充分征求党员和群众意见,村两委会提出村级重大事务的方案;"二上二下"酝酿方案,村两委会汇总分析党员和群众意见建议,形成修改方案提交党员议事会和村民代表恳谈会酝酿论证,形成共识;"三上三下"审议决策,将经过村两委会酝酿完善后的方案,提交全体党员大会审议、村民(代表)会议审议表决,并组织实施;将表决结果、实施方案、测评情况"三公开"。

第三条 凡与村民切身利益相关的村级重大事项,原则上应当按照"三上三下三公开"制度规定的程序进行决议。村级重大事项主要包括:

(一)村经济和社会发展规划及年度计划,村庄建设规划;

(二)村民自治章程、村规民约等的修订;

---

[1] 中共诸暨市委组织部:《关于印发〈诸暨市村级重大事务决策"三上三下三公开"实施细则(试行)〉的通知》,2020年9月30日印发,诸组通〔2020〕26号文件。

（三）村级财务预决算,10万元以上村级项目的立项、承包、招投标方案,集体经济增收方案,集体经济大额资金(5万元以上)的使用,集体举债,集体资产处置,村级收益分配,股份合作制改革等；

（四）兴修道路、桥梁、水利等村公益事业的"一事一议"筹资筹劳方案以及建设承包方案；

（五）村集体土地、房屋、林地等重大集体资产的承包和租赁,宅基地的安排和使用,征用、征收土地各项补偿费的分配和使用；

（六）失地农民养老保险、农村低保、新型农村合作医疗、村级关爱基金等政策和制度的落实；

（七）涉及公共安全和环境保护等重大事宜；

（八）涉及村集体和村民利益的其他重大事项。

《浙江省村经济合作社组织条例》等法律法规对上述事项讨论决定另有规定的,依照其规定执行。

第四条 "一上一下"收集议题。村两委干部深入走访党员和群众收集议题,并通过上门走访征求对村级重大事务的合理化意见。对党员和群众提出的意见建议,村党组织应当及时进行登记。

第五条 "二上二下"酝酿方案。村党组织根据党员群众建议,结合村两委会年度工作计划和干事承诺,确定提议事项,并对照村两委班子成员的具体分工确定承办人,由其拟定具体提议方案。承办人拟定提议方案后,村党组织召开党员议事会、村民代表民主恳谈会,对拟定的方案进行研究讨论,完善后形成提议意见。

第六条 "三上三下"审议决策。村党组织书记召集召开民情分析会议,组织村两委班子成员对村级重大事务进行讨论。方案讨论通过后提交党员会议审议,经村民(代表)会议表决通过后组织实施。

（一）党员大会审议。民情分析会议形成的意见,提交党员大会进行审议。

党员大会由村党组织书记主持,半数以上有表决权的党员参加方可开会。在党员大会上,通报村务联席会议意见,在党员充分发表意见建议后,采取无记名投票或者举手的形式进行表决,经应到会有表决权党员半数以上同意,形成审议意见。根据党员大会提出的意见建议,进行必要的修改、补充和完善。

（二）村民（代表）会议决议。党员大会审议通过后,在村党组织领导下,召开村民（代表）会议,讨论表决审议事项,村务监督委员会成员列席会议。村民（代表）会议由村民委员会召集,召开村民会议应当有本村十八周岁以上村民的过半数或者三分之二以上的户的代表参加;村民代表会议应当有三分之二以上的组成人员参加,村民委员会主任主持会议,指定专人向会议通报决议事项。村民（代表）会议按照少数服从多数的原则,采取无记名投票或举手的方式进行表决,所作决定应当经到会人员的过半数同意。村民（代表）会议表决未能通过的事项,待完善方案后,经村党组织审查同意,可重新提交村民（代表）会议决议。

第七条　表决实施评价"三公开"。

（一）表决结果公开。村民（代表）会议表决通过的决议,由村务监督委员会审核后在"三务"公开栏公布,同时还可采取短信、广播及村情简报等形式发布情况。

（二）实施方案公开。党员大会、村民（代表）会议、村务监督委员会等组织应当发挥监督作用,对实施方案进行检查,实施情况由村民委员会及时进行公开。公开的形式和要求参照 表决结果公开执行。

（三）测评情况公开。召开党员大会、村民（代表）会议对完成的村级重大事务进行测评,测评情况由村民委员会及时进行公开。

第八条　强化民主监督。村务监督委员会应当对"三上三下三公开"决策程序、表决结果、实施情况等情况进行监督,纠正和杜绝违法违纪的决议,确保决策科学。

第九条　加强考核管理。镇乡(街道)党(工)委对"三上三下三公开"制度实施给予指导、帮助和支持,未经"三上三下三公开"制度进行决策的事项,镇乡(街道)和有关部门不予审批,所涉及项目的资金不予拨付。将"三上三下三公开"制度执行情况纳入基层党建和村干部考核评价内容,实行每月绩效考核。

第十条　本细则由村(社区)党组织和村(居)民委员会具体组织实施,镇乡(街道)党(工)委负责监督执行。自发文之日起试行。

4.2.5　山下湖镇枫江村的村民自治制度[1]

枫江村"信誉银行"积分管理实施方案

为创新乡村治理模式,完善乡村治理机制。为更好的从能人治村转变为制度治村,激励村民自觉参与公共治理,促进乡村建设发展,经枫江村两委会讨论,决定在枫江村实施乡村治理"信誉银行"积分管理办法。

一、指导思想

在山下湖镇党委政府的领导下,以"枫桥经验、网格化管理"工作精神为指导,弘扬德治、善治优良传统,营造"村为每户、每户为村,我为人人、人人为我"的乡村治理氛围,创新乡村治理模式,开创乡村治理新局面。

二、组织领导

村成立"信誉银行"积分管理领导小组,由村党总支书记陈惠飞同志任组长,村委会主任何铁军同志任副组长,村两委会成员任组员,领导小组按实施方案和评定细则具体负责本方案的工作落实。

三、实施办法

(一)评定项目及分工。枫江村"信誉银行"积分管理项目共分五大类、十五小项,具体分工如下:1. 中心工作、项目招引、学习强国由陈惠飞同志负责评

---

[1] 该部分内容根据枫江村党支部书记陈惠飞提供的资料整理。

定;2. 产业引领、日常管理由何铁军同志负责评定;3. 组织生活、环境卫生由郑灿苗同志负责评定;4. 作用发挥、遵纪守法由马少军同志负责评定;5. 助力建设、志愿服务由楼信忠同志负责评定;6. 献言献策、荣誉获得由何官斌、陈军、陈亚军同志负责评定;7. 移风易俗、小镇巧妇由何鸽飞同志负责评定。

（二）评定细则按照《枫江村"信誉银行"积分管理评定细则》实施。

（三）评定时间每月最后一周星期二。领导小组成员集体办公,按评定分工提出加扣分方案,经讨论同意后实施评定。

（四）公示时间当月评定完成后,于不迟于次月的第三天予以公示,接受广大村民的监督,以营造"比、学、赶、帮、超""从我做起、从身边小事做起"的良性治理氛围。

"信誉银行"积分管理办法

一、背景

为创新乡村治理形式,完善乡村治理机制,激励村民自觉参与公共治理,推进乡村治理体系现代化,促进乡村建设发展,经枫江村两委会讨论决定成立"枫江村信誉银行",为更好管理"银行",保障"银行"顺利运行,特制定本管理办法。

二、参加对象

枫江村全体村民,以户为单位实施积分制。

三、考核人员

枫江村两委班子成员、网格员、村民代表、党员、群众代表。

四、积分办法

每户原始积分为100分,在此基础上进行加扣分。

（一）党建引领

1. 组织生活。党员每参加一次支部主题党日活动加0.5分,每户最高得分不超过6分。户内有多名党员的按平均分折算。2.学习强国。党员学习强国积分每积2 000分,加1分。户内有多名党员的按平均分折算。3.日常管理,在日常量化考评办法中扣分的党员,视情况扣0.5—1分。4.作用发挥。充分发挥先锋模范作用,对村建设有突出贡献的党员,由支部讨论加分。

(二) 村庄发展

5. 项目招引。每引进一只50万—500万元镇村项目的,加1分;每引进一只500万—1 000万元镇村项目的,加分3分;每引进一只1 000万—10 000万元以上镇村项目的,加分5分;每引进一只亿元以上项目的,加分10分。多名村民共同引进的,平均后加分。6. 产业引领。村民作为主要股东(占股在50%以上)的珍珠产业企业或个体工商户,年交易金额为300万—500万元的,加分0.5分;年交易金额为500万—1 000万元的,加分1分;年交易金额在1 000万元以上的,加2分。村民引进或自建民宿项目的,每引进或自建一只,加4分,多名村民共同自建或引进的,平均后加分。7. 助力建设。在各级慈善捐款活动中,每捐助1万元,加1分,每年度最高不得超过5分。8. 建言献策。村民积极建言献策并被镇村两级采纳和实施的,每条加1分。

(三) 规矩规范

9. 遵纪守法。受责令停产停业以上的行政处罚的(责令停产停业;暂扣或者吊销许可证、暂扣或者吊销执照;行政拘留),扣10分。刑事犯罪的,扣30分。政策处理中趁机抬价、乘人之危、拒不配合的,扣5分。被市镇点名通报的,扣5分。到镇非法信访或教唆他人进行非法信访的,扣5分;到诸暨市非法信访或教唆他人进行非法信访的,扣10分;到绍兴市非法信访或教唆他人进行非法信访的,扣15分;到浙江省或中央非法信访或教唆他人进行非法信访的,扣30分。

(四) 文明实践

10. 移风易俗。每简办红白事一场,加1分;违反《枫江村移风易俗承诺书》,大操大办的,扣2分。被评选为"道德模范""身边好人""文明家庭""好婆媳"等文明创建称号的,加2分。11. 志愿服务。参加镇级(含镇)以上志愿组织的,加2分;参加村级志愿组织(包括但不限于宣传队、演唱队、篮球队、军乐队、腰鼓队等文化队伍)的,加1分;每参加一次志愿服务活动(包括但不限于义务参与枫江学堂活动、宣传活动、演出活动、篮球赛等文化活动),加0.5分。

(五)村级事务

12. 环境卫生。违反美丽庭院、门前三包、长效保洁、垃圾分类等规定,使村被镇通报批评的,扣1分;使村或者镇被市级以上单位通报批评的,扣2分。

13. 中心工作。配合镇村中心工作,在政策处理中主动退让的、帮助镇村干部,成功化解矛盾纠纷的、帮助镇村干部成功解决信访问题的,视情况加1—5分。

14. 小镇巧妇。被评为一星级小镇巧妇的,加2分;被评为二星级小镇巧妇的,加5分;被评为三星级小镇巧妇的,加8分。15. 荣誉获得。获得镇级各类先进荣誉的,加5分;获得市级各类先进荣誉,加10分;获得省级以上荣誉的,加20分。

五、考评方式

(一)个人申请,两委审核。本管理办法中,条款2、6、11,可采用个人提出申请,两委审核的方式进行考评。

(二)两委考评,群众监督。本管理办法中,条款1、3、4、5、7、8、9、10、12、13、14、15,采用两委会主动考评,群众监督的方式进行考评。

(三)同时符合数条加分款的,不得重复加分,可按最高分加分;同时符合数条扣分条款的,可重复扣分。

六、结果运用

(一)公示。一季度一汇总一公示。在村部大屏幕、公示栏进行公示。

(二)实物奖励。年底结算积分,3%户为一等奖,每年每户奖200元左右的用品;5%户为二等奖,每年每户奖100元左右的用品;10%户为三等奖,每年每户奖励50元左右的用品。

(三)精神激励。年底结算积分,2%户可获"枫江好村户"的称号。

（四）其他奖励。凡获得或曾获得过"枫江好村户"称号的,村干部为其房屋拆翻建提供便利,一户仅可申请一次;户内村民符合条件的优先发展党员、优先推荐市镇两级人大代表、党代表以及市级政协委员。

4.2.6　枫源村村规民约[1]

枫源村为推进法治建设,促进经济发展,建设富强民主、文明和谐的社会主义新农村,形成优良村风,还订立了如下村规民约。

一、自律守法规:不损坏公共设施,不占集体财物,不拖欠集体款项,不染指劳动果实。

二、自觉倡和睦:不虐待老人儿童,不伤害夫妻感情,不辱骂邻里村民,不拒绝守望相助。

三、自重爱家园:不乱丢乱倒垃圾,不乱搭乱建乱葬,不焚烧秸秆杂物,不阻碍道路通行。

四、自爱护山水:不乱砍滥伐林木,不乱排生活污水,不损害绿化堤防,不散养家禽家畜。

五、自治享和谐:不造谣传谣滋事,不参加迷信活动,不滋生消防隐患,不参与越级信访。

又订立了村规民约实施细则28条:

第一章　总　则

第一条　为全面深化法治建设,培养村民法治素养,倡导用法治方式解决农村治理中的实际问题,促进乡风文明、家园和美、自治有序,根据《中华人民共和国村民委员会组织法》和有关法律法规,经广泛征求意见,村民会议表决通过,制定本村规民约。

---

[1] 诸暨市乡村志编纂编委会编:《诸暨市乡村志:枫源村志》,第213—215页。

第二条　全体村民应当遵守本村规民约。党员干部要带头遵守,率先垂范。居住在本村的外来人员,也应遵守本村规民约。

第二章　乡风文明

第三条　遵循相互尊重、尊老爱幼、邻里和睦的原则,倡导谦和礼让,树立文明新风。

第四条　父母应尽抚养义务,确保学有所教。子女应尽赡养义务,确保老有所养,病有所医。不遗弃不虐待家庭成员。

第五条　夫妻恩爱,相濡以沫,相敬如宾,共同承担家庭事务,反对家庭暴力。

第六条　恪守社会公德,不造谣,不传谣,不捏造事实,不诽谤、辱骂他人。杜绝暴力,不打架闹事。不偷盗他人的林木、果蔬、水产、畜禽。

第七条　维护集体利益,不侵占国家、村集体的财物,不无故拖欠山林、水面、土地、房产等集体承包款、租金。

第八条　爱护公共设施,不损坏电排、沟渠、水闸等水利设施,不损坏农电设施,不私拉乱接公用电源。不得擅自侵占公共区域,不乱堆沙石、杂物,不乱停放车辆,不影响他人通行、通风、采光。

第九条　对违反本章内容的村民,应及时予以批评教育。拒不改正的,在村务公开栏黑榜公布,取消当年入党资格。情节严重的,报告相关部门处理。

第三章　美丽家园

第十条　积极配合参与"五水共治""五气共治""三改一拆"活动,倡导科学环保的新生活方式,共同建设美丽乡村。

第十一条　维护村容整洁,做好包卫生、包绿化、包秩序"门前三包"。垃圾定点投放到垃圾桶,严禁向河道、沟渠、池塘等倾倒垃圾,严禁乱丢病(死)动物,不在公共绿化带种植蔬菜,不在公共区域乱堆柴草、杂物。

第十二条　增强环保意识。不焚烧农作物秸秆,不焚烧垃圾杂物,不散养家禽家畜,不毒鱼、炸鱼、电鱼,不随意排放污水,严禁一切污染饮用水源的行为。

第十三条　保护青山绿水,不滥伐林木、毛竹,不破坏古树名木,珍惜农田、山林、江河等资源,共建共享枫桥古镇。

第十四条　每年底,以村级网格为单位,推荐评选美丽庭院,并进行表彰公布。网格员开展日常检查,对违反本章内容的行为,在村务公开栏以照片形式实时曝光。情节严重的,及时报相关部门处理。

第四章　民主自治

第十五条　积极参与村级民主管理,珍惜自身权利,支持本村公益事业发展和公共设施建设。

第十六条　遵守村级组织换届选举纪律,自觉抵制拉票贿选等违法违纪行为,不搞宗族势力和派性斗争,不搞拉帮结派,不以个人关系亲疏、感情好恶、利益轻重为标准进行推荐和选举。

第十七条　坚持公平公正,定期公开村务,重大事项公开透明,执行三上三下议事程序,重要决策内容由法律顾问审备。

第十八条　平时工作不负责、年终考评不合格、影响村集体利益或涉及违纪违法的村级组织成员,应主动辞去职务。

第十九条　对长期外出不能正常履职的村民,不宜确定为村级组织成员候选人。

第五章　平安建设

第二十条　学习法律知识,做好平安宣传,远离"黄赌毒",不参加邪教组织,不参与传销活动。

第二十一条　积极配合和参与社会治理"一张网"工程,严防安全生产事故,不使用、不出租"三合一"场所,发现问题隐患及时向网格员或村干部报告。

第二十二条　严禁未批先建、少批多建、乱搭乱建。严禁违法用地、违法开采、违法取土、违法挖沙、轧沙、违法殡葬。

第二十三条　积极建设平安村庄,认真参与群防群治活动,矛盾纠纷应协商解决,做到小事不出村。

第二十四条　坚持依法维权,理性表达诉求。严禁无理信访、越级信访、集体上访、非访闹访,严禁唆使、组织、煽动他人信访。

第二十五条　发生安全生产事故的村民,取消入党资格5年,不宜作为村级各类组织候选人;发生四违管理行为的,暂缓宅基地、拆翻建等住房审批2年以上,取消村级各类组织候选人资格,党员列为警示党员。发生越级信访、非访的,取消当年集体收益分配,暂缓宅基地、拆翻建等住房审批2年以上,取消入党资格5年,取消村级各类组织候选人资格,已当选村级各类组织成员的应主动辞职。违反本实施细则的,一经查实,给予批评教育,如果造成损害的承担相应的经济赔偿责任;拒不赔偿的在集体收益分配时扣除;情节严重的,由村委会提请相关执法单位依法处理。

第六章　附　　则

第二十六条　本村规民约由网格员负责日常监督、上报,由村两委会具体负责实施。

第二十七条　本村规民约自村民会议通过之日起施行,每年修订一次。如须修改,由村两委会提议,组织村民代表共同修改,并经村民会议表决通过。

第二十八条　本村规民约由村党组织和村民委员会负责解释。

4.3　行政村规模调整工作的特色做法

4.3.1　组织工作情况:第13期[1]

安华镇切实抓好新村融合工作。一、统筹规划,实现新村地域融合。积极

---

[1] 中共诸暨市委组织部:《组织工作情况:第13期》,2007年9月18日印发。

引导新村领导班子树立"一盘棋"思想,认真梳理原村班子提出的实事工程和承诺事项,使各项建设自觉服从新村发展的需要。重新修订完善了原村的规划布局,避免重复建设和投资浪费,使新村抱成一个团、形成一个整体,消除原村的"村界"。二、多管齐下,实现新村资产融合。从8月份开始,集中2个月时间,对全镇17个新村进行集体资产完全融合,目前,15个新村实现了资产的完全融合,其余2个村将在月底前完成。同时,着手规范新村资产的经营和财务管理,进一步完善村账镇代理制、村级费用定项限额制、村级重大项目评审制和招投标制、村务财务公开制及村级财务审计制等涉及村集体资产经营管理方面的制度,确保集体资产运行的安全、规范、高效。三、实事推动,实现新村工作融合。结合新农村建设,抓紧实施了一批群众看得见、摸得着又迫切须解决的实事,提高群众对新村工作的认可度。同时,对原村工作计划进行了一次集中梳理,能够办理的尽快办理;对群众提出的一些暂时无法实现或过高的要求,针对性地做好深入细致的沟通解释工作,减少新村运行中的各种摩擦,妥善处理历史遗留问题,解决部分村民关注的热点、难点问题。

浬浦镇"四个一"活动加强村级班子建设。一、搞好一次干部培训。针对行政村规模调整后的新形势,围绕新农村建设主题,举办了村主职干部培训班,进一步增强新村干部的业务能力、民主意识和决策水平。二、开展一次走访活动。结合"作风建设年"活动,镇党政领导班子成员带头对重点村、问题村的党员干部、村民代表和困难群众等进行了以见一次面、谈一次心、听一次意见、联络一次感情为主要内容的走访活动。各村主职干部带领村级班子成员也开展了走访。三、进行一次廉政谈话。推行村干部廉洁从政公开承诺制度,由镇党政联系领导和驻村干部牵头,围绕党风廉政建设、村级规范化运作和新农村建设等对村级班子成员开展了一次谈心谈话活动,进一步教育和引导村级班子把思想和精力集中到干事创业、加快融合、促进发展上。四、谋划一次发展思路。在新村班子中部署开展了"调研出思路,实干促发展"活动,全镇13个行政村对照新农村建设的有关政策和要求,排定村道硬化、环境整治、基地建设等惠民实事和经济发展项目53件,总投资达1300多万元,新村干部"想干事、肯干事、干成事"的氛围逐步形成。

同山镇采取五项举措完善新村运行机制。一、以学明责。制定每周学习专题,进一步提高驻村干部指导村级班子建设、服务新农村的能力,认真履行自身的职责。结合"七一"党建活动,组织镇党政班子成员、驻村干部为农村党员上党课,使全体党员接受了一次党性教育。二、以考增力。在驻村工作一句话日汇报制基础上,进一步深化完善考核制度,相应推出了"周评、月议、季考、年比"制度,强化驻村工作力量。三、以诺抓绩。围绕镇党委重点工作,结合各村实际,全面推行村级班子创业承诺和实绩公示制度,并在年初以党委文件形式发文公布,使村级班子的承诺具体化、合理化和可行化,也便于群众监督。四、以评促效。对村级班子的建设现状进行分析摸排,对其团结状况、实绩状况、廉洁状况展开动态评估和分类,并落实相应措施,重点抓好三类班子和二类班子的整转,确保村级班子高效运转。五、以联强建。以"村企结对"为载体,建立村企联络员制度,落实联合开发经济项目,鼓励企业积极支持农村公益事业建设,加大新农村建设力度。

街亭镇扎实推进新村融合和发展。一、开展清账理财活动,确保新村稳定发展。在去年底实现14个新村集体资产完全融合基础上,今年初各村调整充实了清账理财小组,对新村财务进行了一次全面清理和盘点,特别是对重点、难点问题进行了一次认真、彻底的梳理解决。同时,进一步强化财务监管,实行民主理财,还干部以清白,给群众以明白,有力地确保了新村今后的稳定和发展。二、组织"十佳"实事工程评比,增强村级班子干劲。根据年初制定的行政村目标管理责任制考核办法,紧紧围绕新农村建设的有关要求,创设载体,以工程投资额度和工程取得的社会综合效果为衡量标准,组织开展村级"十佳"实事工程评比活动。对优胜村适当给予资金补助,积极引导新村干部增强团结干事意识,调动各方面力量,以新村的发展和繁荣为目标,切实为民办实事、办好事。三、实行轮流值班和定期集中办公制,强化村干部责任性。制定并实施《村干部轮流值班制和定期集中办公制度》,上墙公布村主职干部和驻村干部联系电话,既方便群众办事,又以集中议事、集体审批的方式,实现村级民主管理。同时,镇党委加强督查和考核,督查结果与镇村干部的岗位目标责任制考核直接挂钩。对制度落实不到位、工作运行不规范、办事效率低下或群众意见较大的村,以《督查情况通报》的形式在全镇公开通报批评,并下发《整改通知书》限期整改落实。四、推行"村企结对"共建新农村,增添新村发展动力。积极组织开展"村企结对"活动,被结对村在工作上立足积极主动,广泛征求结对企业的意见建议,共同商讨制定新农村建设的阶段性工作计划和目标。如,花厅村在结对企业的大力支持下,投资120万元对毛家坞水库进行扩容清淤,切实解决群众的饮用水问题,并积极争创绍兴市级新农村建设示范村;长塘村与结对企业共同努力,投资380万元开展了村级公共服务中心建设等。通过"村企结对"活动,有力地推动了各项村级实事工程,加快了新农村建设进程。

4.3.2 组织工作情况:第35期[1]

枫桥镇进一步加强驻村工作指导员管理工作。为切实转变机关干部工作作风,加强行政村规模调整后农村基层组织建设,枫桥镇出台实施了一系列制度规范,进一步加强对驻村工作指导员的考核管理。一是工作在村制度。要求驻村工作指导员每周3天在村办公,2天在协作站办公。主要做好村情民意调研、政策法规宣传、富民强村服务、矛盾纠纷化解、组织建设督导等工作。二是工作例会制度。各协作站每周一召开驻村工作指导员工作例会,镇驻村工作指导中心每月召开一次驻村工作牵头人或驻村工作指导员会议,每年召开一次驻

---

[1] 中共诸暨市委组织部:《组织工作情况:第35期》,2006年10月25日印发。

村工作经验交流或工作总结会议,听取每一位驻村工作指导员的工作汇报,全面掌握工作动态,及时研究解决工作中遇到的困难和问题。三是考勤请假制度。建立驻村工作指导员考勤登记簿,按照镇机关作息时间做好对驻村工作指导员的考勤工作,详细记录每位驻村工作指导员的出勤和缺勤情况,并严格执行请销假制度。四是信息报送制度。每位驻村工作指导员及时向镇驻村工作指导中心上报信息,内容包括工作中遇到的新情况、新问题以及采取的措施和取得的经验。五是考核奖惩制度。对驻村工作情况进行定期不定期检查,检查情况纳入驻村工作指导员工作绩效考核,考核结果与奖金挂钩,并作为机关干部提拔使用和评比先进的重要依据。对违反纪律的进行批评教育,对情节严重、造成不良影响的,给予严肃处理,并在全镇通报。

江藻镇着力推进行政村规模调整后新村工作顺畅运行。江藻镇采取了"四个一"和"五个抓"措施,确保行政村规模调整后新村工作顺畅运行。具体措施为:"四个一",即开展一次深入的交心谈心,通过召开座谈会、民主生活会等形式,增进新村负责人与原各村主职干部之间的相互了解和沟通;进行一次广泛的意见征求,重点听取党员、村民代表、老干部和有威信的群众等对新村规划布局、经济发展的建议;组织一次系统的调查研究,针对群众普遍关注的热点、焦点问题和新村急需解决的事项,进行综合分析,提出对策措施;召开一次班子会议,明确职责分工,建立民主议事规则等。"五个抓",即抓汇报,要求各管理处和农经站及时汇报各村工作运行情况和资产融合进度;抓建章,各职能办负责制订相关的议事、决策、监督、集中办公、轮流值班等规章制度;抓培训,对新上任的村干部进行土地管理、村镇规划、计划生育等业务知识培训;抓指导,进一步明确各管理处、各线及各驻村工作指导员的工作职责和目标任务;抓督查,组织专门力量,对新村班子运作、工作开展等情况进行督查,并及时反馈,落实整改措施。目前,新村干部共走访农户1 100余户,走访慰问困难党员和困难群众30余人。全镇13个行政村结合自身实际,相继制订了任期目标,重点落实了自来水安装、村道硬化、路灯安装、门球场建设、河道清淤等113件实事项目,预计投资达950万元。

暨阳街道健全完善驻村工作机制。针对行政村规模调整后行政村数量减少、规模扩大等现实情况,暨阳街道进一步完善驻村工作机制,推动驻村工作有序开展。一是实行专职驻村。每个行政村确定1名机关干部担任专职驻村工作指导员,对个别人口规模特别大或工作任务特别重的村选派2名。驻村工作指导员统一由驻村工作指导中心管理,驻村工作指导员办公室设在村部,要求每周在村办公时间不少于3天。二是明确工作职责。按照街道制定的驻村"359"工作法要求,认真履行职责。具体包括:围绕新农村建设要求和街道工作大局,积极探索充分发挥自身作用的方法和途径,指导所驻村理清发展思路,搞好村级规划,发展村级经济;建立完善村级组织各项规章制度,协调村级班子内部关系,增强村级班子工作合力;深入实施"惠民工程",开展走访农户活动,建立村民需求档案;指导开展农村党员干部现代远程教育和农民素质培训。三是强化驻村管理。建立督查考核机制,定期不定期地对驻村工作情况进行检查;落实驻村专项补贴,关心驻村工作指导员的工作生活;实行驻村工作与村工作捆绑考核,年底在所驻村进行述职评议,接受群众监督;建立健全驻村工作指导员例会制度,加强交流沟通,及时研究解决驻村工作中碰到的难题。

直埠镇抓好行政村规模调整后新村干部培训工作。为使新村两委班子早日进入角色,保证各项工作顺利开展,直埠镇从三方面入手,抓实抓好新村两委干部的培训教育工作。一是培训内容上突出"全"字。针对当前农村工作的实际,邀请有关部门领导和专家,围绕新农村建设、土地管理、人口与计划生育、党风廉政建设、劳动用工管理、社会治安综合治理等方面内容,对新村干部进行了集中专题培训。二是培训形式上突出"活"字。组织全体新村主职干部开展以"我心目中的新农村"为主题的讨论活动,交流各自对新农村建设的看法,并结合各村实际情况,提出近期工作打算。同时,还组织新村干部参观学习了镇级

"新农村建设示范基地"和"效益农业示范基地"。三是培训纪律上突出"严"字。培训实行签到制,参加培训村干部若在培训中有事外出必须向镇党委副书记请假。同时,实行挂钩考核,村干部参加培训的情况与驻村工作指导员的月考和村干部岗位目标责任制考核挂钩。

街亭镇健全机制推进镇村两级高效运行。针对行政村规模调整后出现的一些新情况、新问题,街亭镇坚持以人为本,积极完善机关工作运行机制,确保镇村两级各项工作高效顺畅开展。一、完善驻村工作制度,实行专职驻村。根据本镇实际情况,对镇内设机构和机关干部进行了适当调整,抽调了17名同志担任专职驻村工作指导员,与线上工作全面脱钩,要求他们工作在村、办公在村。同时,出台《关于建立驻村干部制度的实施意见》,明确规定驻村工作指导员的19条工作职责。二、健全机关运行机制,提高服务效率。制订完善《机关干部岗位目标责任制考核办法》《党政班子成员"五个一"联系制度》《办公室人员联系驻村指导工作组制度》等一系列工作制度,进一步规范工作纪律,明确工作职责,提高工作效率。同时,整合现有办公室资源,把窗口办公室全部调整到一楼,实行一站式服务,方便群众办事。三、着力打造和谐机关,强化人本管理。参照富润控股集团《思想政治工作六十条》经验,制订机关干部思想政治工作细则,强化人本管理。每位机关干部生日时,送上一份贺礼;党员入党纪念日送上一份党日贺卡;每年底,对干部家属发送一封感谢信;对困难干部家庭及时送上一份救助金,以此来增强机关干部的凝聚力,着力打造和谐机关。

马剑镇把好"三个环节"做好行政村规模调整后续工作。为切实抓好行政村规模调整后的各项工作,使新村班子尽快进入角色,马剑镇把好"三个环节",确保村级工作顺畅运行。一是把好"思想统一"环节。要求驻村工作指导员办公在村,多与新村干部交流沟通,及时关注、掌握他们的思想动态;要求新村班子成员主动走访党员群众,认真倾听意见建议,及时掌握村情民意,尽快取得村民的认同与信任,把干部群众的思想统一到新村的发展中去。二是把好"教育培训"环节。认真做好新村干部的上岗培训工作,邀请有关部门领导给新村干部授课,组织学习有关法律法规,切实提高村干部整体素质,使新村干部尽快熟悉农村工作,扎实推进村级基层组织建设。三是把好"制度建设"环节。对原有的各类制度、办法进行清理并统一规范,完善出台了《村集中办公制度》《村级议(决)事制度》《村财务管理制度》《便民服务制度》等多项适应新村实际的制度,规范村级事务决策程序,确保新村各项工作顺畅开展。

4.3.3　诸暨市行政村规模调整工作简报:第12期[1]

关于召开村民会议或村民代表会议讨论通过调整方案有关问题的建议意见

为确保村民会议或村民代表会议顺利和合法召开,市行政村规模调整办公室拟订通过调整方案有关问题的建议意见:

一、村民代表会议的主要议程

村民会议或村民代表会议原则上由原行政村党支部书记主持,其主要议程:

(一)宣读镇乡人民政府(街道办事处)提出的关于行政村规模调整方案(一般由镇乡[街道]联村干部或驻村指导员宣读)。

(二)镇乡(街道)领导讲话。重点讲一下调整背景、目的意义、调整理由及对村民或村民代表的希望和要求。

(三)讨论通过调整方案。

二、对召开村民会议或村民代表会议的几点建议

(一)手续要规范

1. 会前必须通知到每一位村民或村民代表(包括外出人员);

2. 村民会议或村民代表会议召开的过程要做好记录(包括会议的议程,讨

---

[1] 市行政村规模调整工作领导小组办公室:《诸暨市行政村规模调整工作简报:第12期》,2006年9月4日印发。

论通过的形成决议等);

3. 村民或村民代表对讨论通过的决议要签名,坚决杜绝代签,确保法律的严肃性;

4. 讨论通过后形成的决议要在村务公开栏中予以公布;

5. 整理归档。

(二)方法要讲究

在通过调整方案前,应有一个座谈、走访、征求意见的过程,酝酿成熟后方可召开村民会议或村民代表会议,尤其是在会议记录中要有明确记载。实际讨论、征求意见的过程既要充分予以体现,又要把握适时适度,妥善过渡进入表决程序。

(三)主题要突出

1. 村民会议或村民代表会议的主题就是讨论通过调整方案。

2. 调整方案在提交村民会议或村民代表会议讨论前,应广泛听取意见,形成共识,基本拟定新村村名、办公地点,并在宣读镇乡(街道)调整方案时一并予以宣读,待村民或村民代表讨论后表决。

请各镇乡、街道对有关方案作进一步完善,并结合各自实际拟订切实可行的召开村民会议或村民代表会议的操作流程。

4.3.4 诸暨市行政村规模调整工作简报:第5期[1]

张仲灿同志在全市行政村规模调整动员大会上的讲话(摘要)

一、要高度统一思想,高度集中精神,高度集中力量,切实把行政村规模调整工作作为当前阶段性的中心工作抓紧抓实抓好

1. 推进行政村规模调整,是大势所趋,势在必行。①为什么要开展行政村

---

[1] 市行政村规模调整工作领导小组办公室:《诸暨市行政村规模调整工作简报:第5期》,2006年9月1日发布印发。

规模调整这项工作？推进行政村规模调整这项工作,既有上级的要求,又有来自周边县市的压力。我市许多工作走在绍兴市乃至全省的前列,但行政村规模调整工作相对滞后。绍兴市6个县(市、区)中已有4个完成了调整,全省许多强县市也完成了调整。行政村规模调整这场硬仗迟早都要打下来,回避不得。全市各级各部门必须从讲政治、讲大局的高度,对行政村规模调整工作的重要性、紧迫性有一个清醒的认识和把握。②为什么要选择今年9月份这个时间段来开展这项工作？从市里角度看,行政村规模调整工作有两个时间段可供选择,一个是今年下半年,另一个是明年上半年。如果选择在明年上半年,虽然有较宽裕的时间,可以平稳地开展,有利于稳定,但从发展的角度来看,有可能会迟缓半年时间的发展。选择在今年下半年,虽然时间比较紧,各方面的任务重,也有一定的风险,但驾驭得当,可尽早"收心",理顺关系,赢得更多的发展时间,赢得工作主动权。对诸暨的发展来说,时间就是金钱,特别是要实现"力争到2010年,综合实力进入全国最发达县市二十强"的目标,尤其需要我们挤出时间来抓发展。两个时间段相比,选择在今年下半年对诸暨的发展大局更为有利。从今年下半年的工作安排来分析,10月份要开展市镇(乡)两级人大换届选举试点工作,11月份要召开镇乡党代会,12月份要召开市党代会,年内1月份要召开镇乡人代会,年内2月份要召开市人代会。所以,市委、市政府从事关诸暨全局、长远发展的角度考虑,经过广泛听取意见、反复考虑、慎重权衡后,认为宜早不宜迟,在9月份展开比较妥当。

2. 推进行政村规模调整,是件难事,必须知难而进、迎难而上。①涉及利益的调整。行政村规模调整过程中,最难的是利益问题,涉及千家万户和方方面面,既有村干部的利益,又有广大村民的利益,既有近期利益,又有长远利益,稍有不慎,就有可能激化矛盾,甚至引发群体性事件。②涉及观念的转变。行政村规模调整将改变长期以来亘古不变的农村传统、空间布局、组织形式,并将深刻地影响农村领导体制、管理体制和农民群众的生产生活方式。有些村民对长久以来形成的宗族、血缘、地域等人文情结和村落文化难以割舍,不愿放弃原有的管理背景甚至流传至今的村名,对新村名一时还难以接受,要在这么短的时间内转变观念有难度。③涉及各个层面思想认识的统一。前阶段,我们以多种形式统一市级领导、市级有关部门领导、镇乡(街道)党(工)委书记的思想,动员会后,我们面临着更加深入、更大层面的思想统一问题,既要统一镇乡干部的思想,又要统一广大村干部、村民代表、普通村民等的思想,任务十分艰巨。④面临镇乡(街道)新班子的压力。行政村规模调整工作是镇乡(街道)新班子到位后的第一场硬仗、第一次集中攻坚。镇乡(街道)班子成员刚刚到位,情况不熟悉,缺乏一定的群众基础,有的还缺乏一定的工作经验,难度可想而知。能否把这场硬仗打好,把攻坚战打漂亮,是对镇乡(街道)新班子领导艺术、政策水平、驾驭全局能力的一次全面检阅,也是对班子成员特别是党政"一把手"个人能力建设的一次重大考验,事关党和政府在人民群众中的形象。同时,也要看到我们有良好的人文基础、政治基础、工作基础、群众基础,看到诸多的有利因素和优势,进一步增强工作信心与决心。

总之,开展行政村规模调整,时机成熟,大势所趋,势在必行,现在不是考虑"要不要做"的问题,而是"如何把这件大事、难事做好"的问题。作为一件"大事",我们就要不折不扣地把大事办好;作为一件"难事",我们要在思想上认识其"难",分析困难,了解困难,但决不能畏难、怯难,怕这怕那、瞻前顾后、坐等观望,而是要充分发扬看准了就干、定下了就一抓到底、干就要干好的工作作风,集中时间、集中精力、集中人力、集中资源,精心安排、周密部署,顺势而为、迎难而上、速战速决、一气呵成,确保市委、市政府这项重大决策落到实处。

二、要务实创新,攻坚克难,群策群力,确保行政村规模调整工作积极稳妥、平稳有序、圆满成功

1. 要慎之又慎。这是对思想上的要求。行政村规模调整工作涉及生产结构、局部利益、风俗习惯、群众意愿、干部情绪和基层稳定等一系列问题,具有敏感性、复杂性,工作难度大、政策性强、牵一发而动全身。必须有足够的思想准备,做到既不畏难消极,也不掉以轻心,特别是对方案、政策措施的研究出台要深入酝酿、反复推敲,在具体操作中要十分慎重,做到周全考虑、周密部署、周到组织,确保万无一失。

2. 要细之又细。这是对工作上的要求。①前期工作要细。要高度重视调查研究,既要注重从干部层面了解情况,更要深入到广大村民和有识之士中去听取意见建议,超前研究分析各种可能发生的情况,超前制订各种工作预案,增强工作的超前性、预见性,尽可能把问题想得复杂一些、把措施做得扎实一些。②群众工作要细。要把思想教育做在前,把道理讲在前,把"为什么要抓""抓什么"和"怎么抓"向群众说清楚、讲明白,最大程度争取广大干部群众的理解支持,充分发挥群众的积极性、创造性和内在动力。

3. 要实之又实。这是对作风上的要求。①不能想当然。行政村规模调整事关全市发展稳定大局,切不可等闲视之,必须深下去、沉下去做工作,对每一个步骤、环节都要做到心中有底、胸有成竹,切忌简单化、疏忽大意、"拍脑袋"。②不能打折扣。要按照既定目标扎扎实实开展工作,可以先易后难,但不能回避困难和矛盾,不能求稳怕烦,留下后遗症。特别要抓住行政村规模调整方案、村级集体资产处置、村级组织设置和班子配备、新村命名、村部选址等重点环节,一环紧扣一环去落实,一步一个脚印去推进。③不能走过场。行政村规模调整的第一要务是"并村",但不能只讲究即时效益,停留在形式上的"并村",而要经得起时间和发展的检验,决不能搞成"夹生饭",决不能成为"半拉子"工程。要着力奏好"三步曲"、搞好"两配套"。"三步曲",即第一步,9月底完成行政村规模调整;第二步,到春节前完成市镇(乡)两级党代表、人大代表选举和领导班子换届选举工作;第三步,到2008年底前基本完成村级集体资产的合并。其中,村级集体资产的合并工作要列入镇乡(街道)岗位目标责任制考核内容。"两配套",即市级机关部门要根据行政村调整的实际,抓紧调整相关的工作考核、政策激励、网络构建等配套举措,及时做好新农村建设规划等一系列配套工作;各镇乡(街道)也要根据行政村调整的实际,抓紧研究机关内部运作机制的调整完善,研究出台加强对新行政村和村级班子建设管理的相关配套措施。

4. 要严之又严。这是对纪律上的要求。①要严格依法依规。做到该坚持的原则必须坚持,该到的程序必须到位,该开的会必须开好,对规定动作不能走样,对原则性的问题不能自行其是、擅作主张。②要严明纪律要求。广大干部特别是机关干部要严肃政治纪律、组织纪律、工作纪律,严禁向基层乱打招呼、提各种非分的要求,不能忙中添乱、节外生枝。纪检监察部门要加强监察力度,对违纪违规的人和事要严肃查处,决不姑息,确保思想不散、秩序不乱、平稳推进。各部门各单位要加强对开展行政村规模调整工作的意义、目的、原则、方法措施特别是纪律要求的教育,并作为下星期一集中政治学习的重要内容。

5. 要齐之又齐。这是对合力上的要求。心齐才能业兴。无论多么困难的事,只要我们上下一心、全力以赴,就一定能办好。①市级力量要服务服从于行政村规模调整工作。对基层提出的有利于开展行政村规模调整工作的要求,市委、市政府原则上予以满足。市行政村规模调整工作领导小组要加强领导和督查;市领导要深入到联系镇乡(街道)指导和督查工作,认真履行职责,落实包干制;市行政村规模调整工作领导小组办公室和26个工作指导组和6个职能工作小组要各司其职,加强教育培训,精心指导,积极帮助解决困难和问题。政法、公安、信访等其他职能部门要充分履行职能,密切配合,确保各项工作顺利推进。②镇乡(街道)必须把当前的主要精力、主要力量放在行政村规模调整上。要进一步强化镇乡(街道)的主抓意识和镇乡(街道)党政"一把手"的主职意识,加强领导,狠抓落实,集中精力抓大事、抓难事、抓要事。③要充分发挥行政村的积极作用。村干部、党员、村民代表是新农村建设的主心骨、带头人,也是这次行政村规模调整的主力军。要教育引导广大干部群众树立全局观念、发展观念,识大体,顾大局,积极支持、参与调整工作。

三、要统筹兼顾,抓近谋远,整体推进,努力使行政村规模调整工作调出凝聚力、调出生产力、调出发展新气象

1. 要处理好行政村规模调整与发展稳定的关系。行政村规模调整工作不能为了调整而调整,必须着眼于发展和稳定大局。①要有利于发展。着眼于新农村建设、诸暨的长远发展,整合资源,节约成本,产出更大的经济效益和社会效益。②要有利于稳定。要认真创新落实"枫桥经验",在稳定和谐中推进调整工作,确保少出事,决不能出影响诸暨形象、诸暨发展的大事。

2. 要处理好依法依规与探索创新的关系。依法依规是前提,是基本要求。在这个前提和基本要求下,因镇制宜、因村制宜,具体问题具体分析、具体解决,勇于探索,善于思考,不搞一刀切,创造性开展工作。

3. 要处理好尊重民意与行政推动的关系。行政村规模调整工作是一场涉及农村基层体制的重大变革,它是村民参与村级事务管理决策的自治行为,也是一个村民自己教育自己、自己提升自己的过程,必须充分发挥广大村民的创造性和积极性。同时,要有效发挥市、镇两级政府的行政推动作用,因势利导,采取政策倾斜、资金倾斜、帮扶倾斜等举措,注重用行政的力量来引导民意,用我们干部的行为来影响群众,从群众最迫切和最需要解决的问题入手开展工作,让群众得实惠、看到希望。要积极鼓励和引导"大村带小村、强村扶弱村",促进共同发展,切实并出好处、并出生产力、并出发展新气象。

4. 要处理好调整工作与配套工作的关系。①要迅速理清新村的工作目标和发展思路,切实做好继承和创新的文章,帮助新村迅速进入工作状态,搞好村庄布局规划、村庄建设规划以及相关配套的衔接。②要高度重视舆论宣传。宣传部门要加强整体策划研究,多渠道多形式、大张旗鼓地开展宣传,营造浓厚的舆论氛围。通过造势鼓劲、宣传引导,进一步解疑释惑,凝心聚力。③要统筹考虑下阶段镇乡党代表、人大代表换届选举工作,确保选举工作如期顺利完成。

5. 要处理好调整工作与其他工作的关系。既要突出重点,又要兼顾一般,既要把主要精力放在行政村规模调整工作上,又要统筹考虑安全生产、社会治安、劳动用工、矛盾化解等维稳工作,以及招商引资、技改投入、重点项目建设、企业服务等经济发展工作,确保全面完成年初确定的各项目标任务。

行政村规模调整工作的目标任务已经明确。做好行政村规模调整工作,寄希望于全市广大党员干部,寄希望于在座同志。希望大家一定要从加快推进社会主义新农村建设,促进全市经济社会又快又好、可持续发展的高度,充分认识这次行政村规模调整工作的重要性、紧迫性和艰巨性,积极行动,上下联动,整体推动,确保这项工作平稳有序进行,圆满成功结束。

孟法明同志在全市行政村规模调整动员大会上的讲话(摘要)

这次会议的主要任务是,以科学发展观为指导,认真贯彻落实中央、省和绍兴市有关文件精神,根据市委统一部署,动员全市各级各部门迅速行动起来,积极参与做好行政村规模调整的各项工作,加快推进新农村建设,促进我市经济社会的又快又好发展。

会上,张书记还要作重要讲话。下面,我先讲四个问题:

一、开展行政村规模调整是推进我市经济社会又快又好发展的现实需要,全市上下必须思想统一,行动坚决,全力推进

行政村规模调整,是家庭联产承包责任制后又一场划时代的农村社会变革,是我市农村迈向现代文明的一项基础性工程,也是农村经济社会发展的大势所趋。回顾诸暨历史,早在民国37年(即1948年)当时全县行政村为522个。到新中国成立初期,即1953年建立镇乡人民政府时,全县行政村数从522个调整为1 001个。以后的"互助组""合作社""大包干""四落实"等历史阶段也作过多次调整。到1968年设立人民公社时,全县行政村调整为1 302个,这以后基本保持稳定。到2002年,当时城关镇下辖的金村改为居委会。到2004年,在同山、应店街、浣东等镇乡(街道)开展了行政村规模调整试点,调整到现在的1 248个村。每次调整都是根据生产力发展的需要,展开的由大变小或由小变大的调整,每次调整都曾经促进了当时农村经济社会的快速发展。回顾诸暨行政村规模调整的历史,更是一部以生产关系调整促进生产力发展的历史。特别是当前,开展新一轮行政村规模调整已势在必行。

1. 这是贯彻落实上级精神的具体行动。中央、省和绍兴市对行政村规模调整有明确要求。2004年,中央一号文件提出,要"积极稳妥地调整乡镇建制,有条件的可实行并村"。早在2001年,省委就提出"在经济比较发达和交通便捷的地方,继续加大乡镇、村撤并力度,科学进行镇、村规划,加快中心镇、中心村建设"。同年,省民政厅、省农业厅、省建设厅联合下发了《关于村规模调整工作的指导意见》,明确了行政村规模调整的指导思想、实施原则和主要任务。自省委、省政府在全省开展"千村示范、万村整治"工程以来,明确提出"改造城中村、合并小型村、拆除空心村、缩减自然村和建设农村新社区"的工作要求。今年上半年,绍兴市委书记王永昌来我市调研指导新农村建设时强调,"诸暨有1200多个行政村,数量是比较多的,要研究一下,从实际情况出发,作一些必要的优化调整"。因此说,开展行政村规模调整是贯彻落实上级精神的具体行动。

2. 这是加快推进新农村建设的迫切需要。从我市实际看,新中国成立以来行政区划虽几经调整、几经变更,但行政村区划却相对较为稳定,保持着原来的空间格局,维系着传统的村庄结构,没有发生根本性变化。目前,我市行政村主要存在三大弊端:一是数量多,规模小。全市共有行政村1 248个,只有62个行政村人口在1 500人以上,有418个村人口在500人以下,有24个村人口在200人以下,最小的村仅有58人。行政村规模偏小,提高了行政管理成本,困扰着村两委会人员的配备,影响了基层政权建设。二是分布散,占地多。自然村落形成过程中,农村居住分散问题一直没有得到有效解决。全市1 248个行政村共有自然村3 000多个,农民住房大多以自然村(原生产队)为单位布点,呈现"小、散、乱"的状态,许多村外大内空,导致基础设施滞后功能不全,资源利用率低,重复建设严重。三是不平衡,差距大。因为我市人口基数大、村落多、地域广,区域发展的差异性体现得更为突出。这些现实问题,与新农村建设的要求不相适应,与经济社会发展要求格格不入,制约了村庄规划的实施,制约了块状产业的布局,制约了资源要素的集聚,制约了中心集镇的形成。尽管我市《村庄布局规划》在前年已经制订出台,但由于行政村规模调整没有展开,村庄布局规划一直挂在墙上无法实施;尽管我市中心村战略已经提出,但由于村庄布局散,农村基础设施配套难以合理布局;尽管我市块状产业发展蒸蒸日上,但因村庄布局等原因,难以遍及全市村村落落。开展行政村规模调整,有利于促进人口、资源、土地等生产要素在更大范围内的优化配置;有利于增强中心集镇的集聚和辐射功能;有利于提高村庄规划水平和基础设施的共享度;有利于推进新农村建设,加快推进城乡一体化。

3. 这是应对周边激烈竞争的必由之路。近年来,全国各地特别是江苏、上海、安徽、广东、山东等不少省市对行政村规模进行了大范围的调整。从全省看,慈溪、桐乡、义乌等相当部分县市完成了村规模调整。桐乡市通过调整,全市村个数由 317 个减至 179 个,村平均人口由 1 723 人增至 3 050 人;慈溪市通过调整,村个数由 800 个减至 328 个,村平均人口为 2 685 人。从绍兴市内看,绍兴县、新昌县、上虞市已先行一步。如上虞市,已从原来的 786 个行政村调整为 361 个,减幅为 54%。2004 年,我市在同山镇、应店街镇开展试点,同山镇从 40 个村调整到 16 个,调整幅度为 60%;应店街从 57 个村调整到 30 个村,调整幅度为 47.4%。尽管由于各种原因调整工作仍需进一步完善,但实践证明,通过调整已对当地农村的发展产生了深刻的影响,显示出了非常好的社会效益,并且得到了绝大多数农民群众的认可赞同。在这种背景下,开展行政村规模调整更是有效应对区域间激烈竞争的需要。

4. 这是加强农村基层组织建设的固本之策。近年来,我市基层政权建设明显加强,党在农村的地位不断牢固。但从客观实际看,农村基层组织建设存在许多现实难题,突出表现为:相当部分的村,党员队伍老化,人才大量外流,干部人选渠道狭窄,村干部难选难配;村级集体经济发展缓慢,村干部报酬也难以保证,无人办事、无钱办事的问题较为突出。通过行政村规模调整,可以在更大范围内物色村干部,提高村干部的整体素质;可以充分发挥村域面积扩大后的各种资源优势,拓展村级集体经济发展空间;可以改变现有镇乡(街道)管理人手不济的状况,减少管理层级,提高办事效率;也可以摆脱家族关系的影响,摆脱亲亲眷眷的纠葛,最大限度地实现基层组织的固本强基。

我们不难预料,行政村规模调整的实际成效不可能随着调整的结束而立竿见影,但我们必须立足发展、从长计议,站高一层,想远几步,对事业负责、对发展负责、对未来负责。

二、开展行政村规模调整充满机遇和挑战,全市上下必须抢抓机遇,迎难而上,奋发有为

这是一项机遇与挑战并存、希望与困难同在的大事,必须冷静分析、理性应对。从有利的角度看,已具备五方面良好基础:

1. 有组织基础。前段时间,市委已分别召开书记办公会议、市委常委(扩大)会议,专题研究了行政村规模调整工作,并提出了一系列指导思想、目标措施、方法步骤;市委市政府主要领导身体力行,亲自调研;市四套班子领导开展了广泛的调查研究,听取了方方面面的意见建议;市委办、市政府办、组织部、纪委、民政、农办、档案、信访等部门(单位),对行政村规模调整工作作了深入细致的调查研究,为市委市政府研究决策提供了大量的第一手资料;市里还专门成立了行政村规模调整工作领导小组和工作指导组,为工作开展奠定了强有力的组织保障。

2. 有工作基础。继同山、应店街、浣东街道试点后,我们已经历了村级组织换届的严峻考验,应该说行政村规模调整在我市是完全可行的。市委通报开展行政村规模调整工作情况后,各镇乡(街道)思想统一、行动快,工作主动、热情高,实事求是、思路清,措施有力、决心大,在深入调查研究的基础上,因地制宜制订了切实可行的具体的工作方案。再加上周边县市的成功调整,为我们提供了一套行之有效的操作方法、工作机制和成功经验,更加坚定了我们做好工作的信心和决心。

3. 有思想基础。从调研情况看,镇乡(街道)党(工)委政府对调整工作思想统一、认识到位,普遍认为这是大势所趋,宜早不宜迟,须抓紧抓早。市委市政府于9月25日召开了调研情况汇报会,9月30日又召开了全市镇乡(街道)党(工)委书记和指导组组长会议,进一步统一了镇乡(街道)领导干部的思想认识;不少镇乡(街道)已作了超前谋划、周密部署;广大干部群众对行政村规模调整的认可度较高。这充分说明,行政村规模调整已有广泛的思想基础。

4. 有发展基础。近年来,我市农村经济得到了快速发展。去年,我市农民人均纯收入已达到 8 065 元,交通通讯条件有了根本性改善,实现了村村通公路,镇镇通公交,电视电话基本普及,地域空间大大缩小,基层组织管理和服务不断强化。所有这些,都为行政村规模的调整提供了物质基础。

5. 有法律基础。行政村规模调整是有法律依据的。《中华人民共和国村民委员会组织法》《国务院关于行政区划管理的规定》和《浙江省实施〈中华人民共和国村民委员会组织法〉办法》都为行政村规模调整提供了法律依据。其中《中华人民共和国村民委员会组织法》第 8 条规定:村民委员会根据村民居住状况、人口多少,按照便于群众自治的原则设立。村民委员会的设立、撤销、范围调整,由乡、民族乡、镇人民政府提出,经村民会议同意后,报县级人民政府批准;省民政厅、农业厅、建设厅《关于行政村规模调整工作的指导意见》,也给我们提供了政策依据。

在看到有利条件的同时,我们更要清醒地认识到,行政村规模调整是农村一场深刻的社会变革,必然触及干部群众的切身利益,特别是要打破千百年来形成的血缘的、家族的人文基础,更是何等的不容易。从主观认识上看,有三个层面存在着"四怕"思想:一是部分镇乡(街道)干部中存在着"怕工作难做搞不好、怕工作繁杂有想法、怕做恶人得罪人、怕搞乱了影响稳定"的"四怕"思想;二是村干部中存在着"怕失位、怕失权、怕失利、怕失落"的"四怕"思想;三是群众中存在着"怕集体资产被平调自己利益受损、怕自己原来享受的待遇受影响、怕公共福利事业发展速度减慢、怕因经济薄弱村影响自己村的发展"的"四怕"思想。与此同时,我们更要清醒地看到尽管新一届镇乡(街道)领导班子学历高、年纪轻,富有朝气和活力,充满激情和豪情,但同时存在基层工作经验相对欠缺、对基层情况相对生疏的不足。从前期调研情况看,一些镇乡(街道)对方案制定,缺乏深入细致的调查研究,对各种可能出现的问题缺乏周密考虑。如个别镇乡(街道)以村改居的形式来回避当前碰到的各类矛盾和问题,集镇所在村搞翻牌式的村改居,没有进行实质性的调整;个别镇乡(街道)在集镇上应该调大的,而且历史上也是一个村的没有并;个别镇乡(街道)保留了太多的独立村,增强了村与村之间的可比性;个别镇乡(街道)为调而调,"1+1"合并的模式太多,没有考虑历史渊源、交通条件、人文历史,盲目合并,搞简单的"拉郎配"。这将给新村命名、村址选择、干部配置、资产处置等工作带来一系列难题。

但毕竟事在人为。回顾十年前,我市生产队队界打破的实践也是在复杂矛盾中破题的,在强大阻力下展开的,更是在不同声音中进行的。十多年的事实证明,改革的方向是正确的,改革的实践是成功的,改革的成效是明显的。任何一项改革都是在实践中探索的,只要有40%的人认识到就应着手开展,这才是积极的、有为的。因此,我们务必着眼长远、展望未来,增强信心,直面矛盾,赢得成功。

三、开展行政村规模调整艰难复杂,全市上下必须顺应规律、把握重点、科学应对

开展行政村规模调整,是一项十分艰巨、十分复杂的工作,必须一切从实际

出发、细致务实、讲究方法。具体工作中,要围绕以下几个方面开展工作:

1. 基本原则

重点把握以下五条原则:

(1)坚持经济发展、社会进步原则。通盘考虑促进生产要素的集聚和资源的合理配置及开发利用,充分考虑农民负担的减轻、管理成本的降低、村级基层政权建设的加强等因素,加速形成一批规模较大、经济实力较强的中心村,发挥其在发展农村经济社会中的示范带头作用。

(2)坚持就近就便、成建制调整原则。尊重历史,兼顾自然地理条件、经济发展、生产生活、历史沿革、生活习俗,以及群众的共同利益,着眼发展,统一规划,就近就便,实行成建制调整。

(3)坚持依法办事、尊重民意原则。行政村规模调整方案由镇乡人民政府、街道办事处提出,经村民会议或村民代表会议讨论同意形成决议,报市政府批准后实施。

(4)坚持规划先行、积极稳妥原则。按照新农村建设的总体要求,与《诸暨市域城镇体系规划》和村庄布点规划有机衔接。新村规划突出功能布局,优化要素配置,充分体现时代特色、文化特色和地域特色,既要审时度势、大胆推进,又依法规范、确保稳定。

(5)坚持市级指导、镇乡为主原则。镇乡(街道)是行政村规模调整的实施主体,在市委、市政府的领导下,由镇乡人民政府、街道办事处具体组织实施,市指导组负责指导面上工作。

2. 调整目标

这次行政村规模调整的总体目标是"规模调大、实力调强、班子调好、布局调优";总体要求是"积极稳妥、有序推进、确保稳定"。行政村的设置规模一般为:平原以1500—3000人为宜,山区以1000—2500人为宜。集镇所在地、中心村、市区周边村和经济强村的规模可适当扩大。

3. 方法步骤

行政村规模调整工作涉及面广,政策性强,时间紧,难度较大。对此,必须做到步骤稳妥,方法得当,工作细致,程序合法,整个调整工作主要分四个阶段:

第一阶段为调查研究准备阶段:从8月10日—8月29日。组织有关部门赴周边县市学习考察,到各镇乡(街道)调查摸底。

第二阶段为宣传发动、制订政策阶段:从8月30日—9月5日。主要抓好六项工作:一是市、镇两级成立行政村规模调整工作领导小组和工作班子;二是全市动员大会后及时组织封存各种财产、村级档案,收缴印章,冻结账户;三是市下派工作指导组赴镇乡(街道)指导工作;四是镇乡(街道)研究制订行政村规模调整工作的有关政策意见;五是各镇乡(街道)拟订行政村规模初步调整方案报市行政村规模调整方案会审组初审;六是镇乡(街道)研究拟订调整后新村运作有关政策。

第三阶段为组织实施阶段:从9月6日—9月20日。主要抓好五项工作:一是镇乡(街道)召开动员大会;二是组织召开各层面座谈会,组织召开村民会议或村民代表会议,讨论通过行政村规模调整方案(草案),并送市行政村规模调整方案会审组审核并报市政府审批;三是行政村规模调整方案经市政府批准后,在充分酝酿的基础上,建立调整后的新村党组织和村务工作小组、社务工作小组,并立即组织实施调整;四是召开新村成立大会,宣布新村党组织和村务工作小组、社务工作小组班子,举行新村授牌、授印仪式等;五是新村实行合署办公,完善组织设置,进行档案、资产交接。

第四阶段为总结完善阶段:从9月21日—9月25日。主要是对前一阶段工作进行总结完善,建立健全有关制度,制订发展规划,妥善做好政策处理工作,收集整理有关档案资料,做好后续工作,规范新村运行。

4. 几个关键问题(具体来说是把好"七个关"):

(1)周密细致,把好方案制订关。制订方案是整个行政村规模调整的重中之重,直接关系到所有工作的成功与否。要在充分调查研究、充分掌握村情民意的基础上,经书记办公会议、党政班子成员会议反复讨论研究初步方案,不断优化完善调整方案,充分体现"能并则并,能大则大,又不为大而大"的原则,既要贯彻市委精神,又要符合镇乡(街道)实际;既要兼顾村与村的平衡,又要考虑全市一盘棋;既要科学性,又要可行性(科学性,就是要充分考虑历史渊源、文化习俗、农田水系、产业发展、资源设施、矛盾纠纷等要素;可行性,就是要充分考虑方案能切实可行,易于组织实施,如独立村设置要没有可比性,能得到绝大部分干部群众的认可;"二并一"的村也不宜太多,避免后续工作的被动性)。对确定的初步方案要抓紧做好意见征求工作,逐步扩大意见征求范围,争取更多的支持和工作的主动。这里要特别强调,调整方案实施前,各镇乡(街道)必须上报市行政村规模调整领导小组方案会审组审核,经审核确定的方案必须严格执行,不得任意修改或放弃,确保方案实施的严肃性。

(2) 集思广益,把好村庄命名关。村名,是村庄的灵魂,村民关注的焦点,也是引发各种矛盾的导火线,务必严谨细致、妥善处置。要按照"有利于文化品牌的弘扬,有利于被大多数村民所接受"的原则,充分考虑历史渊源、文化习俗、现代文明等综合因素,充分酝酿、尊重民意,不强配硬取,不搞简单的村名叠加,努力使新村村名既充满文化内涵、又富有时代气息,既要叫得响,又要不类同。

(3) 立足发展,把好村部选址关。新村办公地点是一个村的心脏、一个村的中心,是村民关心的热点。因此,选择新村办公地点必须积极慎重、科学合理。一要有利于新村发展、规划实施、中心村建设;二要有利于方便群众办事、干部干事;三要有利于资产整合、综合利用。新村办公地点要尽可能合情合理、有利发展。

(4) 依法有序,把好决议形成关。依法办事是成就事业的保证。具体工作中不仅要依法,更要得法,该依法的要依法,该规范的要规范,该简洁的要简洁,使各项工作充分体现合法性、创造性和有效性。特别是要高度重视村民代表会议的召开,能否顺利组织召开好村民代表会议,是确保全局工作成败的关键之举。要始终牢记"村民代表思想统一时,正是村民代表会议开始时",一定要选择在水到渠成、瓜落蒂熟的情况下召开村民代表会议,做到程序到位,手续齐全,切实把好签名关,形成会议决议,充分体现法律的严肃性,使工作不留后患。

(5) 科学选配,把好班子组建关。新村班子选配,是工作的难点,也是调整的目的之一。要坚持精干高效的原则,按照公道正派的要求,科学设置、合理选配,优化结构。一是调整后新村党组织班子的选配由镇乡(街道)党(工)委发文指定组成人员和党组织负责人,尤其要选配好高素质的村党组织负责人;二是在新村村民委员会和村经济合作社管理委员会依法产生前,成立过渡的新村村务工作小组和社务工作小组;三是在班子选配中不进入新村班子的原村干部,其报酬待遇仍然按原所在村的标准享受,直至新一届村级班子选举产生为止,切实增强村级班子的凝聚力、战斗力和号召力。

(6) 稳步推进,把好资产融合关。集体资产的处置,是利益调整的难点所在,也是并村又并心的关键所在。市委、市政府专门制订《关于行政村规模调整中集体资产处置的若干意见》,要严格按照要求,及时冻结资产、封存账户,不准随意处置、转移村集体资金和实物资产;不准趁调整之机突击花钱、侵占集体财产;不准以各种名义宴请,乱发私分钱物;不准以任何借口违反组织原则,我行我素,更不允许利用职权或工作之便,乱开政策口子。总体要求是根据资产现状,同步考虑资产合并,条件一时还不成熟的可分步推进:第一步,今年9月底前完成30%以上的行政村资产合并;第二步,到今年年底前完成50%以上的行政村资产合并;第三步,到2007年年底前,完成80%以上的行政村资产合并;第四步,到2008年底前原则上完成资产处置工作。同时,凡是村改居的,在制订规划的基础上,建立新社区并把资产量化,采用股份合作制等新的经济组织,并在2007年底前完成80%以上,原则上于2008年底前完成资产处置工作。集体资产合并过程中,坚持"五个不变":一是土地承包权属原则不变;二是与原各村签订的各种承包合同原则不变;三是原各行政村的债权债务关系原则不变;四是原各行政村制定的享受政策原则不变,以后逐步加以规范完善;五是今年市镇两级对新农村建设等各项社会事业的奖励补助政策不变。同时,在这次行政村规模调整中,市级财政切出600万元专项资金,镇乡(街道)配套400万,注入新村资产处置、新村运作配套,在行政村规模调整中给百姓以实惠,并从明年开始对行政村规模调整后的新农村建设加大政策的扶持力度,使老百姓得到实实在在的好处,真正做到并村又并心。

(7) 及时规范,把好档案整理关。档案是行政村集体所有的宝贵财富,要抱着"对历史负责、为现实服务、替将来着想"的态度,统一收缴、统一保存,加强档案资料、各类印章的收缴工作,对档案资料,该上缴的一份不漏;对印章问题,该在规定时间上缴的,决不含糊。特别要加强对村文书档案、会计档案、土地及各类承包档案的管理。原行政村印章、牌子,在动员大会结束后一律由各镇乡(街道)收缴并送市档案馆统一保存。档案移交工作,在宣布行政村规模调整后十五天内完成。档案的收缴和印章的刻制要严格按照市有关部门的文件要求执行,任何单位和个人不得借故销毁、变卖、占有或拒交,否则作违法、违纪处理。为不增加行政村规模调整中的负担,由市里统一制订新村村牌和刻制各类印章,经费由市级财政开支。

四、开展行政村规模调整是项农村综合性改革,全市上下必须万众一心、攻坚克难、众志成城

这项工作难度大、任务重、要求高。为此要求全市各级各部门:

一要凝心聚力,鼓劲造势。开展行政村规模调整是市委市政府作出的重大决策部署,是市委市政府集体智慧的结晶。越是全局性工作越要高度统一思想,越是艰巨性工作越要高度统一行动。全市动员会结束以后,市级机关各部门要迅速组织召开好全体机关干部会议;镇乡(街道)要重点开好三个会议,即镇乡(街道)班子会议,全体机关干部、企事业单位负责人会议,村两委会、党员干部、村民代表会议。我们要教育广大党员干部不迟疑、不争论、不观望,识大体、顾大局、顺大势,真正做到思想一致、口径一致、步调一致;教育广大群众大力支持、自觉参与到行政村规模调整中来;我们要充分发挥舆论媒体的作用,正面引导、集中宣传,既充分发挥各大主流媒体的舆论导向作用,又充分运用各类传统媒体的感染作用,把全市广大干部群众的思想高度统一起来,目标更加坚定起来,干劲全面鼓动起来,使每位共产党员都成为促进行政村规模调整的模范带头人,每位机关干部都成为促进行政村规模调整的忠实推动者,每位诸暨百姓都成为促进行政村规模调整的自觉实践者。

二要各尽其能,和衷共济。尽己所能、尽心尽力是对广大干部群众个体的基本要求;和衷共济、形成合力是对每个部门(单位)以及部门与部门之间的总体要求,是推动事业成功的重要保证。在行政村规模调整中,重点要建立"市级指导、镇乡为主、党员示范、干部带头、群众参与"的联动机制,镇乡(街道)、市级机关各部门的所有工作都要让步于、服从于这项中心工作。市委指导组要牢固树立全局意识、服务意识,指导好、参谋好、督查好各项工作的落实;镇乡(街道)要牢固树立主体意识,责任意识,组织好、发动好、实施好这次调整工作,保证完成各项目标任务,保证不拖全市后腿;全体党员干部,特别是机关干部要下乡进村了解社情民意,掌握群众思想动态,力所能及、服务基层;要充分发挥广大老同志、老干部熟悉农村工作、熟悉基层百姓的优势,建言献策、服务大局,推动调整工作顺利开展。

三要加强指导,因势利导。指导,重在方法层面的有力支持;引导,重在思想层面的有效沟通。工作方法上,我们要多从全局的角度考虑问题,要多从换位的角度思考问题,要多从稳定的角度处理问题,不为调整而调整,不为完成任务而完成任务,要更多地关注实际效果,把行政村规模调整工作与集镇建设同步考虑;与中心村规划建设同步考虑;与选优确定村主职干部同步考虑;与化解村级矛盾纠纷同步考虑;与党代表、人大代表换届选举同步考虑。行政村规模调整中,仅仅局限于工作方法的指导,是远远不够的,更要在引导和统一广大干部群众的思想上下功夫。在整个行政村规模调整过程中,要把思想政治工作放在突出位置,要把做群众工作放在突出位置,要把走群众路线放在突出位置。思想工作要做得细、做得实、做得深,对干部群众中出现的种种不同意见、对调整下来的有关村干部,要通过上门走访、个别谈话等形式,推心置腹、不厌其烦,把思想工作做到一些干部群众的心坎上,不惜一切把各种不利因素转化为有利因素。

四要严肃纪律,严格自律。纪律是一种刚性规定,自律是一种自我约束。首先要教育广大党员干部遵守各项纪律制度,包括政治纪律、人事纪律、财经纪律、工作纪律等等。近段时间以来,一些村干部已经出现一些活思想,跑机关、找关系,要位置、要牌子,全体机关干部务必保持清醒、自觉遵守纪律。每位党员干部在恪尽职守的同时,更要严于自律。任何时候、任何场合都要争做推动工作开展的模范先锋、促进事业发展的先进代表;对于极个别党员干部,特别是机关干部因讲了不该讲的话,做了不该做的事,贻误工作、破坏团结、影响全市大局的,所在部门要切实负起责任,组织上要责成其做好工作后再来上班;对群众中出现的极个别借机扰乱社会秩序的不法分子,要坚决予以打击处理,真正使这项工作成为全市人民的自觉行为。

同志们,开展行政村规模调整是市委市政府的重大决策部署,事关群众切身利益,事关诸暨发展大计。因为这后面,考验我们的是新农村建设能否有效推进,考验我们的是社会秩序能否平稳有序,考验我们的是下阶段党代表、人大代表换届选举能否顺利进行,更时刻考验着我们基层党委政府的执政基础、执政能力和执政水平。我们必须以背水一战的精神、志在必成的勇气、众志成城的合力,一鼓作气、一气呵成。同志们,相信有市委市政府的正确领导,有广大干部群众共同努力,有全市百万人民的支持参与,我市行政村规模调整工作一定能取得圆满成功,一定能为推动新农村建设奠定坚实的基础,一定能为促进我市经济社会的又快又好发展作出更大的贡献。

4.3.5　诸暨市行政村规模调整工作简报：第4期[1]

张仲灿同志在镇乡街道党（工）委书记会议上的讲话（摘要）

一、这是件大事，必须统一思想、高度重视

1. 上级有要求。中央、省和绍兴市对行政村规模调整有明确要求，2004年，中央一号文件提出，要"积极稳妥地调整乡镇建制，有条件的可实行并村"。省委早在2001年就提出"在经济比较发达和交通便捷的地方，继续加大乡镇、村撤并力度，科学进行镇、村规划，加快中心镇、中心村建设"。同年，省民政厅、农业厅、建设厅联合出台了《关于村规模调整工作的指导意见》。绍兴市领导也在不同场合多次要求我市加快推进行政村规模调整工作。可以说，我们开展行政村规模调整工作，实际也是在执行上级要求。

2. 周边有示范。绍兴县、新昌县、上虞市以及周边的义乌、萧山等地近年来对行政村规模进行了大范围的调整。通过调整，已对当地农村的发展产生了深刻的影响，显示出了较好的社会效益，并得到了广大群众的认可赞同。可以说，在行政村规模调整上，周边县市已先行一步，先获益一时。这场硬仗迟早都要打，回避不得，耽误不起，必须抓紧跟上。

3. 调整有好处。推进行政村规模调整是大势所趋、发展所需、未来所求，是加快社会主义新农村建设的有效抓手，有利于资源要素的优化配置，促进区域融合发展；有利于优化村干部队伍结构，加强基层组织建设；有利于降低成本，减轻农民负担；有利于推进村民自治，加快民主法治建设；有利于推进城乡一体化，促进经济社会全面发展。

---

[1] 市行政村规模调整工作领导小组办公室：《诸暨市行政村规模调整工作简报：第4期》，2006年9月1日印发。

4. 工作有基础。做好行政村规模调整，是必须通过努力抓好，也是可以通过努力抓好的工作。我们既有"要么不做，要做就要做好"的人文基础，又有前几年行政村规模调整试点所积累的工作基础，更有深明大义、顾全大局、能积极理解和支持中心工作的群众基础。应该说，对开展行政村规模调整工作无论是实践上还是理论上都有把握，时机成熟、势在必行。

5. 市里有决心。从市里角度看，行政村规模调整在时间上本来有两个时机可供选择，一个是9月份，另一个是明年春节以后。选择在明年春节以后，虽然有较宽余的时间，可以平稳地开展，但会迟缓半年时间的发展。选择在9月份，虽然时间比较紧，各方面的任务重，也有一定的风险，但驾驭得当，可尽早"收心"，理顺关系，赢得更多的发展时间，赢得工作主动权。所以，市委从事关诸暨全局、长远发展的角度考虑，经过慎重权衡后，认为宜早不宜迟，还是在9月份展开比较妥当。

二、这是件难事，必须知难而进、迎难而上

1. 要清醒看到困难。①从客观上分析，行政村规模调整涉及面广、政策性强、复杂敏感，时间紧、任务重，本身就是一桩难事。②从主观上分析，部分干部群众思想准备不够充分，或者顾虑重重。主要有三种表现：一是个别镇乡（街道）班子成员刚刚到位，情况不熟悉，经验缺乏，存在着畏难情绪和坐等观望思想；二是个别村干部有怕丢位置的思想情绪；三是部分群众认为调不调无所谓，调来调去也无好处，也有部分群众担心调整之后改村名而怕丢面子。③从工作推进上分析，行政村规模调整会涉及一系列现实和历史问题，可以说，是牵一发而动全身，稍一不慎，就有可能引起连锁反应；加上在实际操作上可能会出现各种意想不到或难以预料的不确定因素，致使行政村规模调整工作难上加难。

2. 要敢于面对困难。①要责无旁贷。行政村规模调整工作，是镇乡（街道）新班子组建后的第一个硬仗、第一次集中攻坚，是对党委政府领导艺术、政策水平、驾驭全局能力的一次全面检阅，尤其是对党政"一把手"及其班子成员做群

众工作能力、思想工作的一次重大考验,必须大力弘扬知难而进、迎难而上的精神,积极主动去抓并且抓实抓好。②要未雨绸缪。各镇乡(街道)要结合本地实际,坚持具体问题具体分析、具体解决,发挥主观能动性,创造性地开展工作,不搞一刀切。特别是要深入细致地做好矛盾问题的摸排工作,超前研究分析各种可能发生的情况,超前制订各种工作预案,尽可能把问题想得复杂一些,把措施做得扎实一些。

3. 要有效破解困难。各级各部门要牢固树立干工作就是要解决困难的观念,不但要想干事,而且要会干事,更要干成事。①要统一思想。充分认识开展行政村规模调整工作的必要性和重要性,做到思想先行,时刻放在心上、喊在嘴上、抓在手上。②要突出重点。行政村规模调整工作才短短一个月时间,要一下子把所有历史遗留问题和现实问题全部解决,既不现实,也不可能,必须集中精力,把并村工作作为第一要务来抓,其他工作要服从服务于这一工作。在具体工作中,要突出重点,紧紧抓住"方案、资产、班子、村名"等关键环节,围绕规模调大、实力调强、班子调好、布局调优的总体目标,依法科学地制定好行政村规模调整方案;高度重视、周密慎重,分类、分步骤地妥善处置村级集体资产;从有利于稳定、有利于新村工作开展的原则出发,搞好村级组织设置和班子配备;充分尊重历史渊源和群众意愿,发挥群众的聪明才智,妥善做好新村命名工作,一环紧扣一环去落实,一步一个脚印去推进。③要讲究方法。坚持舆论引导,采取多种措施加大宣传力度,造势鼓劲,营造氛围,争取群众的理解、支持与配合;坚持深入酝酿,广泛听取意见,使方案更加科学合理;坚持尊重民意,做实做细思想政治工作;坚持行政推动,采取政策倾斜、资金倾斜、帮扶倾斜等举措,从群众最迫切和最需要解决的问题入手开展工作,让群众感到有"甜头"可尝、有利益可得;坚持依法依规,严格依法办事。④要统筹兼顾。行政村规模调整工作必须通盘考虑,不能为调整而调整,而要切切实实地着眼于新农村建设的有力推进,着眼于打基础、管长效、重长远发展出发,重点奏好"三步曲":第一步,9

月底完成行政村规模调整;第二步,到春节前完成市镇(乡)两级党代表、人大代表选举和领导班子换届选举工作;第三步,到2008年底前基本完成村级集体资产的合并。其中,村级集体资产的合并工作要列入镇乡(街道)岗位目标责任制考核内容。要通盘考虑"两个配套",高度重视配套措施跟进完善。市级机关部门要根据行政村调整的实际,抓紧调整相关的工作考核、政策激励、网络构建等配套举措,及时做好新农村建设规划等一系列配套工作;各镇乡(街道)也要根据行政村调整的实际,抓紧研究机关内部运作机制的调整完善,研究出台加强对新行政村和村级班子建设管理的相关配套措施。

三、这是件要事,必须速战速决、一气呵成

1. 要迅速行动,全身投入。目前行政村规模调整工作已经不是要不要做的问题,而是如何去做、如何做好的问题。各级各部门要坚决克服畏难情绪和坐等观望思想,切实把思想高度统一到市委、市政府的重大决策上来,把开展行政村规模调整工作作为当前重中之重的工作来抓,集中时间、集中精力、集中人力、集中资源,精心安排、周密部署,迅速进入状态,迅速部署开展,迅速打开局面,使行政村规模调整工作既快又好地推进。

2. 要严明纪律,落实责任。事业成败,关键在人。各级各部门要进一步明确责任,分头抓好各项工作落实,确保行政村规模调整工作在稳定中推进。镇乡(街道)党(工)委要发挥主抓作用,切实加强领导,精心组织,周密部署,狠抓落实;镇乡(街道)党(工)委"一把手"要担好主责,切实做到靠前指挥,加强领导和协调;各级各部门特别是行政村规模调整指导组和职能工作组要切实履行职责,精心指导镇乡(街道)开展工作;纪检监察部门要切实加强纪律监察,严肃查处违纪违规行为,公安部门要坚决打击违法行为,确保思想不散、秩序不乱、平稳推进,为行政村规模调整工作提供强有力的保证。

3. 要强化合力,务求实效。行政村规模调整是全市性的系统工程,涉及方方面面。各级各部门必须引起高度重视,切实加强组织领导,各司其职,各尽其

责、协调配合、整体联动，做到"全市一盘棋"、上下一条心，全力以赴，狠抓落实，确保行政村规模调整工作积极稳妥、平稳有序、圆满成功。

孟法明同志在镇乡街道党(工)委书记会议上的讲话(摘要)

今天会议的主要任务是：通报行政村规模调整前期调研准备工作情况，分析研究存在的问题、研究对策，进一步统一思想、提高认识，确保行政村规模调整工作顺利开展。下面，我着重讲四个问题。

第一个问题：为什么要开展行政村规模调整工作。

主要有四个方面原因：一是贯彻落实上级精神的需要。二是深入推进新农村建设的需要。三是加强农村基层组织建设的需要。四是应对周边县市竞争的需要。

第二个问题：关于前期调研工作的有关情况。

前段时间，市委分别召开了书记办公会议、市委常委(扩大)会议专题研究行政村规模调整工作；市委主要领导亲自带队外出学习考察、深入镇乡(街道)调研指导、召开会议研究部署，27日—28日，又逐个听取了镇乡(街道)关于行政村规模调整初步方案的汇报；同时成立了行政村规模调整领导小组，组建了镇乡(街道)指导组和办公室职能工作组，拟定了相关配套文件，编印了宣传手册，各项前期准备工作有序开展。

从镇乡(街道)上报的村规模调整初步方案汇总情况看，前期工作在大家的共同努力下，是扎实有效的。突出表现在四个方面：一是思想统一、认识高。绝大多数镇乡(街道)能够把思想统一到市委、市政府的正确决策上来，统一到行政村规模调整工作的具体实践中来，思想一致、口径一致、步调一致。二是主动积极、热情高。市委、市政府部署行政村规模调整工作后，许多镇乡(街道)外出取经学习，广泛听取老干部、有识之士的意见，认真研究制定调整方案，部署落实各项准备工作,态度主动、积极有为。三是实事求是、思路清。大部分镇乡(街道)在方案制定中,既能认真贯彻市委、市政府工作要求,又能结合实际,综合考虑各种因素,做到不为并而并,搞简单的村村合并,也不为大而大,盲目追求调整规模,充分体现了实事求是的工作作风。四是措施有力、决心大。从初步调整方案看,全市从1 250个村调减为520个村和57个居委会,调减比例为56.1%,村均人口从738人增加到1 714人,村均区域面积从1.83平方公里增加到3.99平方公里;合并村数最多的是7个并为1个,在草塔镇(张淮、横畈塘、下市头、平阔、顾家、清臣房、杨方7个村合并,总人口为3 135人;人口最大的村在江藻镇(在集镇上),人口为4 700人。

  与此同时,我们也发现部分镇乡(街道)有些不尽如人意的地方:一是认识不到位。个别镇乡(街道)还没有充分认识到调整工作的重要性和必要性,存在着"四怕"心理:一怕乱,怕调整工作打破现有稳定局面,激化群众矛盾;二怕难,怕搞不好难以收场,给以后的工作增添难度;三怕烦,调整工作牵涉到干部、资产等方方面面问题,大幅增加了工作量;四怕得罪人,难以摆平村干部利益,容易得罪人。二是态度不坚决。个别镇乡(街道)对行政村规模调整工作存在应付思想,反映在行动上,就是调整力度不够,各项指标明显落后于全市平均水平。三是作风不扎实。个别镇乡(街道)过多强调困难、强调理由,工作不够主动,特别是对方案的制定、实施缺乏深入的研究,对各种可能出现的问题缺乏周密的考虑,工作还只停留于表面。四是方案不合理。有个别镇乡(街道)对集镇所在村搞翻牌式的村改居,没有进行实质性的调整;有部分镇乡(街道)保留了太多的独立村,增强了村与村之间的可比性,从而影响全镇调整工作的整体推进;有些镇乡(街道)"1+1"合并的模式太多,这样会给新村命名、新址选择、干部配置、资产处置等工作带来一系列难题;有些镇乡(街道)为并而并,搞简单的"拉郎配",缺乏说服力。

  第三个问题:行政村规模调整的工作重点。

在行政村规模调整中,下一步要重点抓好以下七个环节:一要优化方案、严格执行。二要集思广益、取好村名。三要尊重群众、选好村部。四要依法办事、讲究方法。五要合理安排、配好班子。六要稳步推进、融合资产。七要及时收缴、管好印章。

第四个问题,对下阶段工作的几点要求。

一要统一思想、提高认识。二要加强领导、落实责任。三要严守纪律、高度自律。

第五章
诸暨市强化民主监督推进村民自治

提要: 村级民主监督是村民自治的重要内容,也是村党组织领导的充满活力的村民自治机制的重要保障。村务监督委员会作为一个群众自治性监督组织,是村民对村务进行民主监督的重要载体。从当前的实践来看,由于在制度设计上存在一定局限性,其民主监督功能还没有充分发挥出来。从监督主体的监督意识看,部分村民对有无村务监督组织持"无所谓"的态度,缺乏监督的主动性和积极性;从监督主体的监督能力看,监督组织成员对相关政策和法律法规掌握不足,缺乏必要的监督专业知识;从乡村的社会传统和性质看,乡村是一个"熟人社会",监督组织成员存在"怕得罪人"的心理障碍,在一定程度上影响村务监督的有效运转。

诸暨市在充分保障村民的监督权,推进村级民主监督过程中,主要从三个方向发力:村级监督的组织建设、村干部的监督和村务的监督。鉴于此,本章的史料整理主要也是三个方面的内容。一是村民监督委员会的建设。诸暨市一直以来都十分重视村民监督委员会的建设,在强化村民监督委员会的地位,完善村民监督委员会的功能等方面,开展了积极探索。该部分重点涉及的史料是《关于建立和完善村务监督委员会进一步加强村级民主监督工作的意见(试行)》《关于进一步加强村务监督委员会建设的意见》《关于推进村务监督委员会规范化建设的实施意见》等内容。二是对于村干部的监督。村干部是农村基层组织中的重要力量，加强对村干部队伍全方位监管的要求，具有极其重要的意义。诸暨市对于村干部监督的突出特点就是"制度管人"。比如《关于下发〈村主职干部信访工作"十条负面清单"〉的通知》《诸暨市村干部守则》等。三是村民对于村务的监督。这部分主要包括《关于推进村级财务计算机监管网络建设的实施意见》《关于进一步加强村级非生产性开支监督管理的意见》等内容。

5.1 村级监督的组织建设

5.1.1 关于建立和完善村务监督委员会进一步加强村级民主监督工作的意见（试行）[1]

为认真贯彻党的十七大精神，进一步加强村级民主监督工作，促进我市农村党风廉政建设和村民自治，根据《关于建立健全村级民主监督组织，加强村级民主监督试点工作的意见》（浙委办〔2008〕19号）文件精神，结合我市实际，现就建立和完善村务监督委员会，进一步加强村级民主监督工作提出如下意见。

一、指导思想

以邓小平理论和"三个代表"重要思想为指导，深入贯彻落实科学发展观，按照建设社会主义新农村要求，坚持党的领导、人民当家作主、依法治国的有机统一，不断创新和完善村级民主监督的组织形式和工作机制，健全村民自治组织体系，保障村民享有更多更切实的民主权利。

---

[1] 中共诸暨市委办公室：《关于建立和完善村务监督委员会进一步加强村级民主监督工作的意见（试行）》，2008年4月7日印发，市委办〔2008〕39号文件。

二、工作目标

1. 在全市行政村建立村务监督委员会,有效整合各种监督力量,健全完善以村党组织为领导核心、村民会议或村民代表会议为决策机构、村民委员会为管理执行机构,村务监督委员会充分发挥监督作用的村民自治机制。

2. 初步形成村干部权力行使的监督制约机制,实现惩治和预防腐败体系的构建向村级组织延伸,促进农村基层党风廉政建设各项制度的落实。

3. 进一步完善村级民主管理制度,切实维护农民群众的知情权、参与权、表达权和监督权等合法权益,促进农村社会和谐稳定。

三、工作重点

1. 依法建立村务监督委员会。在行政村建立村务监督委员会,设主任1名,成员2至4名。村务监督委员会由村民代表会议选举产生,一般与村民委员会换届同期进行,任期与村民委员会相同。村务监督委员会主任一般由村党组织纪检委员兼任。村务监督委员会其他成员实行回避制度,村党组织、村民委员会、村经济合作社的成员及其配偶、直系亲属不得担任,村文书、村财会人员不得兼任村务监督委员会成员。

村务监督委员会成员从村民代表中选举产生,应当具备思想素质好,政策法律意识强、坚持原则、公道正派,群众信任等条件。有下列情形之一的,不能推选为村务监督委员会成员:

(1)近三年来,违反国家法律法规,被纪检、司法机关立案侦查和处理的,或基本事实清楚正在查处的;

(2)正在服刑或刑满释放未满五年的,劳教期满释放未满三年的;

(3)政治素质差,私心杂念重,参与非法宗教组织,热衷于搞宗派活动,长期闹不团结,在群众中影响极坏的;

(4)长期外出,没有时间和精力履行岗位职责的。

村务监督委员会成员采取等额选举办法产生。一般采取指职选举,候选人一般由村党组织提名推荐,有条件的村也可由村民代表会议推荐(自然村无两委会成员的,应优先推荐候选人)。候选人经镇乡(街道)党(工)委审核后提交村民代表会议以无记名投票方式进行选举。选举时,应有三分之二以上的村民代表到会,才能使会议有效。候选人获得的赞成票超过全体代表人数的一半,始得当选。选举结果由村党组织上报镇乡(街道)党(工)委批准后发文公布。

2. 明确村务监督委员会主要职责。村务监督委员会独立行使监督权,对村民代表会议负责并报告工作。其主要职责:一是在村党组织领导下,配合支持村党组织和村民委员会正确履行职责,模范遵守村规民约,充分发挥表率作用;二是村务监督委员会主任列席村"两委"会议,村务监督委员会全体成员列席涉及群众利益的重大决策、重大开支的村务会议,受理和反映村民对村务管理的意见建议,配合镇乡(街道)党(工)委开展述职考评;三是积极履行监督职责,对村级各项收支、集体土地征用征收、集体资产资源承包租赁、工程项目招投标等村务公开内容和村民代表会议决策执行情况等进行监督,及时审查村集体当期的财务收支票据及账目,并监督村民委员会按季进行公开(村财务监督印章应由村务监督委员会保管使用);四是对应当依法由村民代表会议进行讨论决定的有关事项,而村民委员会不组织召集或擅自作出决定并拒绝更正的,应及时向镇乡(街道)党(工)委反映,经同意后,在村党组织的领导下可召集村民代表会议讨论表决;五是本村五分之一有选举权的村民联名要求罢免村民委员会成员,村民委员会未在规定时间内启动罢免程序的,经镇乡(街道)党(工)委、政府(办事处)同意,可主持召开村民会议投票表决;六是及时向市级有关部门和镇乡(街道)反映村干部的违规违法问题,并协助市级有关部门和镇乡(街道)调查处理。

3. 建立村务监督委员会自身制约机制。村务监督委员会不直接参与具体村务的决策和管理,依法依规正确履行职责,一般每半年向村民代表会议报告一次工作。每年由村民代表会议对其成员进行年度满意度测评,不称职票达到应到村民代表人数50%以上的,由村党组织讨论报镇乡(街道)党(工)委批准后,免去其职务;对不履行职责或不正确履行职责造成不良后果的,由村党组织报镇乡(街道)党(工)委审核后提请村民代表会议进行罢免。缺职名额视情况由村民代表会议按相关程序推选新的成员。

4. 落实村务监督委员会保障措施。村党组织要支持村务监督委员会正确履行职责。当村务监督委员会无法履行合法、有效的监督时,可提请市级有关部门、镇乡(街道)及时作出妥善处理。市级有关部门、镇乡(街道)对村务监督委员会反映的村干部违规违法问题,要及时进行调查处理。同时要加强对村务监督委员会成员的培训,提高监督人员的业务水平,保证依法依规开展监督。村务监督委员会成员根据实际情况,给予适当误工补贴。

四、工作要求

1. 注重结合,整体推进。要把村务监督委员会推选产生工作与村级组织换届选举工作有机结合起来,纳入村级组织换届选举的范畴,与村级组织换届选举工作一起部署,一起推进。

2. 深入宣传,营造氛围。要充分发挥舆论引导作用,通过各种有效形式加强宣传报道,扩大加强村级民主监督工作的社会影响,调动广大村民的参与积极性,为推进村级民主监督工作营造良好的社会舆论氛围。

3. 加强领导,务求实效。为加强对村级民主监督工作的领导,市里将专门成立领导小组,负责全市面上工作的协调和指导。各镇乡(街道)党(工)委要充分发挥主导作用,把这项工作摆上重要议事日程,加强组织领导,建立相应的机构,及时解决工作中出现的新情况、新问题。各相关部门要加强对这项工作的具体指导和协调,强化工作对策措施,扩大工作成果,不断把村级民主监督工作引向深入。

5.1.2　关于进一步加强村务监督委员会建设的意见[1]

各镇乡党委、政府,各街道党工委、办事处,市级机关有关部门:

　　为进一步加强村级民主监督,更好地规范村务监督委员会工作,确保正确履职,切实发挥作用,根据《关于进一步加强村务监督委员会建设的意见》(浙委办〔2011〕16号)和绍兴市有关文件精神,结合我市实际,现就进一步加强村务监督委员会建设提出如下意见:

一、进一步提高对加强村务监督委员会建设重要性的认识

　　各镇乡(街道)、市级机关有关部门要高度重视村务监督委员会建设工作,充分认识加强村务监督委员会建设、发挥村务监督委员会作用,是加强村级民主监督、完善村民自治机制、创新农村社会管理的积极探索,是规范村干部用钱用权行为、加强农村党风廉政建设的有效手段,是推动落实中央强农惠农政策、维护群众切身利益、密切农村党群干群关系的重要举措,切实增强责任感和使命感,把它作为农村党风廉政建设的重点工作来部署,采取扎实有效措施,抓紧抓好,抓出新的成效。

二、进一步提高村务监督委员会成员能力素质

　　1. 加强履职培训。选举结束后,要及时部署村务监督委员会成员岗位履职培训,切实提高综合素质和履职能力。培训主要内容为政治和业务培训,包括政策法规、村务公开、财务管理、"三资"管理、工程建设项目管理等。至5月底,各镇乡(街道)应对村务监督委员会成员普遍培训一次。

　　2. 加强典型教育。要认真总结好做法好经验,宣传成功典型。同时,要以通报形式,对村干部违纪违法案例和村务监督委员会不正确履职案例进行点

---

[1] 中共诸暨市委办公室:《关于进一步加强村务监督委员会建设的意见》,2011年5月23日印发,市委办〔2011〕64号文件。

评,发挥反面案例的警示教育作用,提高教育的针对性和实效性。

3. 加强日常管理。要注重对村务监督委员会成员履职情况的监督检查,引导各位成员正确处理好加强监督与保障发展、促进和谐的关系,履行职责与接受党的领导的关系,享有权利与承担义务的关系,监督与被监督的关系,防止工作中不履职或不正确履职问题的发生。

三、进一步规范村务监督委员会的运作

1. 进一步细化流程,完善监督机制。要根据《浙江省村务监督委员会工作规程(试行)》等有关文件精神,进一步细化强农惠农政策措施落实情况的监督、村级民主决策的监督、党务村务公开的监督、"三资"管理的监督、村工程建设项目的全程监督的程序,细化相对应的监督流程,使监督工作有章可循、有据可依。同时,要探索对村干部作风和勤政廉政的监督,督促抓好村干部作风建设和创业承诺、廉洁自律承诺、"四不"公开承诺等工作的落实。

2. 进一步健全制度,确保规范运行。在建立村务监督委员会工作例会、学习培训、工作报告、工作考评、申诉救助等制度的基础上,特别要加强配套制度的实践探索,建立健全考评制度,每年召开村民代表会议民主评议,并进行信任度测评,对在测评中信任票数达不到应到会人数一半的,或者发生违纪违法行为被查处等情况的,要依照有关规定终止其村务监督委员会成员资格。要建立健全工作台账制度,统一印制工作台账,规范履职要求,细化记录内容,实现村务监督工作的痕迹化、规范化管理。

3. 进一步强化指导,推动正确履职。各镇乡(街道)要全面履行对村务监督委员会的协调指导职能,把加强村务监督委员会规范化建设作为发挥镇乡(街道)纪(工)委职能作用的重要内容,通过个案调查、工作片会、集体会审等形式,协调和帮助解决村务监督委员会在监督中遇到的困难和问题,促使村务监督委员会成员敢监督、能监督、善监督,真正发挥好监督作用。

四、进一步加强村务监督委员会建设的组织领导

1. 提高认识,形成合力。市纪委要加强与组织、宣传、民政、农业、财政等有关部门的联系和协调,抓好责任分解,明确工作要求,督促任务落实,形成整体工作合力。各镇乡(街道)要把加强村务监督委员会建设摆上重要议事日程,不断健全领导体制和工作机制。要把村务监督委员会建设作为"评星晋级""农村党风廉政建设示范村"创建的重要内容,列入党风廉政建设责任制考核。

2. 加大投入,落实保障。各镇乡(街道)要按照"有机构牌子、有办公房子、有设备配套、有上墙制度、有工作台账、有反映箱子"的标准,统一配备硬件。要多渠道落实村务监督委员会成员的工作报酬,村监委主任要按村主职干部基础报酬和绩效报酬的一定比例发放;村监委其他成员应采取实误实记发放误工补贴,保障履职的积极性和主动性。村党组织要切实支持村务监督委员会正确履行职责。

3. 加强宣传,典型示范。市纪委要会同有关部门,进一步加强调研指导,总结推广工作规范、成效明显的村务监督委员会典型,通过有效形式加强宣传,提高工作影响力。各镇乡(街道)要不断探索和丰富村务监督委员会主动监督、有效履职、规范运作的方式方法,注重示范引导,以点带面整体推进村务监督委员会建设。

5.1.3　关于推进村务监督委员会规范化建设的实施意见[1]

各镇乡(街道)党(工)委、纪(工)委,市级机关有关部门:

为推进村务监督委员会规范化建设,加强村级民主监督,深化农村党风廉政建设,根据《浙江省村务监督委员会工作规程(试行)》、《关于进一步加强村务监督委员会建设的意见》(市委办〔2011〕64号)等文件精神,特提出以下实施

---

[1] 中共诸暨市纪律检查委员会:《关于推进村务监督委员会规范化建设的实施意见》,2011年5月24日印发,诸纪发〔2011〕16号文件。

意见：

一、明确村务监督委员会的定位

村务监督委员会是村级民主监督组织，在村党组织领导下对村级事务实施监督，向村民会议或村民代表会议负责并报告工作。

二、规范村务监督委员会的监督内容

主要监督六大方面内容：

1. 对强农惠农政策措施落实情况的监督。把上级关于支农资金物资使用、农村基础设施建设、公共服务改善等政策意见和扶持粮食生产、"两区"建设，实施"美丽乡村行动计划""基本公共服务均等化行动计划""低收入农户奔小康工程"等政策措施，以及推进新农村建设、现代农业扶持等一系列强农惠农政策措施的落实情况列为监督重点，保证这些政策和措施真正落到实处，真正惠及广大农户和村民。

2. 对村级民主决策的监督。对村经济和社会发展规划、村庄建设规划、新农村建设和农村社区建设项目安排与资金使用、村集体经济项目的立项承包方案、集体经济大额资金的使用、集体举债、集体资产处置、集体企业的改制方案、村集体土地房屋等集体资产的承包和租赁、宅基地的安排和使用、征收征用土地各项补偿费的分配和使用等重大事项的决策情况实行监督。监督村务决策是否按照规定程序进行，及时纠正违反民主决策程序的行为。

3. 对党务、村务、财务公开情况的监督。主要监督公开内容是否全面真实，公开时间是否及时，公开形式是否科学，公开程序是否规范，广大群众是否明白。对工作中存在的问题，村务监督委员会应督促村民委员会按时答复和处理。

4. 对农村集体资金、资产和资源管理的监督。重点是对村级各项收支、集体土地征收征用补偿费、村级集体资产资源的使用和处置等情况进行监督；对财务支出事项，按月或按季进行审查；对村级集体投资经营情况和集体土地房屋、山林等资产、资源处置情况实行全过程监督。

5. 对村工程建设项目的全程监督。对建设工程项目的确立、施工单位的选择、质量验收到资金预决算及支付等进行全过程监督。重点监督项目确立是否合理;施工单位是否按有关程序实行竞争性选择;有无随意变更规划工程设计;工程建设质量是否合格;资金管理和支付是否规范等。

6. 对村干部履职的监督。督促村干部认真履行工作职责,履行"四不"公开承诺,完成村级创业承诺;督促村干部认真执行党的路线方针政策,自觉遵守法律法规,严格执行廉洁自律各项规定;向上级党(工)委、纪(工)委反映村干部在村务管理中的违纪违法行为,协助上级党(工)委、纪(工)委开展对村干部的述职述廉、民主评议和考核测评等工作。

三、规范村务监督委员会监督方式

主要按照以下四种方式进行监督:

1. 程序式监督。按照"事项选定、意见征询、方案拟定、监督落实、结果反馈"等步骤,明确监督程序。围绕村民关注的热点、难点、疑点问题或村级重大事务,确定监督事项;广泛听取群众意见与建议,及时沟通反馈;制定监督方案,明确职责分工和工作措施;开展监督工作,对违反决策程序的行为,及时提醒或督促纠正;及时公布监督事项进展情况和结果,并向村民做好说明或解释。

2. 参与式监督。在重大事项提交村两委会议决策前,村务监督委员会应参与前期调研、草案听取、方案制订等环节,参与村级建设项目增加工程原因调查;在议事决策中,村务监督委员会成员应列席村两委会议,参与整个决策过程,提出建议性意见,但不作具体表决;议事决策后,村务监督委员会应及时督促村两委组织实施,并对工程建设、资产发包等实施全过程监督。

3. 审核式监督。全程监督"三资"清产核资过程中的调查摸底、登记公示等工作。"三资"事项发生时,村务监督委员会应实行前置式审核,严格核实票据有效性、内容真实性及开支合理性,对审核疑问事项,应退回处理直至符合要求,审核通过后(须签名盖章),村主职干部方可审批入账。严格审核工程支付类、资产转让类、资源发包类项目,必要时应组织询问调查。

4. 评议式监督。每年年底,村务监督委员会要协助镇乡(街道)党(工)委、纪(工)委,召开党员、村民代表会议,组织对村主职干部的年度述职述廉与民主评议。对平时收集和评议过程中反映的问题,向村主职干部提出询问或质询,村主职干部应给予当场答复或会后书面答复。同时,村务监督委员会还应对整个评议过程实施监督,确保评议的公开公平公正。

四、规范村务监督委员会的主要规章制度

重点健全四个方面的制度:

1. 辞职承诺制度。村务监督委员会成员在履职前必须与镇乡(街道)签订《村务监督委员会成员辞职承诺书》,并在党务、村务公开栏进行公示,接受干部群众监督。村务监督委员会成员在任期内出现《承诺书》规定的八项情形之一的,应辞去现任职务。

2. 工作报告制度。村务监督委员会每半年应向村民代表会议报告监督村级事务决策、村务公开、"三资"管理、工程建设等情况。村民代表可当场提问,由村务监督委员会主任给予回答或解释。同时,村务监督委员会每半年应向镇乡(街道)纪(工)委报告村务监督情况,如遇特殊情况或重要事项应随时报告。

3. 工作考评制度。每年由村民代表会议对村务监督委员会的工作情况进行民主评议,对其成员进行信任度测评。民主评议可与对村干部述职评议和考核等一起进行,结果应向全体村民公布,并作为村级岗位目标责任制考核和创先评优的重要依据。对满意度较低的村务监督委员会成员,实行诫勉谈话,对不履行职责或不正确履职造成不良后果的,依据有关程序实行罢免。

4. 过错补救制度。村务监督委员会主任(成员)无正当理由不履行审核职责,或在审核通过后无正当理由不签字盖章的,经镇乡(街道)纪(工)委同意,可由驻村指导员代为履行相关职责。

五、规范村务监督委员会的建设标准

应达到"六有"标准：

1. 有机构牌子。各镇乡（街道）统一制作村务监督委员会的牌子和印章，"村务监督委员会"牌子与村两委牌子一起挂在各村村部大楼（便民服务中心）显眼处。

2. 有办公房子。村务监督委员会应有固定的办公场所，设置标有"村务监督委员会"名称的门牌。

3. 有设备配套。村务监督委员会办公室应配齐电话机、桌椅、档案柜等必要的办公用品，有条件的可配备电脑。

4. 有上墙制度。村务监督委员会办公室内应悬挂工作职责、监督程序、工作制度等内容。

5. 有工作台账。村务监督委员会应确定一名成员记录《诸暨市村务监督委员会工作记录簿》，及时记录工作开展、参与活动、监督事项、发现问题及整改落实等情况。

6. 有反映箱子。在村部大楼门口设立意见征求箱，及时收集、梳理群众意见。

六、工作要求

1. 统一思想，加强领导。各镇乡（街道）要提高认识，把村务监督委员会规范化建设作为深入推进农村党风廉政建设的重要抓手。镇乡（街道）纪（工）委要按照党（工）委的统一部署，加强对村务监督委员会工作的检查、指导和考核工作，保证村务监督委员会有效运转。

2. 明确责任，务求实效。各镇乡（街道）要加大财政保障力度，确保村务监督委员会达到"六有"标准，同时要切实落实村务监督委员会干部报酬基本保障制度。要指导、帮助各村制定和完善符合各村实际的制度，并将村务监督委员会规范化建设与推进农村党风廉政建设"评星晋级"、加强村级小额工程监管等工作有机结合起来,确保工作实效。

3. 积极探索,创新实践。各镇乡(街道)要结合实际,积极探索创新载体,通过抓点带面,梯次推进,高标准、高质量完成规范化建设的各项要求。各镇乡(街道)应于9月底前完成村务监督委员会规范化建设任务,届时,市纪委将会同有关部门组织专项检查验收。

5.2　村干部监督

5.2.1　关于印发规范村级"五件事"制度汇编和流程指南的通知[1]

各镇乡党委、政府,各街道党工委、办事处,市级机关有关部门:

为进一步加强基层公权力监督,切实规范小微权力运行,围绕农村"三资"、村级工程、农民建房、农村土地开发复垦及承包经营、村务公开,市纪委会同市自然资源和规划局、农业农村局、公管办、民政局,编印《诸暨市规范村级"五件事"制度汇编》和《诸暨市规范村级"五件事"流程指南》,供各镇乡(街道)、村(居)日常查询及遵循。为确保上述制度和流程执行到位,特提出如下要求:

一、各镇乡(街道)要高度重视规范村级"五件事",及时组织镇乡(街道)分管同志、相关线办和村(居)干部、村(居)监委成员等相关人员认真学习,切实加强对各村(居)的实务指导与监督检查,严格按照制度和流程要求抓好贯彻执行,确保村级"五件事"执行规范、落实有力。同时,可在上级制度规定和总体流程框架内,结合实际优化完善;在工作实践中有意见建议,可及时向职能部门对接反馈。

二、市自然资源和规划局、农业农村局、公管办、民政局要聚焦规范村级"五

---

[1] 中共诸暨市委办公室、诸暨市人民政府办公室:《关于印发规范村级"五件事"制度汇编和流程指南的通知》,2019年8月8日印发。

件事",认真履行行业监管职责,切实加强对镇乡(街道)、村(居)的政策解读、业务指导、日常监督,加大问题查纠力度,定期通报面上共性问题或点上突出问题,推动村级"五件事"落深落细落实。

三、市纪委市监委要坚持问题导向,切实加强对规范村级"五件事"执行情况的监督检查,严肃查处侵害群众利益的不正之风和腐败问题,对典型案例点名道姓通报曝光,形成持续震慑,确保村级"五件事"各项工作落到实处。

5.2.2 关于下发《村主职干部信访工作"十条负面清单"》的通知[1]

各镇乡党委、政府,各街道党工委、办事处,市级机关各部门:

为坚持和发展新时代"枫桥经验",进一步深化"三服务"活动,夯实信访工作基层基础,充分发挥村干部化解信访矛盾的一线作用,增强基层化解社会矛盾纠纷的能力,努力从源头上预防和化解不稳定因素,切实维护社会和谐稳定,经市领导同意,现印发《村主职干部信访工作"十条负面清单"》,请认真贯彻执行。

村主职干部信访工作"十条负面清单"

1. 通过越级上访等途径表达个人诉求,或组织、参与、唆使和煽动他人越级上访、集体上访的;

2. 本村村民一年内越级上访达5次以上,并造成不良影响的;

3. 对违反"村级五件事"被群众举报且查实的;

4. 对群众正常反映举报行为进行打击、报复的;

5. 对应由村解决的初信初访,因未及时解决而引发越级上访、集体上访的;

6. 对群众申请代办的信访事项因推诿、拖延或政策解释疏导不到位等原因

---

[1] 诸暨市信访工作联席会议办公室、中共诸暨市委组织部:《关于下发〈村主职干部信访工作"十条负面清单"〉的通知》,2019年9月17日印发,诸信联办〔2019〕59号文件。

造成越级上访、集体上访的；

7. 由于主观原因对群众反映举报的信访事项造成泄密的；

8. 在重点敏感时期因就地稳控不力造成信访重点人员脱管失管而发生越级上访的；

9. 对上级党委交办的信访积案化解不力的；

10. 对上级党委交办的其他信访工作履职不到位的。

对存在以上1—4种情形的，在村级换届选举中作为"不宜担任村干部"条件之一。

对存在以上5—10种情形的，由上级党委进行诫勉谈话，并作为年终评先评优的负面清单之一。

5.2.3 关于印发《诸暨市村干部守则》的通知[1]

各镇乡（街道）党（工）委，市级相关部门党组织：

为进一步规范"一肩挑"后村干部日常履职行为，有效防止"不作为、乱作为"现象，对照省委提出的村干部"12个字""6个一"标准，根据绍兴市委组织部的要求，结合我市实际，制定《诸暨市村干部守则》（以下简称《守则》）。

各镇乡（街道）党（工）委要及时传达到位，将《守则》作为村干部学习、培训重要内容，认真组织村干部集中学习，推动入脑入心；要强化制度规范，将《守则》纳入村干部管理制度，形成刚性约束，引导广大村干部"说合适的话、做合适的事"；要常态督促检查，通过明察暗访、群众监督等方式，提升监管实效，引导广大村干部勇做乡村领头雁、争当振兴排头兵，率先打造一支堪当时代重任的优秀村干部队伍。

全市社区干部参照执行。

---

[1] 中共诸暨市委组织部：《关于印发〈诸暨市村干部守则〉的通知》，2021年3月15日印发，诸组通〔2021〕9号文件。

诸暨市村干部守则

一、履职"十要"

要对党忠诚。加强政治修养,自觉在思想上政治上行动上同党中央保持高度一致,坚决做到"两个维护";加强理论修养,带头学习党的路线方针政策,村党组织书记要具备讲党课的能力;加强作风修养,旗帜鲜明地和不良现象作斗争。

要为民服务。秉持为民初心,时刻倾听民意,了解群众诉求,每年走遍网格内每家每户;饱含为民热情,关心关注群众安危冷暖,有困难第一时间出现;全力为民解忧,主动回应群众诉求,把群众托付的事办快办好。

要把村当家。一心为家,时刻保持在岗状态,始终把村庄村民利益放在首位;勤俭持家,坚持把钱花在刀刃上,用小钱办大事;创业兴家,想方设法引项目、搞产业,推动村庄健康有序发展。

要发展经济。因地制宜抓发展、齐心协力促发展、集思广益谋发展,选准"富民强村"路子,迈好乡村振兴步子;树立创新意识、开拓精神,深入挖掘自身优势,农、工、商、旅齐头并进,增强自身造血功能,壮大村级集体经济。

要依法治村。树立法治意识,时刻紧绷法治这根弦,做到防微杜渐、警钟长鸣;增强学法意识,带头学习法律知识,熟练掌握村级事务规章制度;提高用法意识,运用法治思维引导和规范社会生活,治村履职依法依规、程序到位。

要团结协作。顾全大局,互相支持、互相配合,既有明确分工又有共同目标,凝心聚力干事业;在工作中尊重他人,遇事多商量、多讨论,相互"补台"不"拆台";团结一切可以团结的力量,带动广大党员群众投身村庄发展。

要干出变化。善于谋划,把近期发展与长远规划统筹起来,一年有突破,两三年有提升,五年大变样;善于学习,向先进学、向榜样学、向群众学,不断开拓思路、创新方法;善于实践,用好各类资源,积极履诺践诺,做到年年有目标、事事有成效。

要处事公正。为人正派,光明磊落做人,坦坦荡荡做事,对群众一视同仁;办事公平,在解决矛盾纠纷时,明辨是非,公正裁决,不搞厚此薄彼、亲疏有别;开诚布公,主动公开村级党务、村务、财务,接受群众监督。

要促进和谐。擦亮新时代"枫桥经验"金名片,在一线问需解难、化解矛盾;源头化解信访隐患,高效化解初信初访,攻坚化解难题积案,维护村庄和谐稳定;推动自治法治德治智治"四治融合",提升村级治理实效。

要守住底线。管住手、守住心,严格执行有关村干部廉洁自律的各项规定,做到政治上清醒、经济上清楚、生活上清白,真正守住底线、不越红线、筑牢防线。树立"不作为也是一种腐败"的意识,真干实干、敢作敢为。

二、履职"十不准"

不准违反党的政治纪律。不妄议党中央大政方针,不公开发表丑化党和政府形象的言论;不得抵制上级党委政府决策部署和村集体合法合规的决定决议,阳奉阴违、讨价还价。

不准相互拆台闹不团结。不得拉帮结派,搞小团体、小圈子,把个人情绪带到工作中,以私废公;不得对村两委集体的决定说三道四,表面一套,背后一套,不服从集体决策,不做集体分配的工作,明争暗斗,搞小动作。

不准擅自决策村级事务。不在村级事务决策中独断专行,违反"五议两公开"有关规定,擅自决定重大项目安排、重大事项决策、大额款项使用。

不准违规参与"三资"管理。不违反中央八项规定精神,挥霍浪费村集体资产;不违规处置村集体资金、资产、资源及其他公共财物;不违反村级非生产性费用支出相关规定。

不准干预插手村级工程。不得在村级工程项目招投标过程中进行暗箱操作;不得参与或变相参与(含直系亲属及其近亲属、近姻亲属)本村工程项目的投标、承包。

不准参与非正常上访。不煽动、组织或参与(含直系亲属)集体上访、越级上访等;不对群众正常反映的举报行为进行打击、报复。

不准发生"四违"行为。不出现违法建设、违法开采矿山、违法轧(洗)砂、违反殡葬管理规定的行为,或者放任、默许甚至教唆村民出现以上行为。

不准扰乱社会管理秩序。不参与涉黑涉恶、邪教、"黄赌毒"、酒驾、打架闹事等违法犯罪活动。

不准发生消极怠工情形。不得违反村干部坐班值班、请销假等制度;不准在应急响应期间擅离职守、虚报瞒报;不得违规长期外出,不履行正常岗位职责。

不准借机办事吃拿卡要。不得利用职权和职务,在为村民办事时故意刁难、收受好处;不得在低保评定、失地农民养老保险指标分配中索要钱物、优亲厚友;不得在危房改造、征地拆迁、建房指标分配中弄虚作假、接受馈赠。

5.3 村务监督

5.3.1 关于推进村级财务计算机监管网络建设的实施意见[1]

各镇乡人民政府,各街道办事处,市政府各部门:

为进一步深化农村改革,加大监督力度,规范管理行为,适应农村经济、社会信息化发展需要,加快实现全市农村财务管理工作的规范化、信息化、现代化,促进农村经济发展和社会稳定,现就推进全市村级财务计算机监管网络建设提出如下意见:

一、工作目标

总体目标是:在全市范围内建立一个功能完备、结构合理、运转协调、安全

---

[1] 诸暨市人民政府办公室:《关于推进村级财务计算机监管网络建设的实施意见》,2006年8月23日印发,诸政办发〔2006〕151号文件。

稳定和使用方便的村级财务计算机监管信息网络系统,把村级财务会计核算、集体资产管理、财务公开、农经统计、合同管理、农经人员管理等内容全部纳入网络管理的范围,提高工作效率和工作质量,适应经济和社会发展的需要。

二、实施步骤

为有序开展村级财务计算机监管网络建设,该项工作将分三个阶段进行:

第一阶段:准备阶段(7—8月)。主要做好以下工作:

1. 征求意见,制订方案。分别召开市级有关部门、镇乡(街道)农经站和会计代理站人员参加的座谈会,商讨、研究村级财务计算机监管网络建设的具体实施工作,征求对村级财务监管网络建设的意见和建议,在此基础上,按照"统一规划、统一管理、资源共享"的原则,制订村级财务计算机监管网络建设方案和实施意见。

2. 调查研究,掌握情况。了解掌握各镇乡(街道)村级财务管理工作和电算化的基本情况,包括会计代理站设备、人员、网络连接状况和现有单机版软件的使用情况及存在的问题,及时搞好汇总分析。

3. 完善设施,夯实基础。市一级要完成全市村级财务计算机监管网络系统中心机房、工作站硬件、软件设备的采购配置。各镇乡(街道)要及时做好以下基础性工作:

(1)镇乡(街道)农经站、会计代理站应完成站内所有计算机的内部联网工作并通过政务网(内部网)与市级联网。会计代理站电算化办公设施配备不足或配置达不到要求的,要配齐配好。专用电脑配备数量,一般以15—20个村配备一台电脑为宜,电脑容量小、速度慢的要及时更新。这次镇乡(街道)电脑端口的统一安装经费由市里负责,今后将由镇乡(街道)自负。个别会计代理站在镇乡(街道)机关大院外的,应搬入大院内,接通网络,或辅设专线,接入市政务网。

(2)对镇乡(街道)农经站、会计代理站的电脑、打印机、刻录机等硬件设备进行一次性能检查和操作系统维护,确保设备性能良好、运转正常。

(3) 镇乡(街道)会计代理站要组织检查所有村(账套)单机版账务数据的正确性,确保数据从单机版升级到网络版的正确性。

(4) 镇乡(街道)已配置触摸屏,需要安装"政务、村务公开查询系统"的,应提前做好公开内容等有关准备工作。

(5) 首批需要实施联网的行政村应提前做好互联网宽带的接入工作。个别有条件需要安装触摸屏"村级财务和村务公开查询系统"的,应做好公开内容等有关准备工作。

第二阶段:组织实施阶段(9月)。主要做好以下工作:

1. 搞好市村级财务计算机监管网络系统中心机房、工作站设备(软件)的安装,中心机房布线、组网和调试等工作。

2. 积极与省农村财务软件开发单位交流和协商,在对原有的村级财务软件按网络化要求进行完善升级的同时,结合实际,搞好对财务公开、农经统计、集体资产管理、合同管理等功能模块的软件设计、定制,增强网络版系统的应用性和可操作性。

3. 选择一个镇乡(街道)开展客户端调试的试点,并根据试点情况,做好软件的修改和完善升级工作,使网络版更完善、更切合实际。

4. 在镇乡(街道)农经站、会计代理站接好网线的基础上,对镇乡(街道)逐一进行村级财务计算机监管网络系统客户端软件的安装与调试。

5. 对首批需要实施联网的行政村,逐村进行客户端的安装和调试。

6. 完成市、镇乡(街道)有关领导相关查询软件的安装、调试和应用。

7. 结合实际,统一村二级会计科目的设置和明细科目代码。

8. 举办由镇乡(街道)农经站人员和会计代理站人员参加的村级财务计算机监管网络系统操作应用培训班。

9. 统一分配和管理村级财务账套和财务公开账套的密码,搞好对各村财务数据的首次备份和存档。

10. 村级财务计算机监管网络系统进入试运行。

第三阶段:总结提高阶段(10月下旬)。主要做好以下工作:

1. 进一步完善《村会计电算化内部管理制度》和《会计代理站人员岗位责任制》,并做好制度上墙工作,严格按照制度进行规范操作。

2. 针对网络试运行中发现的问题,及时修正完善。

3. 组织开展村级财务计算机监管网络系统的总结、验收。

4. 落实措施,加强维护,确保网络的正常运转和财务数据的安全性。

三、工作要求

1. 统一思想,提高认识。建立村级财务计算机监管网络系统是巩固我市村级会计代理成果、深化农村财务管理的重要抓手,各镇乡(街道)要从加快实现农业和农村现代化进程、全面建设小康社会的高度,充分认识这项工作的重要性、必要性和紧迫性,切实加强领导,把村级财务计算机监管网络系统建设列入重要议事日程,积极创造条件,确保村级财务计算机监管网络建设顺利实施。

2. 精心组织,周密部署。村级财务计算机监管网络系统建设是一项专业性强、工作量大的工作。市里明确村级财务计算机监管网络系统建设由市农办制订方案,牵头实施。各镇乡(街道)要结合实际,明确分管领导,抓好落实工作。要明确一名精电脑、懂财务的专业人员,负责做好村级财务计算机监管网络系统实施的基础性工作,配合全市村级财务计算机监管网络系统的推进和实施。

3. 加快实施,确保进度。全市村级财务计算机监管网络要求在9月底前建成并开始运行。各镇乡(街道)要按照市里的总体部署和具体安排,抓紧做好网络建设的有关准备工作。特别是要抓紧配齐配好设备,及早完成与市政务网的网络连接工作,并搞好财务数据的安全备份。同时,要结合实际,按照统筹考虑、分步实施的原则,就各村的联网作出具体安排,有条件的村可实现市、镇乡(街道)、村三级联网。要加快建设进度,确保全市村级财务计算机监管网络系统建设按时完成。

5.3.2 关于进一步加强村级非生产性开支监督管理的意见[1]

各镇乡党委、政府,各街道党工委、办事处,市级机关各部门,市属企事业单位:

为进一步加强村级财务的管理和监督,推进农村基层党风廉政建设,根据上级要求和《诸暨市农村集体资金资产资源管理办法(试行)》等文件精神,现就进一步加强村级非生产性开支监督管理提出如下意见:

一、基本原则

1. 坚持量入为出、收支平衡。村集体经济组织应将各项收入、支出全部纳入账内核算,以收定支,强化预算执行。

2. 坚持厉行节约、标准从严。村级非生产性开支实行"定性、限额、分类"管理,坚持节约从紧,区别各村实际情况,合理使用。

3. 坚持公开透明、管理规范。坚持民主理财、科学理财、阳光理财,严格执行村级财务联审联签和收支逐笔公开等制度,接受村民监督。

二、主要内容

村级非生产性开支主要包括村干部报酬、差旅、村级招待、外出学习考察、培训、报刊、会务、日常办公等各项费用。

1. 规范村干部报酬。各镇乡(街道)要根据各村集体经济状况、规模大小、工作职责和实绩等情况,明确村干部报酬的具体标准和发放形式。其中,村主职干部的基本报酬按照《关于进一步解决村党组织书记和村委会主任基本报酬的实施意见》(市委办〔2009〕86号)执行。村干部年度奖金等由各镇乡(街道)

---

[1] 中共诸暨市纪委办公室:《关于进一步加强村级非生产性开支监督管理的意见》,2012年5月15日印发,诸纪发〔2012〕15号文件。

根据考核情况审批发放。以固定工资形式核定报酬标准的村干部,不得再从村集体经济中领取误工补贴等各类补贴。

2. 规范办公、会务费。主要指必要的办公用品购置费、水电费、党建经费等维持村级组织正常运转所必需的开支。各镇乡(街道)应根据村级组织运转经费保障机制的要求,按照各地财力和行政村所承担工作量的大小具体核定。政府部门和镇乡(街道)机关在各村召开的现场会、推进会、观摩会等所产生的费用由所在政府部门和镇乡(街道)机关列支。村级集体召开的重大会议由各镇乡(街道)结合本区域实际和各村经济发展现状确定额度。

3. 规范交通差旅费。村干部因公外出(村干部在本镇乡[街道]开会、办事除外)所发生交通差旅开支,由各镇乡(街道)按照实际情况制定相关政策。各行政村除重大突发性事件、突击性任务等特殊情况外,不得擅自租用车辆。

4. 规范招待费。镇乡(街道)和市级机关各部门及下属单位下村开展公务活动、村与上级有关部门之间工作联系、村与村之间工作联系、村级日常工作等村级公务,一律实行"零招待"。村级公益事务(行政村组织干部群众从事抗洪抢险、扑救山火等为公众谋求利益的活动和行为)、村级商务(行政村为发展壮大村级集体经济,开展各种形式的经贸往来、商贸洽谈等活动)招待支出实行限额制,具体由各镇乡(街道)根据各村规模、经济收入等情况确定。

5. 规范外出学习考察。村不得自行组织无实质性内容、无明确考察目的的学习考察。确因工作需要的,须经镇乡(街道)批准,凭镇乡(街道)的外出学习考察审批表(见附件)报销费用。上级单位组织的学习、培训、考察,按书面通知规定费用标准报销。

6. 规范报刊订阅。按照浙农监办〔2011〕4号文件规定,全面实行农村村级组织订阅报刊费用"限额制"。杜绝各类摊派和订阅娱乐性杂志。

7. 规范捐助、赞助行为。村级集体不得以捐助、赞助、贺礼费等名义向外捐款,确须捐赠的须经社员(村民)代表会议讨论通过,并报镇乡(街道)审核同意。

三、工作要求

1. 抓好组织实施。各镇乡(街道)要根据本意见,结合实际制定落实村级非生产性开支管理实施细则,确定各类村级非生产性开支的报销条件、报销方式和报销标准,于6月1日前报市纪委、市农办备案。

2. 强化自律意识。各镇乡(街道)、市级机关各部门要加强对机关干部的宣传教育,切实增强廉洁自律意识,在下村调研走访、指导工作、检查验收、上门服务等公务活动中,自觉做到"五不准":不准接受行政村安排的宴请;不准收受行政村赠送的香烟、土特产等礼品;不准收受行政村赠送的礼金、礼卡、礼券等有价证券;不准参与行政村安排的钓鱼、棋牌等休闲娱乐消费活动;不准向行政村报销应由本单位或个人支付的费用。

3. 严格制度执行。各村要在镇乡(街道)农经站的指导下,科学编制本村非生产性开支预算方案,方案须经村民代表会议审议通过、镇农经站审核、镇纪委审批备案,村务公开栏公示后方可实施。非生产性开支情况每月应逐笔逐项在村务公开栏中公布,接受群众监督。镇乡(街道)"三资"管理服务中心要加强对村级非生产性开支的审核把关,对手续不齐全、村务监督委员会未审核通过的一律不能入账列支。同时做到严禁超额结算、严禁跨年度结报、严禁多笔合并结算、严禁在工程建设项目等中变相列支。

4. 加强监督检查。各镇乡(街道)纪委要组织力量,定期检查各村非生产性开支情况,市纪委、组织、农办、监察、民政、财政、审计等部门要适时开展联合督查,发现问题,及时通报并督促整改落实。对村干部因违反"三资"管理规定,而引发重大矛盾纠纷,引起群众越级上访或群体性上访,造成不良影响的,要按照《诸暨市违反农村集体资金资产资源管理规定责任追究办法(试行)》的有关规定追究其相应责任,构成犯罪的移送司法机关处理。对机关干部违反下村"五不准"规定的,除经济退赔外,按照《诸暨市机关效能责任追究办法》等有关规定予以处理。

附件：

村外出学习考察审批表

申请单位		外出考察对象	
外出考察人数		考察目的地	
学习考察内容		考察时间	年 月 日至 年 月 日
带队人员及职务		联系电话	
资金来源		预算费用	
本村意见			年 月 日
镇乡（街道）"三资"管理服务中心资金审核意见			年 月 日
镇乡（街道）意见			

第六章
诸暨市强化乡村文化建设推进村民自治

提要： 习近平总书记强调："共同富裕是社会主义的本质要求，是中国式现代化的重要特征。我们说的共同富裕是全体人民共同富裕，是人民群众物质生活和精神生活都富裕。"[1]中国式现代化是物质文明和精神文明相协调的现代化。我们要不断厚植现代化的物质基础，不断夯实人民幸福生活的物质条件，同时大力发展社会主义先进文化，加强理想信念教育，传承中华文明，促进物质的全面丰富和人的全面发展。扎实推进乡村振兴战略，不仅要重视物质文明的建设，也要注重精神文明建设，大力改善乡村文化环境，保障乡村整体环境由内及外的全面发展。

诸暨作为越国古都、西施故里，既是全国经济综合竞争力百强县（市），也是全国新时代文明实践中心建设首批试点县（市）。近年来，诸暨市紧扣新时代文明实践的"凝心聚力，服务群众，以文化人，成风化俗"四大目标，推进乡村文化建设，坚持以党的群众路线的典范"枫桥经验"为引领，走出了一条党建统领、人民主体、共建共享的文明实践之路，打通了"宣传群众、教育群众、关心群众、服务群众"的"最后一公里"。本章的史料主要分为四部分。一是乡村文化建设的基础工作。主要是关于乡村文化建设的基础

---

[1] 习近平：《扎实推动共同富裕》，《求是》2021年第20期。

设施的改善、制度的制定等内容,重点史料是《关于加快推进农村文化阵地建设工程的实施意见》《关于推进文化惠民的实施意见》等文件。二是文化特色村创建。这项工作是诸暨市推进乡村文化建设的重要抓手,主要的史料是《诸暨市文化特色村创建办法》。三是群众性精神文明建设。群众性精神文明建设是社会主义精神文明建设的重要组成部分,诸暨市作为全国新时代文明实践"先行试验区",在群众性精神文明建设方面有着丰富的工作方法,为了紧扣乡村文化与群众性这两个主题,该部分的史料主要选取的是群众文化活动、群众性精神文明创建工作的制度设计以及移风易俗等相关内容。四是乡风文明建设工作的特色做法。主要收集的是相关乡镇(街道)在推进乡风文明建设工作过程中的生动实践资料。

6.1 乡村文化建设的基础工作

6.1.1 关于加快推进农村文化阵地建设工程的实施意见[1]

各镇乡党委、政府,各街道党委、办事处,市级机关各部门,市属企事业单位:

为认真贯彻中办、国办《关于进一步加强农村文化建设的意见》和中共浙江省委《关于加快建设文化大省的决定》精神,加快建设"文化名市",提升区域文化,全面推进经济、政治、文化、社会的协调发展,现就加快推进农村文化阵地建设工程提出如下实施意见:

一、指导思想

以邓小平理论和"三个代表"重要思想为指导,树立和落实科学发展观,紧紧围绕建设社会主义新农村,着力提高发展社会主义先进文化的能力。坚持

---

[1] 中共诸暨市委办公室:《关于加快推进农村文化阵地建设工程的实施意见》,2006年5月10日印发,市委办〔2006〕59号文件。

"因地制宜,合理规划,整合资源,综合利用,分类建设,整体推进"的原则,加快推进农村文化阵地建设和设施建设,积极构建公共文化服务体系,营造良好的文化活动环境,满足群众精神文化需求,实现和保障农民群众的基本文化权益,促进我市农村物质文明、政治文明、精神文明协调发展。

二、目标任务

按照建设社会主义新农村的要求,有计划有步骤地推进农村文化阵地建设。从2006年起,通过3年左右的努力,全市镇乡(街道)普遍建成集图书阅览、文艺演出、艺术培训、科普辅导、体育指导、广播影视、宣传教育和青少年校外活动等于一体的综合性文化活动中心;全市行政村基本建成融图书阅览、文化娱乐、科普辅导、体育健身、村部办公、老年活动、党员教育等于一体的综合性文化活动中心。全面改变镇乡(街道)文化基础设施落后的现状,使文化活动中心成为农民群众娱乐的天地、培训的场所、健身的乐园、致富的帮手,为"文化名市"建设奠定坚实的基础。

三、实施程序

农村文化阵地建设工程,以政府为主导,镇乡(街道)为主体,行政村为基础,分级落实,稳步推进。市主抓对镇乡(街道)的规划、督查和对镇乡(街道)、行政村二级的指导、验收;镇乡(街道)在抓好本级建设的同时,负责落实对辖区内行政村工程建设的计划、指导、督查。

(一)计划。各镇乡(街道)要根据市三年计划的目标要求和本地的实际情况,于5月底前向市农村文化阵地建设领导小组办公室上报本镇乡(街道)、行政村各年度建设综合性文化活动中心的计划(计划样表见附件一、二)。行政村文化活动中心建设按照分类推进,先易后难的要求,重点做好中心村、经济强村、人口规模大村的建设。

(二)核准。根据各镇乡(街道)上报情况,由市农村文化阵地建设工程领导小组核准,从全市平衡角度,进行适当调整后以文件形式予以确认。

（三）实施。各镇乡（街道）根据市农村文化阵地建设工程领导小组核准情况进行实施，并向市农村文化阵地建设工程领导小组办公室不定时地报告工程实施进展情况。市农村文化阵地建设工程领导小组办公室将对工程实施进展情况进行经常性督查。

（四）验收。工程结束后，各镇乡（街道）对工程提出验收申请，市农村文化阵地建设工程领导小组办公室召集有关部门对工程组织验收。

（五）补助。市农村文化阵地建设工程领导小组办公室根据验收结果，提出工程奖励补助建议，在领导小组确认后由市财政以奖代补方式予以补助。

四、验收标准及奖励补助办法

（一）验收标准

——镇乡（街道）综合性文化活动中心标准。以浙江省"东海文化明珠工程"和绍兴市"文化示范镇乡"的建设标准为依据，具体为：

1. 根据镇乡（街道）实际，镇乡（街道）综合性文化活动中心建筑面积一般为 1 000—1 500 平方米，并具备以下主要功能：

（1）图书（电子）阅览室：面积不少于 100 平方米，图书报刊不少于 10 000 册（种），电脑一般不少于 10 台；设置有为村综合性文化活动中心服务的图书流动中心，配置文化信息资源共享工程二级中心。

（2）多功能厅或小影剧院：主要用于影视播放、戏剧演出、文化艺术培训、农民素质培训、党员教育、成人教育、计生教育、科技讲座、各类会议等。

（3）综合展示厅：主要用于展示镇乡（街道）三个文明建设成果、优秀民间文化与地域特色文化及卫生计生知识、普法宣传、科普宣传等。

（4）综合活动室：用于排练文艺节目、书画活动等。

（5）器材室。

（6）其他活动场室。

2. 有一定规模（一般应在 1 000 平方米以上）和特色的文化广场（公园）：有

演出舞台、体育设施、宣传长廊(阅报栏和宣传栏等),有文化(休闲)绿地等。

3. 配备专职人员管理。

——行政村综合性文化活动中心标准。以省级"文化示范村"的建设标准为依据,一般与村部建设相结合(同时挂不同牌子),也可单独建设,具体为:

1. 根据行政村实际,村综合性文化活动中心建筑面积一般为 150—300 平方米,并具备以下主要功能:

(1)综合活动室(若干个):用于文体娱乐、播放电视录像、青少年活动、老年活动等,并配有相应设备。

(2)图书(电子)阅览室:面积不少于 50 平方米,图书报刊不少于 1 000 册,逐步配置文化信息资源共享工程三级中心。

(3)教育培训室:用于思想道德教育,农技知识培训,健康、卫生、计生知识宣传,普法讲座、科普讲座,各类会议等。

2. 有一定规模(一般不少于 600 平方米)和特色的文化广场(公园):有演出舞台、标准篮球场、全民健身点、宣传长廊(内容包括阅报栏、村务公开栏、各种宣传栏、黑板报),有文化(休闲)绿地。

3. 有一名村干部具体负责管理。

(二)奖励补助办法

镇乡(街道)和村综合性文化活动中心以镇乡(街道)、村投入为主体,在确保建筑质量的前提下,按建筑面积、活动功能配套及室外文化广场规模,实行以奖代补的办法。

1. 对新建的镇乡(街道)综合性文化活动中心,建筑面积在 1 500 平方米以上、功能配套齐全的,市一次性补助 25 万—30 万元。

2. 对利用旧房或购买、租赁(租赁时间不少于 5 年)旧房改造的镇乡(街道)综合性文化活动中心,建筑面积在 1 500 平方米以上、功能配套齐全的,市一次性补助 15 万—25 万元。

3. 按照上述二类标准,功能配套较齐全的,建筑面积每减少100平方米,补助经费相应减少2万元。在补助中,按经济发展程度,适当体现对欠发达镇乡的扶持。

4. 行政村综合性文化活动中心功能配套基本齐全,符合标准要求,经验收合格,市一次性补助0.5万—1.5万元;镇乡(街道)应不低于市补助数予以配套。

5. 对在文化活动中心建设工作中成绩突出,获得浙江省"东海文化明珠"或绍兴市"文化示范镇乡"称号的镇乡(街道)、"省级文化示范村"的行政村,在省、绍兴市奖励的基础上,市分别再给予2万元、1万元的奖励。

五、工作要求

(一)提高认识,统一思想。实施文化阵地建设工程,是贯彻落实上级关于加强农村文化建设、全面建设小康社会、提高农民素质的具体要求,是我市实施"八大实事工程"的具体内容,也是政府为群众提供公共文化服务的具体举措。各镇乡(街道)及有关部门必须把它作为重要工作来抓、作为硬任务来完成,并在规定时间内取得成效。

(二)加强领导,健全组织。市成立农村文化阵地建设工程领导小组,下设办公室,办公室设在市文化广电新闻出版局,负责制订全市农村文化阵地建设工程建设计划,协调解决工程建设中的重大问题。各镇乡(街道)、行政村要建立相应的工作班子,加强对文化阵地建设工程的领导,确保各项工程高效运作,顺利实施。

(三)明确职责,形成合力。各镇乡(街道)要依据全市三年目标任务,制订本镇乡(街道)、村的年度建设计划;抓紧抓好工程的前期调研和相关协调工作,并具体负责规划设计、征地拆迁、资金筹措、工程启动、设施配套、日常管理等工作。文化部门负责总体牵头协调,同时要加强行业管理和业务指导,负责工程规划的审核、功能定位、竣工验收等工作,并指导督促推动工程的实施。农办、体育、民政、教育、卫生、计生、科协、总工会、妇联、团市委、财政、发改、建设、规划、审计、监察等部门要按职责分工,相互支持,密切配合,全力推进农村文化阵地建设工程。

(四)注重结合,整合资源。农村文化阵地建设工程是一项综合性的系统工程,市级各相关部门要在领导小组办公室的协调下,用足用好有关政策,主动给予行业业务指导。镇乡(街道)在文化阵地建设中,要通盘考虑,注重资源整合,提高利用效率。可根据实际需要,"一室多用",同时挂设科普辅导站、体育健身站、职工俱乐部、青少年活动中心、老年活动中心、教育培训中心、关工委办公室、民兵之家等牌子,把文化阵地建设工程与村部建设工程结合起来,与农村小康健身工程结合起来,与"五五普法"结合起来,与工、青、妇活动中心建设结合起来,等等,努力实现资源整合、成果共享、功能多样、效用最大的目的。

(五)全力筹资,抓紧实施。各镇乡(街道)可采取政府、社会、市场三结合的办法,筹措建设资金。要努力盘活现有文化站、影剧院、旧校舍、旧村部等闲置资产,所得资金全部用于文化阵地建设;要借社会各方之力,积极吸纳社会资金,采用企业、个人冠名资助或无偿捐助等办法,形成多元化投资的格局。要按照农村文化阵地建设工程的要求,集中精力,抓紧做好启动工作,确保农村文化阵地建设工程在规定时间内完成。

6.1.2 关于推进文化惠民的实施意见[1]

各镇乡党委、政府,各街道党工委、办事处,市级机关有关部门、市属企事业单位:

为深入实施文化强市战略,加快构建公共文化服务体系,丰富群众文化生活,保障群众基本文化权益,根据《关于全面改善民生促进社会和谐的实施意

---

[1] 中共诸暨市委办公室:《关于推进文化惠民的实施意见》,2008年8月29日印发,市委办〔2008〕97号文件。

见》(市委〔2008〕46号)精神,现就进一步推进文化惠民提出如下意见:

一、指导思想

以党的十七大精神为指导,深入贯彻落实科学发展观,紧紧围绕市委"创业创新、富民惠民"工作主题,按照实施文化强市战略要求,着力改善公共文化设施,着力提高公共文化产品供给,着力创新公共文化服务方式,逐步形成以政府为主导、公益性文化事业为主体、社会各方面力量参与为补充的文化惠民工作体系,积极推动文化发展成果惠及全市人民。

二、工作措施

着眼满足群众"求知、求富、求乐、求健康"需要,坚持城乡统筹、量力而行、贴近群众、惠及全民的原则,突出重点,实施文化惠民十大工程:

1. 文化阵地建设工程。按照高起点、高标准和适度超前的要求,集中力量建设一批特色鲜明、功能完备的市级文化设施,不断提升城市文化品位和市民文化生活水平。坚持基本公共服务均等化原则,发挥公共财政的主导作用,突出重点建好镇、村两级文化活动中心。力争到2009年,在全市普遍建成乡镇综合文化中心,基本建成村级文化中心。对通过验收的镇、村文化活动中心,按市委办〔2006〕59号文件精神,给予一定的经费补助。(实施单位:市文广新闻出版局、市财政局)

2. 文化文明系列创建工程。创新思路,创新方法,深入开展文化强镇、体育强镇、文化特色村、浙江省东海文化明珠、绍兴市文化示范镇乡等文化特色系列创建活动,扎实开展文明村、乡风文明示范村、文明社区、文明单位、文明镇等文明系列创建活动。对创建成功的镇、村和社区,按有关规定给予奖励。(实施单位:市委宣传部、市文广新闻出版局、市体育局、市科协)

3. 文化活动繁荣工程。结合重大节会、重要节庆,策划开展大型群众文化活动,搭建文化活动平台;每年组织一次民俗文化表演、一次群文作品创作大赛、一次外来建设者才艺大赛;每二年举行一次书画艺术节、少儿才艺大赛;每三年举行一次镇乡文艺调演、市直系统文艺调演、社区文艺调演;深入开展送戏、送电影下乡,建设市级图书配送中心、镇乡(街道)图书配送分中心和行政村图书流通点,着力解决基层群众看书难、看戏难、看电影难问题。完善政策激励,对各级各类基层群众文化活动,按《基层文化活动经费补助办法》给予一定的补助。(实施单位:市委宣传部、市财政局、市文广新闻出版局)

4. 文体骨干培育工程。充分发挥专业文体骨干作用,依托各级文化活动中心,开展集中培训、现场指导和个别辅导活动,每年培训各级文体骨干1 000人,提升水平、壮大队伍。加大面向基层、面向群众的精神文化产品的创作生产力度,扶持文化人才创作现实题材、农村题材作品,推出更多群众喜闻乐见的大众文化产品。对各级各类文体骨干培训和获奖文化精品,按《基层文化队伍(骨干)培训经费补助办法》和《诸暨市宣传文化精品奖励办法(暂行)》给予补助奖励,激励多出精品、多出人才。(实施单位:市委宣传部、市财政局、市文广新闻出版局、市体育局)

5. 文化信息资源共享工程。加快建设市级分中心,有重点、分步骤完成镇级分中心和村级基层点建设。实行以奖代补政策,对经验收合格的分中心和基层点,按《文化信息资源共享工程经费补助办法》给予适当奖励。力争到2010年,完成镇乡(街道)二级分中心和行政村(社区)三级基层服务点建设。大力推进有线广播"村村响"、有线电视"村村通"和有线电视"数字化"改造,继续实施"彩虹行动",逐步建成覆盖城乡的文化信息资源共享网络,满足群众的基本文化需求。(实施单位:市文广新闻出版局、市民政局、市广播电视台)

6. 文化产业促进工程。充分发挥我市文化底蕴深厚、文化资源丰富、文化需求旺盛和民间资本充裕等优势,大力发展文化产业。鼓励和吸引民营资本进入文化产业领域,突出重点发展文化旅游业、文化演艺业、书画艺术业、广告会展业、艺术培训业、工艺品制造业、娱乐休闲业,着力培育一批龙头文化企业,形成一批"专、精、特、新"文化企业。按市委、市政府《关于实施文化强市战略的若干政策意见》,加大对文化产业发展的政策扶持力度,努力把文化产业培育成为我市经济发展的新亮点。(实施单位:市财政局、市文广新闻出版局)

7. 教育惠民工程。围绕建设"省内领先、国内一流"的教育强市目标,合理配置教育资源,调整优化教育结构和布局,缩小城乡教育发展差距,推进教育均衡化发展;大力实施素质教育,全面提高教育现代化水平;积极发展成人教育、社区教育、现代远程教育和职业教育,深入实施农民培训工程,强化职业技术培训,扩大免费教育覆盖面,构建终身教育体系;健全助学政策体系,不断加大补助力度,扩大资助面,完善教育保障体系。(实施单位:市教育局、市农办)

8. 健康保障工程。继续实施市民健康工程,扎实推进新型农村合作医疗制度,办好惠民医院;不断完善市、镇、村三级公共卫生网络体系建设,广泛开展爱国卫生运动,加强疾病防治;加强医疗机构建设,建好市人民医院;加快推进村卫生室一体化管理,全面推行联村(楼群)医生责任制。(实施单位:市卫生局)

9. 全民健身工程。按照镇、村为主,市财政适当补助的形式,有计划、有重点地抓好农村公共体育设施建设;合理规划建设城区公共体育设施网点;组织开展全运会、农民运动会、"乡村 NBA"、健美操赛等各类群体、各种形式的体育活动,推进城乡体育事业均衡发展,促进全民健身活动开展。力争到 2012 年,全市经常体育锻炼人口达到总人口的 50% 以上。(实施单位:市体育局)

10. 科普惠民工程。贯彻《全民科学素质行动计划纲要》,深入开展"四进社区"活动,深化"市民健康课堂""三下乡""学会为基层服务团""科普服务新农村"等活动载体,普及科学知识,提高全民科学素质,引导广大群众养成科学、文明、健康的生活方式。(实施单位:市司法局、市卫生局、市科协)

三、保障机制

1. 加强领导,落实职责。推进文化惠民,是一项"民心工程"。各地各部门要从推动社会主义文化大发展大繁荣、构建和谐社会的高度,充分认识其重要性和紧迫性,切实加强领导,明确目标责任,完善政策措施,确保文化惠民各项工作顺利实施,取得实效。

2. 统筹协调,形成合力。要增强大局意识、主动意识和责任意识,充分发挥各自优势,加强活动策划,注重资源整合,共同推进文化惠民各项工作落实;要充分调动干部群众的积极性和创造性,形成上下一致、齐心协力的工作局面。

3. 注重创新,抓好落实。要加强典型引导,认真总结新经验、探索新方法、拓展新思路、解决新问题,不断创新文化惠民的内容、形式和载体,促进文化惠民的务实落实;要加强对工作的督查指导,完善考核办法,把各项工作抓紧、抓实、抓出成效。

6.2 文化特色村创建

6.2.1 关于印发《诸暨市文化特色村创建办法》的通知[1]

各镇乡党委、政府,各街道党工委、办事处,市级机关各部门,市属企事业单位:

为适应创建工作形势发展和行政村规模调整变化需要,经研究,决定开展新一轮文化特色村创建活动。现将《诸暨市文化特色村创建办法》印发给你们,请遵照执行。

诸暨市文化特色村创建办法

第一条 为深入实施文化强市战略,进一步规范和提升文化特色村创建工作,促进文化惠民,特制定本办法。

第二条 文化特色村创建工作由市文化强市领导小组办公室(设在市委宣传部)牵头,市文广新闻出版局、体育局和科协具体组织实施。

---

[1] 市文化强市领导小组办公室:《关于印发〈诸暨市文化特色村创建办法〉的通知》,2008年4月14日印发,诸文办〔2008〕1号文件。

第三条　文化特色村创建经申报、规划、抽查、验收、命名五个程序,每年创建一批。

第四条　文化特色村创建类型分为文艺类、体育类、科普类三大类。

第五条　文化特色村创建申报对象为符合下列条件的行政村:

(一)村级班子团结,村容村貌整洁;

(二)有1支以上骨干队伍且每支队伍人数在20人以上;

(三)村内群众该项活动参与率在20%以上;

(四)申报前一年无重大群体性事件、文化市场违法事件以及市委市政府考核评比一票否决事件发生。

第六条　文化特色村创建标准由市文广新闻出版局、体育局和科协按照不同类型分别制定(详见附件)。

第七条　符合条件的行政村以镇乡、街道为单位,按类别分别向有关部门申报,市文广新闻出版局、体育局和科协初审后报市文化强市领导小组办公室审查。

第八条　市文化强市领导小组办公室审定后,发文公布创建规划名单。

第九条　创建期间,市文化强市领导小组办公室会同市文广新闻出版局、体育局和科协加强对创建工作的指导和督查。

第十条　年终由市文广新闻出版局、体育局和科协分组验收,结果报市文化强市领导小组办公室。

第十一条　市文化强市领导小组办公室经审定后,予以命名,并给予一定奖励。

第十二条　奖励经费在宣传文化专项资金中列支。

第十三条　定期复评,命名后的文化特色村如有队伍建设不力、活动开展不经常或发生与该荣誉称号不相符的事件,予以撤销。

第十四条　本办法由市文化强市领导小组办公室负责解释。

第十五条　本办法自发文之日起施行。

附件：

诸暨市文化特色村创建标准

一、文艺类文化特色村创建标准

1. 班子合力强。村级班子团结一致,有凝聚力和号召力。有一名村干部具体负责创建工作。

2. 环境建设美。村容村貌整洁,路面硬化、环境净化、空地绿化、夜间亮化。

3. 文化设施齐。建有标准的村级文化活动中心,专人管理,定期开放,经费有保障。

4. 创建特色明。有1支以上骨干队伍且每支队伍人数在20人以上(书画、音舞、民间艺术等)。常年开展活动,每支队伍年活动在5次以上,村民参与率在20%以上,影响面在60%以上。创建氛围浓厚。

5. 村民素质优。无重大群体性事件及市委市政府考核评比一票否决事件。村民精神面貌积极向上,守法纪、讲文明。

6. 工作资料全。各种制度健全,活动资料完整,队伍名单上墙公布,布置美观。

二、体育类文化特色村创建标准

1. 组织落实。建有村体育领导小组和村老年体协(名单上墙公布),村主任任领导小组组长。

2. 工作规范。各类制度健全,有年度活动计划和工作总结,奖杯、锦旗及活动照片、活动记录等软件资料存档并保存完好。

3. 参与广泛。喜爱特色体育的人数在50%以上,经常参与特色体育的人数不少于20%。

4. 队伍整齐。村里有2支以上业余运动队,其中篮球、乒乓球、老年排球每支不少于12人,棋牌每支不少于10人,健身球、武术每支不少于20人。队伍名单上墙公布。

5. 活动经常。全年村级竞赛和表演活动不少于4次,参加镇乡级以上或跨区域竞赛、表演不少于1次。

6. 经费到位。每年有一定的经费用于特色项目的设施建设投入,全年常规活动经费人均不少于5元,均列入年度财务预算。

7. 设施完备。每个自然村建有30平方米以上的活动室,篮球、排球村每个自然村要有1个以上的水泥或灯光球场,50%以上的农户家中有篮球或排球;棋艺村有60平方米以上的活动室1个,传统棋牌及桌椅10套以上,50%以上的农户家中有传统棋牌;武术、健身球操村有100平方米以上的活动室或训练房,50%以上的农户家中有武术器械、健身球。三类镇乡的村可酌情降低标准。

8. 成绩显著。在镇乡级以上的竞赛(表演)中名列前茅,具有向上输送或对外交流特色运动后备人才的能力。

三、科普类文化特色村创建标准

1. 组织健全

(1)有创建工作领导小组或科普工作领导小组(名单上墙公布),并由村主要领导任组长,有专人具体负责日常科普工作。

(2)村级班子科技意识强,重视科普工作,年初有计划(上墙公布),年末有总结。

(3)村级班子或领导小组定期研究科普工作。

(4)建有村农函大辅导站、点,以及专业技术协会,组织和制度上墙公布。

2. 参与广泛

(5)全村60%以上的农户参与科普活动。

(6)科普活动情况在市级以上新闻媒体报道或受到镇乡(街道)以上党委政府表彰。

(7)村民的科技意识和科技文化素质普遍较强,封建迷信及其他反科学、伪科学现象基本杜绝,村风村貌和科普氛围良好,村内有科普永久性标语3条以上。

3. 活动经常

(8) 全年举办各类科普培训班(讲座)不少于4期(次)。

(9) 党员和干部受训人数达到90%以上,村民受训人数占全村劳动力的30%以上。

(10) 积极开展"村会协作"活动,与市级学会结成技经合作关系,结对出成效。

(11) 乡镇级以上科技示范户占村总户数的1%以上;获得各类农民技术职称的占全村劳动力3%以上。

(12) 举办科技交流、科普示范等形式的群众科普活动2次以上。

4. 特色鲜明

(13) 有依靠科技普及形成和发展起来的特色农业示范基地或特色经济产业、特色科普项目。

(14) 特色基地或特色产业、特色项目主导本村的经济或社会生活格局。

(15) 特色基地或特色产业、特色项目具有良好的经济和社会效益。

5. 设施齐全

(16) 有可供村民活动的科普活动室或阅览室等科普场所,并订有多种科技书报、杂志、资料。

(17) 有科普宣传窗或宣传栏、黑板报,全年专栏宣传科普知识不少于4期(次)。

(18) 农户有科普书报(资料)或农函大教材。

6. 经费充足

(19) 村集体每年有一定的经费(人均1元以上)用于科普活动,并随着农民收入的增长而递增。

(20) 保证必要的科普设施投入和经常性科普活动的经费开支。

上述(4)(7)(8)(11)(13)(16)(18)为必达标准;其余累计5项不达标的不能通过审定。

6.3 群众性精神文明建设

6.3.1 关于印发《诸暨市节俭养德全民节约行动实施方案》的通知[1]

各镇乡街道党(工)委,市级各有关部门:

现将《诸暨市节俭养德全民节约行动实施方案》印发给你们,请结合工作实际,认真贯彻落实。

诸暨市节俭养德全民节约行动实施方案

为深入贯彻中宣部、国家发改委关于开展"节俭养德全民节约行动"电视电话会议精神,在全社会广泛开展节俭节约宣传教育实践活动,努力营造节俭节约的良好风尚,根据中宣部、国家发改委《节俭养德全民节约行动总体方案》和省委宣传部、省文明办、省发改委《浙江省节俭养德全民节约行动实施方案》,结合诸暨市实际,制定节俭养德全民节约行动实施方案。

一、指导思想

以党的十八大、十八届三中全会精神和习近平总书记系列讲话精神为指导,深入贯彻落实省委十三届五次全会精神,紧紧围绕"美丽诸暨建设"的战略任务,坚持教育引导与实践养成相结合,坚持集中活动与建立长效机制相结合,大力开展节俭养德全民节约行动,大力构建资源节约型、环境友好型城市。

---

[1] 中共诸暨市委宣传部:《关于印发〈诸暨市节俭养德全民节约行动实施方案〉的通知》,2014年7月29日印发,诸宣〔2014〕43号文件。

二、活动主题

诸暨市节俭养德全民节约行动的主题是"五个节约、五个强化",即着力倡导"节约一滴水",教育引导城乡居民了解我市水资源短缺的实际,强化保护河道、爱水节水意识,养成节约用水、科学用水的习惯;倡导"节约一粒粮",教育引导城乡居民了解我市人口多、农田少的实际,强化爱粮、惜粮意识,养成节约粮食、科学饮食的习惯;倡导"节约一分钱",教育引导城乡居民摒弃讲排场、比阔气的面子心理,强化理性消费、节俭办事意识,养成长远计划、精打细算的习惯;倡导"节约一度电",教育引导城乡居民了解我市资源要素制约发展的实际,强化绿色生活意识,养成人走灯关、人离电断的习惯;倡导"节约一张纸",教育引导城乡居民树立"节约一张纸就是保护一片绿"的观念,强化保护环境意识,养成无纸化办公、循环用纸的习惯,努力使厉行节约、反对浪费在全社会蔚然成风。

三、活动安排

开展节俭养德全民节约行动,以全市党员干部、城乡居民、职工和青少年学生为重点对象,大力倡导和实践"五个节约",分领域在党政机关、社区家庭、企业、学校广泛开展"节约型"建设。

(一)在党政机关中开展"节约型机关"建设。结合党的群众路线教育实践活动,在全体党员干部中广泛开展节俭节约教育实践活动,推进节约型机关建设,引导广大党员干部在执政行为、公务活动中严格执行各项规定、自觉厉行节俭节约,在工作中带头做到节水、节电、节纸、节约器材,减少一次性用品使用,在日常生活中严格要求自己、反对铺张浪费和浮华攀比,更好地树立党政机关清廉节俭的良好形象。要围绕贯彻落实《浙江省党政机关厉行节约反对浪费实施细则》和《浙江省实施〈公共机构节能条例〉办法》,把加强厉行节约反对浪费教育作为作风建设的重要内容,融入干部队伍建设和机关日常管理之中,建立健全常态化工作机制,严格经费管理,降低公务活动成本。(由市直机关党工委、市机关事务管理局牵头组织落实)。

（二）在社区和家庭中开展"节约型家庭"建设。在社区、家庭中广泛宣传节俭理念，普及节俭知识，结合移风易俗，开展"文明餐桌""闲置物品共享"等行动，创建"绿色家庭"，推进节约型家庭建设。推广绿色出行、垃圾分类、减少一次性用品使用等绿色低碳生活方式。定期组织变废为宝竞赛、"节俭达人"评选等活动，号召全体家庭成员节水、节粮、节电、节纸、节约钱物。开展"我身边的浪费现象"大讨论、弘扬传承"节俭节约的家训家风"等活动，引导广大居民从自身做起，从小事做起，从不良习惯改起，培养崇尚节俭、反对浪费的意识，养成文明节俭的消费理念和生活习惯。（由市民政局、市妇联牵头组织落实）。

（三）在生产建设领域中开展"节约型企业"建设。大力开展节约型企业建设，把节俭节约理念融入生产工作中、贯穿于日常管理中。结合"五水共治"工作，宣传水资源短缺的市情、省情、国情，广泛普及节水知识，强化节水人人有责意识，开展"人人节水行动"，深化节水型城市创建工作。积极开展"资源循环利用行动"，传播循环经济理念，推广循环经济发展模式，全面推进开发区（园区）循环化改造工作，培育一批循环经济示范企业，树立循环经济典型。落实《浙江省"万吨千家"节能行动实施方案》要求，推进高耗能企业节能降耗。实施生态循环农业示范工程，积极争创省级生态循环农业示范县（市），创建一批省级生态循环农业示范区、示范企业和示范项目。积极推进生态旅游，创建一批省级生态旅游区和绿色旅游饭店。积极推行绿色建筑和可再生能源建筑应用，组织开展节能新技术、新产品、新方法的研发，完成节能降耗的目标任务。（由市发改局、市经信局牵头，会同市建设局、市水利水电局、市农业局、市旅游局组织落实）。

（四）在大中小学中开展"节约型校园"建设。针对青少年缺乏对艰苦生活的感受、缺少对节约观念的认知，享受意识、攀比心理较重等问题，在全市学校大力开展节约型校园建设。从节约粮食、节约水电、节约纸张、节约钱财等入手，利用主题班会、党团队活动和主题演讲、诗歌朗诵、征文比赛等校园文化活动形式开展节约教育,让青少年在浓郁的氛围中受到熏陶、得到感染,从小树立节约光荣、浪费可耻的思想观念。组织"曝光泔水缸"行动,开展旧物利用、旧物交换、节约体验和志愿服务等活动,鼓励学生争做节约资源的宣传者和实践者,增强节约的自觉自律。(由市教育局、团市委牵头组织落实)

四、工作要求

各地各部门要高度重视开展节俭养德全民节约行动,组织专门力量,精心组织实施,着力抓好重要工作、重大活动、重点项目,确保活动顺利推进、引向深入。

(一)充分发挥先进文化的教育作用。要把"节俭养德全民节约"行动的宣传教育与中华优秀传统文化和当代先进文化中崇俭抑奢的思想精髓结合起来,寓于群众性文化活动和文艺作品创作生产之中。广泛开展社区文化、村镇文化、企业文化、校园文化、广场文化等健康向上的群众文化活动,大力营造节俭节约的文化氛围。挖掘、宣传历史上俭以养德的著名人物、动人故事和勤俭持家的家风、家训,推出更多优秀文艺作品,生动形象地宣传节俭节约理念,寓教于乐、润物无声地教育引导群众,让节俭节约的理念深入人心。

(二)充分发挥新闻媒体的引导作用。市级新闻媒体要结合各自实际和特点,形成舆论宣传的热潮,形成强大声势。要运用新闻报道、言论评论、专题节目等形式传播节俭节约的价值观,宣传开展节俭养德全民节约行动的重大意义,宣传各地各部门开展行动的生动实践和新鲜经验。重点网站要灵活运用网络传播规律,通过网络宣传、网络文化、网络服务集聚网上舆论引导合力,形成良好的网上舆论环境。市级新闻媒体要设立曝光台,派出记者进行明察暗访,查找、曝光一批铺张浪费、奢侈奢靡的典型案例。

(三)充分发挥社会监督的约束作用。广泛动员全社会力量,邀请各级人大代表、政协委员、市民代表、各类志愿服务团队和志愿者担任监督员,积极参与到节俭养德全民节约行动中来,组织市民寻访团,深入社区、学校、食堂、宾馆、饭店、景区、工厂和窗口单位等场所,宣传节俭节约理念,发现铺张浪费现象,劝阻浪费行为,形成破除讲排场、比阔气的强大社会压力。

(四)充分发挥文明创建的推动作用。要将节俭养德全民节约行动成效,作为体现城乡居民文明素质和社会文明程度的重要指标,纳入文明村镇、文明单位、文明家庭评选和市区公共文明指数测评等一系列群众性精神文明创建活动之中,坚持项目化推动的工作方法,把节俭节约的原则要求细化成可操作的工作措施,以创建推进节俭养德全民节约行动广泛深入开展。

(五)充分发挥体制机制的保障作用。运用经济政策、标准规制、规划引导等举措,健全优化用电用水阶梯价格机制、资源综合利用税收优惠机制、高效节能产品推广机制、公共机构能耗限额管理机制等,形成有利于资源节约、环境保护的良好格局。

6.3.2 关于印发《诸暨市深化群众性精神文明创建活动实施意见》的通知[1]

各镇乡、街道,市级有关部门(单位):

《诸暨市深化群众性精神文明创建活动实施意见》已经市文明委领导同意,现印发给你们,请结合实际认真贯彻执行。

诸暨市深化群众性精神文明创建活动实施意见

为深入贯彻落实党的十九大和省第十四次党代会、市委十六届三次全会精神,根据中央文明委《关于深化群众性精神文明创建活动的指导意见》有关要求,进一步提升我市群众性精神文明创建工作水平,现结合我市实际,提出如下实施意见:

---

[1] 诸暨市精神文明建设委员会办公室:《关于印发〈诸暨市深化群众性精神文明创建活动实施意见〉的通知》,2018年2月13日印发,诸文明委〔2018〕2号文件。

一、总体要求

（一）指导思想

高举习近平新时代中国特色社会主义思想伟大旗帜，全面贯彻党的十九大精神，牢固树立新发展理念，坚持以人民为中心的发展思想，以培育和践行社会主义核心价值观为根本，加强公民思想道德建设，深化群众性精神文明创建活动，大力推进风尚文明建设，着力提升市民文明素质和城市文明程度，全面提高群众生活质量和城市文化品位，为加快建设富强民主文明和谐美丽的社会主义现代化强市提供坚强的思想保证、强大的精神力量、丰润的道德滋养。

（二）基本原则

——坚持正确方向、凝聚共识。坚持以习近平新时代中国特色社会主义思想为指引，坚持正确的政治方向，始终把培育和践行社会主义核心价值观作为群众性精神文明创建活动的灵魂工程和根本任务。

——坚持围绕中心、服务大局。把深化群众性精神文明创建活动放在诸暨现代化强市建设大局中谋篇布局，推动全市物质文明与精神文明相互促进、协调发展。

——坚持以人为本、共建共享。坚持以人民为中心的发展思想，牢固树立依靠人民、为了人民的创建理念，把开展群众性精神文明创建活动作为满足群众美好生活需要的重要载体，动员人人参与，实现共建共享。

——坚持全域创建、常态长效。以深化群众性精神文明创建活动为抓手，加快推进全市域协同发展和城乡融合发展，注重制度保障，突出问题导向，持续提升群众文明素质、居民生活品质、城乡文明水平。

（三）工作目标

深入贯彻习近平新时代中国特色社会主义思想，使"两个一百年"奋斗目标、实现中华民族伟大复兴的中国梦更加深入人心，新时代推进诸暨现代化建设的强大精神动能不断凝聚;社会主义核心价值观全面普及,融入社会发展方方面面,成为百姓日用而不觉的行为准则和全市人民的共同价值追求;文化自信切实增强,爱国主义、集体主义、社会主义思想全面弘扬,中国特色社会主义文化和诸暨特色文化的自信心、认同感、自豪感以及城市凝聚力、向心力进一步增强;风尚文明全面引领,群众性精神文明创建工作制度化、常态化稳步推进,城乡环境面貌、社会公共秩序、公共服务水平、居民生活质量持续改善,公民思想道德和社会文明程度显著提高。

二、重点项目

(一) 社会主义核心价值观铸魂工程

1. 推进社会主义核心价值观落细落小落实。坚持把培育和践行社会主义核心价值观作为群众性精神文明创建活动的根本任务,贯穿到富强诸暨、法治诸暨、文化诸暨、平安诸暨、美丽诸暨、清廉诸暨的全领域,结合到群众性精神文明创建的全方位,融入到经济社会发展的全过程。推进社会主义核心价值观落细落小落实,推进重点项目清单制度,加强教育引导、文化熏陶、实践养成、制度保障,使主流价值观内化为人们的坚定信念、外化为人们的自觉行动。

牵头单位:市委宣传部、市文明办

责任单位:市级相关部门,各镇乡(街道)

2. 加强理想信念教育。要把理想信念教育作为群众性精神文明创建的核心环节。发挥领导干部"头雁效应",完善党委中心组理论学习制度,加强对习近平新时代中国特色社会主义思想的学习教育,切实增强"四个意识",切实提高统筹推进"五位一体"总体布局和协调推进"四个全面"战略布局的能力水平。发挥党员干部的先锋示范,深入推进"两学一做"学习教育常态化制度化,加强正确的世界观、人生观、价值观和道德观教育,坚定中国特色社会主义道路自信、理论自信、制度自信和文化自信。发挥基层群众的主体作用,深入推进中国特色社会主义和中国梦的宣传,引导广大群众自觉在思想上政治上行动上同以习近平同志为核心的党中央保持高度一致。

牵头单位:市委组织部、市委宣传部

责任单位:市级相关部门,各镇乡(街道)

3. 深化爱国主义教育。深入学习宣传习近平新时代中国特色社会主义思想和党的十九大精神,把爱国主义与爱党、爱社会主义、爱家乡结合起来,广泛开展近现代史、党史、国情市情乡情、改革开放成就和形势政策教育。利用重大历史事件纪念日等,运用多种艺术表现形式及新媒体等载体,举行形式多样的群众性纪念活动,增强对国家和民族的认同感、归属感。发挥各级爱国主义教育基地作用,突出网上网下联动,组织丰富多彩、特色鲜明的主题教育活动,让爱国主义成为广大群众的坚定信念和精神依靠。

牵头单位:市委宣传部

责任单位:市级相关部门,各镇乡(街道)

(二)文明创建品质提升工程

4. 巩固提升全国文明城市创建成果。加强文明委对文明城市创建的统筹协调,落实文明创建长效工作机制,全域化推进高水平文明城市创建。加强对文明城市创建的制度化管理,动态完善考评办法,把群众关心的热点、难点、焦点问题纳入测评体系,突出专项考核,强化分类推进,提高群众的参与度和满意度,提升全市域文明城市创建品质。

牵头单位:市创建办、市文明办

责任单位:市级相关部门,各镇乡(街道)

5. 示范推进文明单位创建。加强文明单位示范引领,突出党政机关、企事业单位、窗口行业,广泛开展文明单位示范化创建活动,并向新经济组织、新社会组织辐射延伸,不断扩大文明单位创建覆盖面。修订完善《诸暨市文明单位创建管理办法》,加强文明单位的动态管理,以有进有出的工作导向,建立负面清单,突出过程创建,切实提高文明单位的"含金量"。深化拓展"双百结对、共建文明"活动,推动文明单位自觉承担社会责任。

牵头单位:市文明办

责任单位:市级相关部门,各镇乡(街道)

6. 深入推进文明村镇创建。组织全市乡镇全面深化文明集镇创建,丰富创建内涵,提高创建实效。2022年全市范围内市级文明村镇建成率比例达到80%以上。以顺应农村群众的新期待、增加农村群众的获得感为导向,完善创建制度,制定创建标准,加强文明村镇日常管理,积极发动、指导符合条件的村镇申报、创建绍兴市级、省级、全国级文明村镇,培育一批新的文明村镇,扩大农村文明阵地。

牵头单位:市文明办

责任单位:各镇乡(街道)

7. 全面推进文明社区创建。在全市所有城市(农村)社区开展文明社区创建活动,重点提升管理水平和服务质量。加强社区党群组织创建领导,建立民主决策、民主管理和民主监督制度,健全社区服务体系,提高综合服务水平。建立社区教育管理长效机制,深入开展科教、文体、法律、卫生、环保、文明礼仪"六进社区"活动,宣传展示社区居民文明公约。强化创建品牌培育,各镇乡(街道)要突出各自特色,重点培育打造一批文明示范社区(小区)、文明示范楼道等标杆,全面强化基层创建基础。

牵头单位:市文明办

责任单位:市民政局、市司法局、市环保局、市文广新闻出版局、市卫生和计划生育局、市科协,各镇乡(街道)

8. 扎实推进文明校园创建。按照文明校园"五个一"工作要求,在全市广泛开展文明校园创建活动,实现2020年全市中小学"文明校园"创建活动100%覆盖目标。落实《诸暨市中小学文明校园评价细则》,深化校风学风和师德师风建设,进一步提升学校思想道德、教师队伍、校园文化建设水平。广泛开展"我的中国梦"主题教育实践活动,组织推进清明祭英烈、六一"学习和争做美德少年"、七一"童心向党"、十一"向国旗敬礼"等主题教育活动,推进社会主义核心价值观进教材、进课堂、进头脑。推进文明氛围营造,统筹学校文明班级、文明寝室、文明食堂、美丽校园、文化校园、绿色校园和平安校园等建设工作,打造"一校一品"文明校园特色品牌。

牵头单位:市文明办、市教育局

责任单位:市委政法委、市环保局,各镇乡(街道)

9. 广泛推进文明家庭创建。突出文明家庭创建工作统筹,创建一批市级文明家庭,以文明家庭为统领,广泛开展"星级文明户""最美家庭"等创建活动,推动形成爱国爱家、相亲相爱、向上向善、共建共享的社会主义家庭文明新风尚。突出家教家风家训传承,大力开展"传家训、立家规、扬家风"主题活动,大力弘扬良好家风和家训。突出运用节庆活动弘扬家庭文化,深入开展传统节日主题活动,健全和规范必要的礼仪制度,形成有利于家庭建设的社会环境。

牵头单位:市文明办、市妇联

责任单位:各镇乡(街道)

10. 创新推进文明"窗口"创建。把"最多跑一次"改革纳入各类文明创建之中,全面推进文明窗口提质行动。推动行政服务大厅推进"一窗受理、集成服务"改革,广泛开展具有行业特色、职业特点、工作特性的"窗口"文明创建活动,并逐步向基层便民服务中心延伸。要着眼群众需求,立足行业特点、"窗口"特性,完善服务设施与服务规范,做到内外卫生环境整洁、秩序优良。加强行业自律,推动服务提质。

牵头单位:市文明办

责任单位:各窗口行业相关部门,各镇乡(街道)

(三)文明风尚弘扬工程

11. 全面提升市民文明素质。制定实施《诸暨市市民素质三年提升计划》,

充分发挥政策、法规的导向和约束作用,使正确行为得到鼓励、错误行为受到制约。建立完善全市不文明行为联合处置机制,统筹利用"12345"热线、基层治理"四个平台"、智慧城管、公共信用信息平台以及各职能部门专业评估数据库等资源,构建市民文明大数据平台。

牵头单位:市文明办

责任单位:市信访局、市发改局、市旅游局、市市场监管局、市质监局、市综合行政执法局、市银监办,各镇乡(街道)

12. 精心培育好人文化。健全完善道德模范、身边典型和"最美人物"等好人文化培育机制,形成"好人好报"的浓郁氛围。加强身边好人选树培育,形成市委宣传部(文明办)牵头、部门联动、社会参与的分层逐级选树制度,推进"群众评、评群众"好人文化培育。加强身边好人学习宣传,组织先进典型"晒、比、读、讲、演"等活动,开设专题专栏,组织巡讲巡演,建设一批好人长廊、好人主题公园、好人广场,用身边好人汇聚社会善行。落实身边好人有关礼遇,建立好人基金,落实好人帮扶,对身边好人予以激励。

牵头单位:市委宣传部、市文明办

责任单位:诸暨日报社、市广播电视台,各镇乡(街道)

13. 加强网上精神文明建设。深入开展网上文化家园建设,发掘、培育、服务、团结一批覆盖各类平台的正能量网络传播阵地。实施"清朗网络空间"行动,依法打击网络谣言和网上淫秽色情信息,严厉查处违法违规网站,让网络空间清朗起来。强化网络活动组织,举办"网络文化节""争做好网民"等文化传播活动,讲好网上诸暨好故事。优化网络队伍建设,整合网络文明志愿者队伍,引导党员干部、文明单位网络志愿者主动承担传播文明、引领风尚的社会责任。

牵头单位:市文明办、市互联网信息办公室

责任单位:市直机关党工委、市公安局、市经信局,各镇乡(街道)

（四）乡风文明提升工程

14. 推动农村移风易俗。将"反对铺张浪费、推进移风易俗"作为美丽乡村与农村精神文明建设的重要任务。结合打造"枫桥经验"升级版，大力倡导文明新风、良好家风、淳朴民风。发挥村规民约的规范引导作用，开展"爱、敬、诚、善"等主题活动，倡导现代文明生活方式，摈弃陈规陋习。深化"乡风评议"活动，发挥乡风文明促进会、村民议事会、道德评议会、禁赌禁毒会、红白理事会等群众组织优势，重点开展对农村婚丧活动大操大办、办酒相互攀比、过节铺张浪费等陈规陋习的评议，用民间舆论、群众评价的力量抵制陈规陋习、褒扬社会新风。推动党员干部带头抵制不良风气，带头移风易俗。依托市内主要媒体和各类宣传载体，加强"节俭办酒，文明过节"等为主要内容的移风易俗主题宣传，倡导文明新风。

牵头单位：市委宣传部、市文明办

责任单位：市委组织部、市委政法委、市公安局、市民政局，各镇乡（街道）

15. 推动城乡文明提质。开展以"垃圾不落地、出行讲秩序、办酒不铺张、邻里讲和睦"为主要内容的小城镇文明行动，着力解决小城镇居民在思想观念、生活习惯、社会风气中存在的突出问题。推进城乡文明结对共建，深化文明单位与文明村镇结对活动，建立结对清单，提升结对共建的针对性和有效性。加强村镇文明氛围营造，在农村主要场所和主要道路广泛开展社会主义核心价值观和"讲文明、树新风"公益广告宣传，营造文明有礼氛围。

牵头单位：市文明办

责任单位：市农办、市建设局，各镇乡（街道）

16. 推动农村文化环境提升。实施乡村振兴战略，深入推进"五星达标、3A争创"工作，以"文明星"创建为基础，持续提升村镇环境的文明程度和文化品位，深化美丽乡村建设。加强历史文化村落和历史建筑保护利用。推进农村文化礼堂"建管用育"一体化，到2020年全市农村文化礼堂达到350家以上，覆盖

80%以上的农村人口。全面实施文化惠民工程,培养一批基层文艺骨干、业余文化队伍和民间文艺社团,不断满足农民群众对美好生活的期待。

牵头单位:市委宣传部、市农办、市文明办

责任单位:市文广新闻出版局、民政局、市体育局、市旅游局、团市委、市妇联、市红十字会、市文联,各镇乡(街道)

(五)道德实践涵养工程

17. 深化学雷锋志愿服务。完善志愿服务制度,健全由市文明办牵头、各部门分工协作、社会各界广泛参与的志愿服务工作机制。完善志愿者注册培训、服务记录、需求对接、激励保障等工作制度,提高志愿服务专业化、制度化水平。优化志愿服务平台,依托诸暨志愿者网站整合全市志愿服务网络,建立全市统一、资源集聚的志愿服务网上工作平台。建立健全雷锋广场等一批常态化志愿服务阵地,推进全市公共场所、窗口单位、景区景点、社区农村等服务站点建设。开展"推进全城志愿 打造温暖之城"主题实践活动,引领和带动全市人民自觉投身志愿服务,全面提升城市文明程度,积极营造向上向善的良好社会风尚。

牵头单位:市文明办

责任单位:市民政局、市建设局、市环保局、市治水办、市总工会、团市委、市妇联、市残联、市红十字会、市旅游局以及各窗口行业单位,各镇乡(街道)

18. 推进诚信建设制度化。大力弘扬诚信文化,营造"守信者荣、失信者耻、无信者忧"的社会氛围。完善社会征信体系,推进覆盖全社会的征信系统,建立诸暨市公共信用信息平台,在重点领域推动自身信用信息系统建设,逐步形成覆盖全市社会主体、所有信用信息类别、所有区域的信用信息共享网络。深化诚信主题活动,开展"3·15"国际消费者日、"食品安全宣传周"等诚信主题活动,开展诚信产品、诚信人物、诚信企业、诚信群体等选树活动。健全诚信奖惩制度,综合运用经济、行政、社会管理等多种手段,在注册登记、金融信贷、招标投标、就业消费等方面,强化诚信行为激励和失信行为惩戒力度。

牵头单位:市发改局

责任单位:市信用办成员单位,各镇乡(街道)

19. 强化文明礼仪养成。围绕"做一个文明有礼诸暨人"主题,深入推进文明出行、文明居住、文明旅游、文明如厕等系列文明活动。倡导"礼让斑马线",推进文明出行。开展"文明过马路、人人讲文明"主题教育实践活动,聚焦机动车不礼让、随意打远光灯,行人不走斑马线、随意闯红灯,非机动车不按章骑行、随意停放等突出问题,加强示范引领、宣传引导和严管严治。倡导"邻里讲和睦",推进文明居住。重点治理车辆乱停、线路乱拉、乱堆乱放、违章搭建等老大难问题,推广"邻里节"活动,着力构建守望相助的邻里关系。倡导"文明伴我行",推进文明旅游。开展文明旅游宣传教育活动,完善文明旅游诚信体系建设,强化游客文明出游意识,开展旅游从业人员专项培训,加强景区景点文明旅游宣传。倡导"文明如厕",推进厕所革命。将公共厕所建设纳入城市规划、美丽乡村规划,在农村全面消灭露天旱厕。健全公共厕所管理工作机制,整合沿街宾馆、商家厕所资源,加强日常管理,开展宣传引导,养成文明如厕习惯。倡导"垃圾不落地",推进垃圾分类。通过知识普及、设施保障、舆论引导、志愿服务、制度约束、激励推动等方式,推进"垃圾分类"进社区、进家庭、进学校、进企业、进机关、进商场、进宾馆、进窗口。

牵头单位:市文明办

责任单位:市农办、市公安局、市建设局、市综合行政执法局、市机关事务局、市旅游局、市旅投集团,各镇乡(街道)

20. 培育区域道德品牌。加强区域性道德品牌建设,积极培树"信义文化""乡贤文化""孝道文化"等道德品牌,形成"一地一品""一镇一品""一村一品"。创新发展乡贤文化,成立乡贤研究会、乡贤理事会等群众组织,广泛开展"举乡贤、颂乡贤、学乡贤"活动,选树一批以农村优秀基层干部、道德模范、"身边好人"等为主体的新乡贤代表,设立一批乡贤冠名基金,建设一批乡贤学校、乡贤医院、乡贤桥、乡贤路,引导广大乡贤积极参与乡村治理。大力推进孝德文化,组织孝老敬老主题活动,加强孝德史料、孝德遗迹、民间故事等孝德文化挖掘整理,开展孝德文化主题宣传,推出一批专题专栏、公益广告和文艺节目,形成强大的舆论氛围。

牵头单位:市委宣传部、市委政法委、市文明办

责任单位:各镇乡(街道)

(六)"立德树人"筑基工程

21. 构建中小幼一体化德育体系。推进理想信念、爱国主义、公民意识、中华传统文化、创新创造和心理健康教育,把德育教育纳入学校党建和思想政治工作考评体系。加强中小学育人工作,推进"做有道德的人"主题活动,开展爱党爱国爱乡教育,实施文化凝练、文脉传承和人文景观三大工程,推进德育微创新"4+1"活动,形成"一地一品、一校一策"的工作特色,全面构建纵向衔接、横向联动、特色鲜明、机制完善的中小学德育体系。加强幼儿园德育启蒙,以省编幼儿德育地方课程教材《好孩子》为载体,积极培养幼儿期发展关键品格,让幼儿实现良好行为习惯养成、良好品格塑造。

牵头单位:市委宣传部、市教育局

责任单位:各镇乡(街道)

22. 营造青少年健康成长的社会环境。推进家长学校等育人阵地建设,建立健全学校家长委员会,拓展形成社区学校网络,构建学校、家庭、社区共建的育人体系。加强学校周边商业网点、文化市场、社会秩序整治,进一步优化校园周边环境。深入实施乡村学校少年宫建设和"春泥计划"工作,为未成年人搭建寓教于乐、学技学艺的课外实践平台。建立健全留守儿童、困境儿童、外来务工子女关爱帮扶制度。

牵头单位:市文明办

责任单位:市教育局、市文广新闻出版局、市民政局、市市场监管局、团市

委、市妇联,各镇乡(街道)

(七)群众美好生活助力工程

23. 提升全民科学文化素质。落实诸暨市全民科学素质行动计划纲要实施方案,结合诸暨产业结构特色及发展规划,深化"诸暨工匠"培育工作。实施全民素养提升工程,充分运用科普教育基地资源,开展科学教育培训和科普活动,举办全民阅读系列活动和暨阳论坛、暨阳讲坛、新民讲堂、人文大讲堂等学习讲座,培养健康文明生活方式。实施农民素质提升工程,加大农村实用人才培养和现代职业农民培育力度,培育新型农民。

牵头单位:市委宣传部、市农办、市人力社保局、市文广新闻出版局、市科协、市社科联

责任单位:各镇乡(街道)

24. 传承优秀传统文化。深入挖掘和阐发优秀传统文化的时代价值,找准传统文化与现代文明的交融点,推动传统文化的创造性转化和创新性发展。深入保护和传承诸暨丰厚的历史文化资源,组织实施以诸暨优秀传统文化为内容的文艺精品创作行动,系统梳理西施、"三贤"等名人文化,为美好生活提供更多的文化滋养。组织开展春节、元宵、清明、端午、七夕、中秋、重阳等"我们的节日"活动,挖掘传统节日中的文化元素和民俗特色,努力让老传统焕发新魅力,成为新民俗,不断巩固民族传统节日的思想熏陶和文化教育功能。

牵头单位:市委宣传部、市文明办

责任单位:市文广新闻出版局、市旅游局、市社科联、市文联、市旅投集团,各镇乡(街道)

25. 丰富群众精神文化生活。进一步加强基层公共文化服务体系建设,推进市文化馆、图书馆、博物馆、科技馆等公共文化设施配套建设,加大乡镇(街道)文化服务站、社区文化家园等建设力度,建成高质量的"城市15分钟文化圈"和"农村30分钟文化圈"。实施文化、卫生、科技"三下乡"等文化惠民工程。

精办西施文化节,传承保护非物质文化遗产和地域传统文化。开展"推进全民阅读、打造书香暨阳"主题活动,全力倡导全民阅读,着力打造书香暨阳,推进文化诸暨建设。到2020年,全市居民综合阅读率达到90%以上,读者到馆人次数增长100%,持证读者人数增长200%,年文献外借册次增长50%,阅读推广活动次数增长150%,每万人参加读书活动次数增长40%。形成人人爱读书、善读书、读好书的社会风尚,让阅读逐渐成为诸暨人的生活方式和精神特质,成为文化诸暨的重要内涵和显著标志。

牵头单位:市委宣传部

责任单位:市文广新闻出版局、市卫生和计划生育局、市体育局、市旅游局、市文联、市科协、市旅投集团,各镇乡(街道)

26. 促进全民身心健康。按照健康诸暨发展规划,组织开展全民健身运动,加强体育设施建设,鼓励全市非公共体育场馆对外开放,健全各级各类全民健身组织,增加建设晨晚练体育活动点的数量,不断增强市民身体素质。推进城乡基层医疗卫生服务体系建设,健全卫生和计生服务网络,普及公共卫生知识和健康科学水平,建立居民健康档案,为群众提供疾病预防、保健、康复、计生等服务。进一步加强"心理健康促进工程"项目建设,积极发挥市以及社区(学校)心理辅导中心作用,进行针对性的心理疏导和矫正,开展"少儿阳光公园"等主题活动,树立自尊自信、理性平和、积极向上的良好心态。加强未成年人心理健康教育,完善市以及社区(学校)未成年人心理健康工作网络,加强心理健康师资队伍建设,加大未成年人心理健康宣讲活动,落实学校心理健康的全员培训,全面提升心理健康教育水平。

牵头单位:市教育局、市卫生和计划生育局、市体育局

责任单位:各镇乡(街道)

三、工作要求

(一)强化党委领导。各级各部门党委(支部)要切实承担起精神文明建设

主体责任,要坚持"两手抓、两手都要硬"的战略方针,把精神文明建设纳入经济社会发展总体规划,列为领导班子和领导干部考核的重要内容。进一步完善党委统一领导、党政齐抓共管、文明委组织协调、有关部门各负其责、全社会积极参与的工作机制。文明委及成员单位要切实担负起规划、指导、协调、推动精神文明建设的重要职责,统筹抓好精神文明建设工作。文明办要加强统筹协调、督促检查、参谋服务,推动各项任务落到实处。

(二)着力改革创新。要提高站位、深度谋划,创新工作思路,深化对工作特点和规律的认识,尊重群众的主体地位和首创精神,不断增强群众性精神文明创建活动的针对性和有效性。要紧跟技术发展和时代潮流,创新工作方法和手段,积极利用新媒体新科技丰富精神文明创建工作的载体,使创建活动始终充满生机活力。

(三)加大投入保障。完善和落实相关政策措施,建立健全精神文明建设多渠道投入保障机制,将群众性精神文明创建活动经费列入各级政府预算,为各项创建任务顺利完成提供有力保障。加强创建工作队伍建设,明确职责任务和人员经费,加强业务能力培训,确保创建工作一竿子到底。

(四)突出工作实效。坚持以人民为中心的发展思想,坚持群众满意标准,从解决群众反映强烈的突出问题入手,着力提升城乡环境面貌和人民群众生活质量,让人民共享精神文明建设的成果。坚持项目化运作,立足人们生产生活实际组织活动,针对人们思想特点开展宣传教育,完善考核评价机制,加强监督检查,力戒形式主义和表面文章,确保工作落到实处。

(五)营造创建氛围。要强化传播引领,加强典型宣传、文艺宣传和公益广告宣传,制作推出一批与诸暨城市景观相融合、与城市历史文脉相衔接、与市民欣赏习惯相契合的社会主义核心价值观公益广告和文艺精品。要突出全员参与,发挥各级党组织示范带头作用,发挥工会、共青团、妇联、科协、社科联、文联、红十字会等人民团体各自优势,发挥民主党派、工商联、无党派人士、社会公众人物的作用,发挥行业协会、社会团体、基金会等各种社会组织的作用,形成全员参与、人人创建的社会氛围。

6.3.3 关于印发《诸暨市推进移风易俗工作实施方案》的通知[1]

各文明委成员单位,各镇乡党委、街道党工委:

《诸暨市推进移风易俗工作实施方案》已经市文明委领导同意,现印发给你们,请结合实际抓好贯彻落实。

诸暨市推进移风易俗工作实施方案

为深入贯彻习近平新时代中国特色社会主义思想和党的十九大精神,全面落实中央、省委、绍兴和市委关于乡村振兴工作部署,进一步推进我市乡风文明建设,引导广大干部群众养成崇尚科学、勤俭节约、文明有序的生活方式,不断提升城乡社会文明程度,结合我市实际,制定移风易俗推进工作实施方案如下:

一、指导思想

全面贯彻落实习近平新时代中国特色社会主义思想,全面深化社会主义核心价值观培育践行,坚持以提升乡风文明为目标,以推动移风易俗各项行动为抓手,突出党员干部带头、率先垂范,突出群众自觉、全面参与,突出各司其职、通力协作,突出机制保障、常态长效,全面深化群众性精神文明创建活动,加强家风民风建设,形成崇尚文明、勤俭节约的良好社会风尚。

二、目标要求

坚持社会主义核心价值观引领,突出群众主体,强化问题导向,大力推进移风易俗工作,有效遏制红白喜事大操大办、奢侈浪费、盲目攀比的奢靡之风,坚决杜绝人情往来负担沉重以及封建迷信等问题,倡导科学文明的生活理念,弘

---

[1] 诸暨市精神文明建设委员会:《关于印发〈诸暨市推进移风易俗工作实施方案〉的通知》,2018年7月23日印发,诸文明委〔2018〕8号文件。

扬勤劳节俭的优良传统,形成节约光荣、铺张可耻的良好风尚,把群众的负担减下来,把社会的风尚文明树起来,全面推进社会主义核心价值观在基层落细落小落实。

三、工作重点

1. 办酒不铺张。婚丧嫁娶办酒一切从简,不大操大办、铺张浪费、借机敛财。办酒的桌数、菜品、烟酒价格、每桌费用以及车队规模根据党员干部相关要求或本地红白理事会要求执行,不得采取分别宴请、化整为零等方式变相大操大办。

2. 彩礼不收受。倡导结婚不收受彩礼及上车礼、下车钱、改口钱、洒酒红包等各类无关礼金。

3. 礼金不攀比。以贺为重,以礼为轻,倡导办红白喜事少收礼金。

4. 宴请不跟风。不操办生日、乔迁、升学等宴请,不参加开业、升学、参军、谢师、升职等宴请,倡导不办或简办直系亲属满月、周岁、祝寿等纪念性宴请。

5. 丧葬不迷信。不参与风水选墓、私建坟墓,不举办道士道场活动,不使用封建迷信丧葬用品,取消择日出殡、职业哭灵等现象,做到不占道治丧、不用高音喇叭播放哀乐,丧事时间控制在 3 天以内。

6. 烟花不燃放。倡导不燃放烟花、爆竹、礼炮等,确保安全有序。

7. 低俗不参与。倡导科学文明,反对各类传销组织和邪教组织,不搞有损社会公德的庸俗、低俗、媚俗活动和封建迷信活动。

四、实施途径

1. 推动落实村规民约。按照融入生产生活的要求,将移风易俗的内容落实到村规民约中。各行政村(社区)要立足实际,制定完善体现各自特色的村规民约或社区公约,在显著位置进行展示。按照落细落实的要求,镇、村两级要与党员群众签订承诺书,把村规民约执行与组织考核、党员考评、群众评议等挂钩,并纳入年度目标责任制考核,推动移风易俗村规民约等制度的执行。

2. 完善群众性自治组织。全市行政村（社区）建立完善由红白理事会、村民议事会、禁赌禁毒会等组成的乡风文明理事会，发挥群众自我教育、自我管理的组织优势，推动移风易俗由"软任务"变成"硬约束"。红白理事会等自治组织要由德高望重、热心服务、公平公正、崇尚节俭、善做群众思想工作、具有一定代表性的党员群众、乡贤人士组成，在广泛征求群众意见的基础上，以民主方式讨论确定红白理事会工作制度和相关标准，使移风易俗工作有章可循。红白理事会等各类自治组织要第一时间介入本地红白喜事，深化婚丧礼数改革，定期开展乡风评议，引导群众遵守道德规范，形成"婚事新办、丧事简办、其他喜事减办或不办"的社会氛围。

3. 开展综合治理行动。加强婚庆活动规范，严肃查处党员干部、机关事业单位工作人员大操大办、借机敛财等违规违纪行为。加强丧葬活动管理，依法治理违规土葬、乱埋乱葬、超标准建墓等行为和看风水、做道场等各种封建迷信活动，严厉打击邪教活动以及"黄赌毒"等丑恶现象，对违规燃放烟花爆竹、燃放礼炮等妨碍公共秩序、危害公共安全、侵害他人合法权益和污染环境的行为，坚决予以查处。加强殡葬用品市场整治，规范殡葬行为和殡葬行业秩序，严肃查处殡葬用品店违规经营、占道经营和无证经营行为。

4. 深化移风易俗阵地建设。完善农村文化礼堂、家宴中心等基层公共场所设施，为群众举办红白喜事提供"一条龙"服务，切实减轻群众负担。推进殡仪服务场所建设，制定相关丧事简办程序，提供规范化治丧、吊唁、守灵等殡仪服务，把群众家中办丧逐步引导到殡仪服务场所办丧。要落实惠民政策，制定完善殡葬管理服务相关规章制度，逐步推进基本殡葬免费服务，倡导生态殡葬模式，形成生态文明、绿色环保的丧葬新风。

5. 突出党员干部示范引领。党员干部、机关事业单位工作人员要积极发挥示范引领作用，带头宣传倡导移风易俗。在办理婚丧喜庆事宜过程中，要根据中央、省市关于对党员领导干部操办婚丧喜庆事宜监督的有关规定，从严控制范围和规模,自觉抵制讲排场、比阔气等不良风气,切实做到"四个带头",即带头宣传和落实上级关于移风易俗的政策及各项要求,带头支持红白理事会开展工作,带头简化丧事办理流程、缩减丧事办理时间,带头劝阻近亲属大操大办、铺张浪费。要完善落实申报备案制度,党员干部、机关事业单位工作人员操办婚丧喜庆事宜,应按规定事前(后)主动向所在单位党委(党组)或上级主管部门申报备案。行政村(社区)"两委"班子成员、红白理事会成员要带头宣传倡导移风易俗政策,从自家做起,做移风易俗的带头人。

6. 汇聚各方工作合力。市文明办和市场监管局要通过举办诸暨市"新风尚"农村家宴菜单评选活动、农村厨师移风易俗承诺书签订等活动,充分调动农村家宴从业人员参与移风易俗工作的主动性和创造性。团市委要引导广大青年树立文明、健康、理性的婚恋消费观,体谅父母、感恩父母,不讲排场、不比阔气、不大操大办,以实际行动践行婚事新办。妇联要充分发挥妇女同志"半边天"的作用,引导广大妇女弘扬勤俭节约的生活方式,做移风易俗的宣传者、引领者、践行者。老年协会成员要发挥主力军的作用,参与制订红白理事会工作制度,积极倡导厚养薄葬、寿宴从简、丧事简办,带头宣传和推动移风易俗。

7. 强化移风易俗宣传引导。一是加强舆论引导。在各类新闻媒体设立移风易俗专题,加强动态报道、言论评论、典型宣传和舆论监督,形成舆论强势。发挥各类新媒体优势,组织开展"移风易俗 我承诺我践行"网上签名活动,持续推出一批互动性好、关注度高、传播力强的网络作品,不断扩大移风易俗网上传播阵地。二是加强典型选树。结合"文明村镇""五星3A""文明家庭""最美人物"等创建和评选活动,开展身边典型评选和巡讲巡演,打造一批移风易俗先进典型,以身边典范引领城乡新风尚。三是加强文化传播。倡导婚事新办,鼓励婚姻登记时签订婚事新办承诺书,推行集体婚礼、公益婚礼、旅行结婚等新型婚礼模式。深化文化传承,将地域文化、民俗文化、宗族文化、乡贤文化与现代文明相融合,推进家风家训传承展示,创编具有地方特色的移风易俗文艺作品。

四是加强社会宣传。推进"讲文明、树新风"公益广告宣传,利用广播电视、报刊、网络、宣传栏、文化墙等群众喜闻乐见的教育形式宣传移风易俗工作,广泛发放移风易俗倡议书,大力传播社会主义核心价值观。

五、实施步骤

1. 第一批试点(2018年3月—5月下旬)。在璜山镇溪北村经验的基础上,璜山镇其余8个"五星达标3A争创"创建村(徐家坞村、开三村、鼎新村、寺下村、龙泉村、姚王村、璜山村、黄家店村)和草塔镇上下文村、江藻镇吴墅村、枫桥镇杜黄新村、枫桥镇枫源村13个村率先启动试点工作。目前试点已扎实展开并初显成效。

2. 第二批试点(2018年5月底—7月初)。结合新时代文明传习中心试点工作,在走访调研座谈基础上,增加浣东街道盛兆坞三村、店口镇湖西村、枫桥镇栎桥村、草塔镇上余村、东白湖镇陈蔡村、五泄镇西皇村、五泄镇十四都村、赵家镇泉畈村、东和乡十里坪村、山下湖镇枫江村、山下湖镇新长乐村、阮市镇桃园村、阮市镇檀溪村等13个村,开展移风易俗试点工作。目前试点村已全面实施。

3. 第三批试点(2018年7月初—12月底)。继续扩面试点工作,全市所有镇乡街道均选有2—3个村开展移风易俗试点,鼓励有条件的镇乡街道全面推行。第三批扩面后,全市共有120个村先行试点,其中浣东街道、山下湖镇、璜山镇全镇街推开。

4. 全面实施阶段(2019年)。全市行政村(社区)全面推进移风易俗工作。

六、工作要求

1. 加强组织领导。要建立健全党委领导、政府负责、部门协同、社会参与的工作机制,切实加强组织领导。召开动员会议,制订具体实施方案,指导各村(社区)研究制订婚丧嫁娶各个环节深化移风易俗的标准程序,有计划、有步骤地组织推广实施,保质保量落实好移风易俗工作各项任务。

2. 明确工作职责。市文明委成员单位要明确工作职责,全面落实监督管理和检查指导工作职责,全面加强对移风易俗工作的推动,确保工作有人抓、有人管,加强沟通协调。各镇乡街道要加强对移风易俗工作的监督指导,各行政村(社区)要把移风易俗纳入总体工作安排,成立红白理事会,完善相关制度,制定实施方案,切实把治理婚丧事宜大操大办摆上重要日程。将移风易俗整治工作开展情况纳入镇乡街道岗位目标责任制考核,2018年意识形态考核占0.5分。

3. 营造社会氛围。加强移风易俗工作的宣传引导,加强乡风民风舆论引导,组织各类媒体全方位、多角度宣传全市各地各部门的经验做法和工作成效,对正面典型及时褒扬,对反面典型及时曝光,在宣传中切实把好关、把好度,防止误读误解引发社会舆情。要突出对党员干部、机关事业单位工作人员以及基层群众的宣传教育,做到家喻户晓、深入人心,努力营造移风易俗、勤俭节约、喜事新办、丧事简办、厚养薄葬、和谐文明的良好社会氛围。

4. 形成工作长效。把移风易俗工作纳入党员教育管理、党风廉政建设范畴,纳入行政村(社区)目标管理考评内容,纳入各类群众性精神文明创建活动的测评体系,促进移风易俗工作制度化、常态化。要明确管理责任,落实党员干部操办婚丧喜庆事宜报告制度,加强对婚丧礼俗中介机构的监管,探索建立婚丧从业人员资格准入制度,促使其规范运行和自治管理。

诸暨市推进移风易俗工作项目清单

序号	项目	具体要求	牵头部门	责任部门
1	落实村规民约	修订完善《村规民约》,将移风易俗纳入每个行政村(社区)的村规民约(社区公约),推动规定落地。	市民政局	各镇乡街道
2	倡导家风家训	印制体现移风易俗等内容的文明家风春联,开展以移风易俗为主题的家风家训征集评选、展陈展示活动。	市文明办 市妇联	各镇乡街道

续表

序号	项目	具体要求	牵头部门	责任部门
3	完善自治组织	普遍建立乡风文明理事会,包括红白理事会、乡风评议会、禁赌禁毒会等基层群众自治组织,指导制订红白理事会工作制度,加强移风易俗引导。	市文明办 市民政局 市公安局	各镇乡街道
4	加强行业管理	规范殡葬行业管理,严厉打击私建坟墓、乱埋乱葬等行为,强化封建迷信殡葬用品市场监管。加强对婚庆机构、农村家宴中心以及厨师等服务机构(人员)的指导培训,指导建立办酒办宴准入清单,开展"新风尚"农村家宴菜单评选和农村厨师移风易俗承诺书签订活动,倡导节俭办酒风尚。	市民政局 市场监管局 市文明办	各镇乡街道
5	打击违法行为	从严查处婚丧喜庆活动中违法燃放烟花爆竹、鸣放电子礼炮、高音喇叭扰民、违规演出、公共场所占道治丧以及各类违规车辆、违反道路交通法规等行为;制止和查处违法建设殡葬设施过程中毁林、占用林地和耕地等行为;加强对烟花爆竹销售网点的管理。	市民政局 市公安局 市文广局 综合执法局 市农林局 市国土局 市安监局	各镇乡街道
6	严格宗教管理	加强对参与婚丧喜庆活动的宗教教职人员的引导和监管,严厉打击宗教教职人员参与迷信活动。	市委统战部 (民宗局)	各镇乡街道
7	推进典型示范	引导党员干部在办理婚丧喜庆事宜过程中做到"四个带头",倡导生育、庆寿、订亲、升学、乔迁等节庆事宜小办或者不办;引导企业家强化社会责任,通过倡议书等形式带头响应移风易俗;引导广大青年树立文明、健康、理性的婚恋观,以实际行动践行婚事新办。	市委组织部 机关党工委 团市委 市工商联	各镇乡街道
8	深化文明创建	完善文明村镇、文明家庭、星级文明户等创建考评标准,把移风易俗纳入群众性精神文明创建内容,倡树文明新风。	市文明办 市妇联	各镇乡街道
9	推动监督考核	把移风易俗工作纳入"两代表一委员"视察的重要内容,纳入各地各部门年度岗位目标责任制考核,列入全面从严治党主体责任检查、领导干部述职述廉和意识形态工作考核范畴,纳入"五星3A"基层组织考核和党员先锋指数考核范畴。	市委办 市纪委(市监委) 市人大办 市政协办 市委组织部 市委宣传部	各镇乡街道

续表

序号	项目	具体要求	牵头部门	责任部门
10	营造社会氛围	加强移风易俗宣传教育引导,倡导婚姻登记婚事新办告知制度和集体婚礼、公益婚礼、旅行结婚等新型婚礼模式。开设媒体专栏专题,加强典型宣传和舆论监督,编演一批移风易俗优秀文艺作品。	市委宣传部市文明办市民政局市文广局	诸暨日报社广播电视台各镇乡街道

6.3.4 关于在全市机关事业单位党员干部中进一步推进移风易俗工作的通知[1]

各镇乡党委、街道党工委,市级机关各部门、市属企事业单位党组织:

为深入贯彻落实党的十九大关于"开展移风易俗、弘扬时代新风行动"的重要部署,巩固和拓展落实中央八项规定精神成果,推进新时代文明实践中心建设,决定在全市机关事业单位党员干部中进一步推动移风易俗工作,现将有关事项通知如下:

一、指导思想

坚持以习近平新时代中国特色社会主义思想为指导,紧紧围绕培育和践行社会主义核心价值观,牢固树立节约光荣、浪费可耻的思想观念,坚决反对铺张浪费、反对婚丧喜庆活动大操大办、反对封建迷信,以优良党风政风带动社风民风。

二、主要内容

(一)婚事新办,丧事简办。党员干部本人或子女婚娶,带头选择集体婚礼、公益婚礼等新型婚礼。带头孝老敬老,丧事从简。带头减办或不办满月、周岁、乔迁、开业、祝寿、升学等其他喜庆事宜。

(二)杜绝奢华,摒弃媚俗。办理婚丧喜庆事宜尚俭戒奢,杜绝比阔炫富。严禁豪华车队、奢华婚庆、天价彩礼等铺张浪费行为。带头摒弃低俗庸俗媚俗

---

[1] 中共诸暨市委宣传部:《关于在全市机关事业单位党员干部中进一步推进移风易俗工作的通知》,2018年11月19日印发,诸宣〔2018〕55号文件。

行为,杜绝各类封建迷信活动。党员干部操办婚丧喜庆事宜,在城区要自觉遵守市委宣传部和市文明办倡议标准(见附件1),在镇村要严格遵守当地红白理事会规章制度。

(三)正常往来,礼金从少。不得接受下属、管理和服务对象及与本人行使职权有关的单位、企业和个人赠送的礼金、礼品、消费卡等财物。不收受明显超出正常往来的礼金、礼品、消费卡等财物。带头少收或不收贺礼。

三、相关要求

(一)要主动报备。党员干部操办本人或配偶、父母、子女及其配偶婚丧喜庆相关事宜,应按照有关规定,及时主动报备。操办喜庆事宜、葬礼分别实行事前、事后报告制度。喜事于事前15个工作日、葬礼于事后15个工作日填报《诸暨市党员干部操办婚丧喜庆事宜报告表》(见附件2)。所在单位分管负责人要及时对操办对象进行提醒谈话,报告交所在单位存档备查。

(二)要严格监管。各级党委(党组)要切实履行全面从严治党主体责任,加强对党员干部的教育、管理和监督,防止违规操办婚丧喜庆事宜问题发生。纪检监察机关要加强监督检查,及时发现和查处违规违纪行为,对利用婚丧事宜大操大办、借机敛财的党员干部,依据有关规定予以严肃处理。

(三)要加强领导。各单位要把党员干部带头移风易俗作为深化社会主义核心价值观宣传教育、加强干部队伍建设和党风廉政建设的重要内容,精心部署,严格落实。党员干部要把执行移风易俗情况作为民主生活会、组织生活会、述职述廉的重要内容,自觉接受干部群众监督。

附件1:

倡议书

倡导文明新风,弘扬勤俭节约的传统美德,每一名机关党员干部都责无旁贷。为此,市委宣传部和市精神文明建设委员会办公室倡议如下:

一、婚事新办、丧事简办,其他喜事减办或不办。

二、在城区酒店操办婚丧喜庆事宜,菜肴标准每桌不超3 000元,高档酒不上桌,倡导使用本地土烧酒;在镇村操办的,严格遵守当地红白理事会规章制度。

三、酒席上分发香烟每桌不超过3包。

四、回礼价值每份不超100元。

五、婚事不租用豪华车辆,不搞奢华婚庆。

六、不燃放烟花爆竹,丧事不请道士、不做道场,少用花圈。

七、新发生人情控制在500元以内。

附件2:

诸暨市党员干部操办婚丧喜庆事宜报告表

姓　名		单位及职务		政治面貌	
操办事宜					
邀请人员范围					
操办时间		操办地点		操办桌数	
操办费用		是否符合城区倡导标准或镇村规章制度		联系电话	
提醒谈话情况	本人签名:　　　分管负责人签字:　　　　　年　月　日				
备注					

6.4 乡风文明建设工作的特色做法

6.4.1 诸暨宣传：第 37 期[1]

浣东街道："三个抓"全力打造文化礼堂精品样板。今年以来，浣东街道以盛兆坞一村文化礼堂建设为试点，着眼提升村域文化资源，充分挖掘地域文化特色，强化展示展览功能，切实将文化礼堂打造成传承经典礼仪、重温传统文化、净化公民心灵的"精神家园"。一、明确三年目标，抓规划实施。一是明确3年规划。按照《关于推进全市农村文化礼堂建设的实施意见》（市委办〔2013〕98号）要求，申报文化特色鲜明、人口相对集中、经济社会发展基础较好的3个村为2013—2015年文化礼堂建设村，2013年盛兆坞一村为试点建设村。二是落实资金配套。以街道投入和村级自筹为主，先后投入资金60余万元；同时鼓励社会知名人士和企业家参与村级文化礼堂的建设，确保农村文化礼堂建设有保障、高质量、富内涵。三是明确任务分工。成立村级文化礼堂建设工作领导小组，落实3名村两委班子成员和2名文化志愿者负责礼堂的设计布局、文字资料搜集、展板布置等工作，全程工作由村民自己完成。二、注重典型示范，抓特色亮点。一是全景式打造乡土文化展示厅。把原阮村学校校舍改建成"乡土文化展示厅"，设立村史廊、民风廊、励志廊、成就廊、才艺廊五大板块，全景式展示村情村貌，立体化传承村庄记忆，实体化弘扬风尚文明。二是复合式修缮利用大会堂。以老大会堂为基础，进行修整利用。建成集村民大会、室内礼仪、文艺演出等为一体的综合性场所，同时整合文化活动室、广播室、农家书屋、"春泥计

---

[1] 中共诸暨市委宣传部：《诸暨宣传：第 37 期》，2013 年 11 月 20 日印发。

划"活动室等功能。三是内涵化提升十番文化展示馆。按照文化礼堂建设的相关要求,先后完成十番文化整理、十番表演乐器和服装收集、十番展馆布置等工作,用现代文化元素改造十番文化展示馆,使之成为村民自娱自乐的活动场所和非物质文化遗产的传承基地。三、强化机制保障,抓长效建设。一是人员有保障。聘请1名热心文化工作、文化素质较好的本村村民,担任文化礼堂管理员;成立由村两委干部、文化爱好者、退休教师和街道年轻干部组成的志愿者队伍,定期组织策划文化礼仪活动和文体活动。二是活动有计划。制订十番队、扇舞队、腰鼓队、戏曲演唱队的活动安排和文化讲堂的授课计划,并在醒目位置向村民公示,确保礼堂门常开、人常来、活动不断。如举办2013重阳节戏曲演唱会、盛兆坞一村文化礼堂建成越剧演唱会、"十番演奏技巧讲座"等活动,参与群众达2 000余人次。三是舆论有支撑。利用老干部座谈会、村民代表大会、宣传栏等多种载体,大力宣传建设文化礼堂的意义和功效,扩大"文化礼堂、精神家园"的影响面和知晓率。同时定期开展农村文化礼堂建设"回头看",以"考"促建,形成全面推进文化礼堂建设的浓厚社会氛围。

岭北镇:"三个注重"构架乡村精神文化新地标。自全市农村文化礼堂建设工作布置以来,岭北镇高度重视、立即行动,按照"早规划、早建设、早使用"的工作思路,以操作手册为标准,扎实开展文化礼堂建设工作,着力架构乡村精神文化新地标。一、注重资源整合,建设设施的综合体。一是综合改造古祠堂。金山湖村文化礼堂的前身是陈氏宗祠,通过改扩建,只保留文化礼仪活动场所,主要用于召开村民大会、操办红白喜事、举办文化礼仪活动和文体健身活动等。今年以来,已承办喜宴5次、庆生礼1次。二是合理利用村级大会堂。在村级综合楼原有设施的基础上,整合利用80平方米的村部会议室,使之成为集村民会议、室内礼仪、教育培训为一体的综合性建筑。今年以来共举办形势政策教育3次,召开各类会议20次,参与群众达700多人次。三是优化设计展陈设置。发挥礼堂门口大操场的空间优势,分四大板块独立建设"五廊"展板,融入红色革命、地方美食、传统民俗、绿色环保四种文化,充分展现金山湖村的村史村貌、乡风民俗、社会贤达和建设成就,营造浓厚的家园气息。二、注重内涵提升,打造活动的集聚地。立足丰富农村群众精神文化生活,注重发挥文化礼堂在教育文化方面的作用,着力推动三类活动的开展。一是探索开展节庆礼仪活动。坚持符合农村实际、富有教育意义、易于长期坚持的原则,探索开展七岁开蒙、成人仪式、我们的节日等礼仪活动。二是着力丰富文体娱乐活动。以"天天有活动、周周有交流、月月有演出"为目标,利用公共文化配送、文化走亲、千场电影进农村等文化资源,开展村级文艺团队、优秀民间艺术交流活动,满足基层多样化需求。三是致力深化教育实践活动。借助文化礼堂,开展各类评议20余次,面向不同的群体开展宣讲30余场,用身边的典型引导广大村民。三、注重配套管理,构筑心灵的安放地。一是加强人员配备。明确两名村两委会成员为管理人员,负责文化礼堂建设管理工作。成立志愿者队伍,优先选择村团支部书记、村级宣传文化员、文艺爱好者、老党员、人大代表、退休教师(干部)、德高望重长辈等人员,组成志愿者队伍,负责文化礼仪等活动的开展。二是强化组织保障。把文化礼堂建设纳入镇党委、政府重要议事日程和办事日程,成立岭北镇文化礼堂建设工作领导小组,建立文化礼堂建设责任制,加强进度督查,对进度缓慢的相关责任人,进行通报批评和考核兑现。三是营造家园氛围。以礼仪活动为载体,教育培训为手段,传播现代岭北人的精神文化生活方式,让文化礼堂成为村民学德学知的课堂、聚会聊天的会堂、自娱自乐的讲堂和传承礼仪的厅堂。

大唐镇:坚持"整合、特色、长效"六个字把文化礼堂建进群众心坎。大唐镇农村文化礼堂建设工作自实施以来,始终坚持高点定位、常用实用原则,突出"整合、特色、长效"六个字,致力打造农村精神文化建设新阵地。一、坚持"整合"为主,做到够用。一是加强资源整合。2013年大唐镇把里蒋村定为试点建设村,根据"一堂多用、一室多用、灵活多样"的原则,改建600多平方米的礼堂和100多平方米的讲堂,既可独立又可合并使用。二是加强功能整合。讲堂配置了投影仪、电脑等电教设备,与基层党校、社区学校、成人学校等共建共享;文体活动室与原有的文化活动室、农家书屋、"春泥计划"活动室等相结合。三是加强内容整合。在五廊的内容布置上做到兼顾和平衡,充分展示每个自然村的历史、人物、成就和风貌,通过展示在潜移默化中营造了团结和谐的氛围,体现了"三村一家人"的导向。如成功人士每个自然村都有,文化遗存上既有御史第又有龙凤花厅,典故上特意选了孟蒋联姻。二、坚持"特色"原则,做到实用。一是做"精"展陈布置。在做好规范动作的同时,注重本村特色的发挥,礼堂以里蒋村全貌的巨幅照片作为背景,国旗和八个主题词悬挂于礼堂南墙,门台的用材采用当地特产——青石及石雕,根据里蒋村历史悠久、人才辈出的特点,在五廊内容上加大了村史和历代名人的篇幅,以此激发村民的认同感、自豪感和归属感。二是做"广"讲堂讲习。里蒋村文化讲堂充分利用基层党校、农办"新民讲堂"、文化下乡等资源,以本地村民为主要授课对象,兼顾外来务工人员,进行思想政治教育、形式政策宣讲、安全生产技能培训、文明礼仪教育等,逐步打造农村思想教育、技能培训、文明传习的新场所。三是做"活"礼堂内容。里蒋村文化大礼堂面积大、位置优、设施全,村民可以在礼堂内举办喜丧宴和文化礼仪活动,同时也是文体娱乐活动的主要场地。除了日常的羽毛球、排球、排舞训练,里蒋村文化大礼堂先后开展了陕北腰鼓舞培训、礼堂落成典礼暨敬老礼等活动,12月下旬还将举行庆元旦迎新晚会。三、坚持"长效"运作,做到管用。一是开展礼仪培训交流。组织村两委班子、文化礼堂管理员、文化志愿者、大学生村官等进行学习培训,通过播放礼仪视频、聘请专家讲课、进行分组模拟等,帮助他们掌握礼仪流程和精神实质,确保礼仪活动不走样。二是强化工作考核。明确村一级为文化礼堂的管理主体,负责礼堂活动的策划、组织、实施,并做好日常管理服务;镇党委政府将文化礼堂管理使用和活动开展情况纳入行政村年度考核,作为各类评先评优的重要依据。三是及时总结提升。定期召开村两委成员、管理员、指导员座谈会,总结交流经验,分析不足。同时全力培养一支农村文化礼仪活动的志愿者队伍,不断提升举办礼仪的档次和水平。

6.4.2 诸暨宣传:第43期[1]

马剑镇以"六进"为抓手加强农村精神文明建设。马剑镇以提高农民文明素质为根本,广泛开展"文明乡风进万家"活动,切实加强农村精神文明建设。一、素质教育进万家。结合镇村文化阵地建设,广泛组织开展农民读书活动和文体活动,多层面举办劳动力技能培训、农民工转移培训、科技兴农知识培训,深入开展送科技、卫生、文化下乡活动,不断提高农民致富技能和文化素质。二、传统美德进万家。通过多种途径,加强农村传统美德和家庭伦理道德教育,广泛开展"好儿子""好媳妇""好婆婆""好邻居"等文明细胞评比活动,倡导文明、传递真情、共建和谐。三、文明新风进万家。通过编发《文明知识教育手册》,制作宣传牌、黑板报,组织文明礼仪宣讲等方式,引导广大农民群众知荣明耻,树立新风尚、改掉旧陋习,推动文明礼仪和文明习惯进万家。四、结对帮扶进万家。针对一些农村家庭存在的夫妻间不和睦、对老人不孝敬等现象,组织党员干部开展"一帮一、一带一"结对疏导帮扶,帮助化解矛盾、解决问题,促进家庭和睦、邻里融洽。五、普法教育进万家。结合"平安镇""平安村"等平安创建工作,扎实推进农村民主与法制建设,积极开展法律咨询、图片展览、专题讲座、"五五普法"教育等普法宣传教育活动,不断提高农民知法、守法意识,促进农村社会稳定。六、生态文明进万家。以创建全国环境优美镇乡为契机,进一步加强农村保洁清运队伍建设;组织动员全镇群众清理村庄主干道沿线、河流沿岸垃圾和房前屋后杂物,引导群众摒弃乱丢乱扔、乱堆乱放不良习惯,自觉维护环境整洁,着力打造生态、美丽乡村。

---

[1] 中共诸暨市委宣传部:《诸暨宣传:第43期》,2010年12月9日印发。

6.4.3 诸暨宣传:第 23 期[1]

关于对部分第二批乡风文明示范村创建对象工作调研的情况反馈

按照调研计划,我们利用 2 天时间走访了 8 个创建村,从走访的总体情况看,整个创建活动进展顺利、成效初显。具体体现在以下几个方面:1. 思想重视。各镇乡党委、街道党工委高度重视乡风文明示范村创建工作,把它作为推进新农村建设的一个重要载体和重要抓手,积极部署,大力推进。各创建村主职干部能认真研读创建标准,深刻领会创建目的、意义,深入研究工作措施,把乡风文明示范村创建摆在全村工作的重要位置,"我要创"的意识较强。2. 方法得当。各地在实施创建过程中,跳出就创建抓创建的局限,注重做好结合、整合文章,努力提升创建实效。一方面把创建乡风文明示范村与本村实际结合起来,充分挖掘传统文化、乡风民俗等特色优势,因地制宜、因势利导,做好弘扬、提升文章,服务乡风文明建设。另一方面把乡风文明示范村创建与平安村创建、文化特色村创建、生态村建设等各类创建活动有机结合起来,整合资源,实行统一谋划,整体推进,充分体现了创建"乡风文明示范村"大力推进新农村建设的初衷。3. 环境整洁。各创建村从建设"美丽乡村"着手,切实加强农村环境建设,洁化、绿化、亮化、美化村庄,潜移默化提升村民行为文明。认真实施村庄总体规划,科学布局路网等基础设施,促使现代新型农村建设有序开展;落实农村统一保洁机制,实行农村垃圾集中清运,村庄内外环境整洁;扎实推进村庄绿化美化,道路硬化亮化,农村面貌靓丽。以传统美德、党的惠民政策、村规民约等为主要内容,广泛建设文化墙、文明宣传牌,文明氛围浓厚。4. 活动丰富。各创建村围绕充实村民文化生活、深化村民道德教育等重点,精心设计载体,积极组织

---

[1] 中共诸暨市委宣传部:《诸暨宣传:第 23 期》,2010 年 8 月 5 日印发。

开展丰富多彩的活动。各村成立了排舞队、篮球队、腰鼓队等文体队伍,配置各类活动器具,利用晚上、传统节日、节假日等时间,组织开展多姿多彩的农村文化活动,丰富群众业余文化生活;广泛组织好媳妇、好公婆、好邻居等先进评比和"乡风评议"活动,发动群众评选身边的文明典型,评议陋习陈规,倡导文明风尚。

总体上看,各创建村的创建工作推动有力、有条不紊、成效明显,但与创建标准比尚有不少距离,需要在下阶段的工作中进一步强化:1. 提高知晓率。在走访过程中,发现个别创建村的宣传、发动工作抓得不够到位,一些村民对该项活动知之甚少。乡风文明示范村创建是一项群众性工作,其立足点和归宿点在于依靠群众、发动群众、宣传群众、教育群众。因此要运用多种形式,广泛宣传创建工作,提高知晓率、参与率。要加强党员干部层面的宣传,通过党员会、村民代表会等途径,大力宣传乡风文明示范村创建的重要性、必要性,赢得他们的支持配合,形成抓创建的强大工作合力;要加强村民群众层面的宣传,通过墙头文化、宣传窗、黑板报等各种途径,广泛宣传创建内容、方法,大力营造浓郁创建氛围,引导群众积极参与到创建活动中来,提高创建的参与面。2. 提高落实率。从调研情况看,一些村的创建工作还更多地停留在"知"的层面,"行"的工作抓得相对不足。当前创建时间已过半,各创建村要按照年初确定的工作部署和创建内容,抓紧落实创建举措,加快推进实施进程,努力以良好的创建成果为"乡风文明"建设交上一份精彩的答卷。3. 增强创新性。各创建村要结合本地实际,探求培育农村文明风尚、提高农村文明水平的新方式、新途径。要积极创新方法和手段,不断探索体现经济社会发展要求、适合农村精神文明建设实际的一些好做法、办法,努力增强工作实效性;积极创新内容和载体,精心创设村民乐于参与、便于参与,富于趣味性、感染性、教育性的活动载体,提高创建工作的吸引力,增强农村精神文明工作活力。

6.4.4 诸暨宣传:第 16 期[1]

草塔镇挖掘地方特色资源,传承民俗文化。草塔镇加强文化软实力建设,立足丰富的地方文化资源,以民俗文化传承促进新农村建设,在新农村建设中传承民俗文化。一是开展普查整理,保护抢救民俗文化。草塔镇有丰富的民间艺术,近年来先后组织人员开展了龙灯、抖狮、古铳、执事等民间艺术的挖掘整理工作。在广泛深入普查的基础上,认真分析各项民俗文化资源的内在价值、濒危情况,有针对性地提出保护措施。运用文字、录音、录像、数字化多媒体等手段,进行真实全面的记录。二是加强人才培养,传承发展民俗文化。一方面,大力加强民间民俗艺人保护工作,访问、查找、挖掘民间艺人,让掌握特殊技艺的民间艺人享受生活保障,确保民俗文化艺术"香火"不灭。另一方面,积极培养民俗文化传人。在镇文化活动中心建立民俗文化培训基地,定期开设民俗文化辅导班,以文本教学和口传身授相结合的方式,培养不同文化层次的民俗文化爱好者。草塔镇中心小学还开设民俗文化课作为乡土教材纳入中小学课程中。三是积极扶持引导,开发利用民俗文化。每逢春节、元宵节等传统节庆,引导民间团体在全镇各地开展灯会、舞龙、舞狮等各类健康有益的文体活动,丰富人民群众的文化生活。在此基础上,打造草塔民间文化艺术精品,对外进行宣传交流。其中古铳队参加绍兴祭禹大典,影像资料在中央电视台播出,获得专家和领导的好评;草塔抖狮队也名声在外,台湾一家电视台特地过来拍摄专题电视节目,介绍给台湾民众。

五泄镇高度重视非物质文化遗产保护。五泄镇人文资源丰富。该镇着眼提升集镇文化品位,弘扬优秀文化传统,扎实推进非物质文化遗产保护工作。一是领导重视,健全机制。镇党委政府按普查建档、制定规划、建立名录、健全

---

[1] 中共诸暨市委宣传部:《诸暨宣传:第 16 期》,2009 年 7 月 2 日印发。

机制四个步骤,建立起非物质文化的长效保护机制。组建非物质文化遗产保护办公室,充实基层文化(文保)人员,壮大保护队伍力量,努力满足新形势下非物质文化遗产保护工作的现实需要。二是普查到位,成果丰硕。镇普查工作组会同村普查人员,共用2个多月时间,按照不漏村庄、不漏线索、不漏艺人、不漏项目"四个不漏"的要求,普查全镇23个自然村1 028个项目,收集到青口皮纸、西施团圆饼、接龙求雨等多个特色非物质文化遗产。目前,青口皮纸被列入省级非物质文化遗产名录。

江藻镇丰富群众文化生活。一是激发民间文艺队伍蓬勃发展。江藻镇共有村级文艺队伍31支,平时活动丰富,组织性强。镇文化站通过组织文艺骨干参加市级文艺培训的形式,提高骨干技能,进而带动文艺队伍的整体素质提升。二是开展多种形式的文艺活动。与计生协会合作组织了镇"5·29"计生协会活动日,组织12支村级文艺队进行文艺表演,受到了当地老百姓的热烈欢迎。组织开展镇文艺调演活动,选拔出优秀的节目参加区文艺调演。三是丰富老年人的业余活动。组织举办了第七届老年人运动会,共设"射飞镖、定点投篮、夫妻背人跑、地滚球和拔河"等6个项目,尽显老同志们雄姿和风采。

牌头镇农村文化活动多姿多彩。牌头镇十分注重农村文体活动的健康发展,先后组织开展了民间吹打乐大奖赛、书画艺术节、书画交流活动、文艺晚会、农民篮球赛、门球邀请赛、卡拉OK PK赛等活动,营造出浓厚的文化氛围。今年又组织了300多人参加的"元宵节"舞龙踩街表演和"昌达杯"三八妇女节腰鼓比赛。下一步还将以此为基础结合各类节庆日,举办文艺下乡、老年体协太极拳、地掷球、气排球、门球等比赛和各种类型的文艺晚会,让更多的文艺爱好者步入舞台行列。与此同时该镇还因势利导,在各村、企业事业单位培养了一大批文艺活动骨干,利用农闲时间,编排文化节目,经常有组织性地开展送节目下村等活动,受到群众的热烈欢迎。现在,牌头农民已不再满足于聊天、唱歌、跳舞、看电视等,对科学技术、文学艺术等的追求与日俱增,农村文化活动也逐渐从单纯的休闲娱乐呈现出多元化的文化需求特点。在牌头,有的村充分利用农闲、节日和集市,组织各种扭秧歌、跳健身舞、打篮球、唱卡拉 OK 等文化活动,也有一些村围绕新农村建设中的新人新事、敬老爱幼、幸福生活等内容,自编自演地方特色浓郁的小品、三句半、歌舞等节目。更有一些村发挥村文化广场功能,积极开展主题文化活动,组织科技培训、专题文艺培训等活动,吸引周边的村民参与进来,成为农村文化活动的一大亮点。

6.4.5 诸暨宣传:第 41 期[1]

新农村建设呼唤和谐文化

阮市镇党委　章妙锋

新农村建设是一项系统工程,不仅要实现"生产发展、生活宽裕、村容整洁",而且还要"乡风文明、管理民主"。这五句话二十个字,是一个有机的整体,缺一不可,目的就是要营造一个能够让人心情舒畅的人文环境,实现社会的和谐发展。在当前新农村建设热潮中,如何大力发展与之相适应的和谐文化,打造真正意义上的和谐新农村,值得探索思考。我镇着眼于充分发挥和谐文化对人的引导、教育功能,努力营造和谐的人际关系、倡导文明的乡风、提升人的精神境界,为新农村建设提供文化动力。

一、致力营造和谐的人际关系

人是社会组成的最小细胞。人际关系融洽了,社会也趋于和谐。如今的农民,腰包鼓了,心里反倒空虚;有钱了,关系反而疏远。那么,如何才能建立起和谐的人际关系? 我镇金岭村借力传统文化,提取以人为本,以和为贵的儒学精华,喊响"弘扬优秀儒家文化,建设和谐富裕金岭"的口号,并付诸实施。一是编印《儒家经典故事读本》,全册分修身篇、立志篇、勤俭篇、孝顺篇、和谐篇等部

---

[1] 中共诸暨市委宣传部:《诸暨宣传:第 41 期》,2007 年 11 月 26 日印发。

分,全体村民人手一册;二是建造体现儒家思想的格言灯箱,一条条经典格言遍布村落;三是开展"和谐邻里""和睦家庭"评选活动;四是成立"和谐"文艺宣传队;五是村里设立专门的扶贫资金,帮助困难户渡过难关。通过各种载体的熏陶和引导,促进人与人之间的和谐相处,形成富有地方特色的新农村文化,给予村民思想的启迪、心灵的净化、品格的升华、精神的鼓舞。金岭村试图用传统文化致力于乡村和谐的尝试,已引起各方关注。

姑且撇开"儒学育和谐"的是非之争,这种现象在一定程度上折射出了人们对"和谐"这个社会生存要素的朴素回归和自然反思,更体现了在新农村建设中,无论是基层政府还是农民自身,都对人文精神层面建设有着强烈追求。

二、积极倡导文明的乡风乡俗

倡导文明的社会乡风需要构建和谐文化,否则,一些不良文化就会乘虚而入。我镇在新农村建设中,十分注重农村文化建设,积极实施"六个一"工程,即要求每个行政村在创建过程中,因村制宜,加大农村文化阵地建设和文体团队组建力度。

"六个一"工程的主要内容是:创办一个以图书阅览室为主体的综合文化中心。充分利用村务大楼及老年活动中心的优势,力争做到正常开放、有序活动;建造一个灯光球场,针对广大群众普遍喜爱篮球运动的特点,利用业余时间或节假日组织比赛活动;组建一支有特色的文体骨干队伍,并努力使队伍活动制度化、经常化;同时,还要开辟一条健身路径、一个标准宣传橱窗和一处既美化环境又能陶冶情操的文化宣传标牌。通过两年的创建,全镇17个行政村共有篮球场53个、图书阅览室15个、健身路径22条,演唱队、腰鼓队、篮球队、钢管乐队等文体团队21支,充分显示了基层群众文化的生机和活力。把广大群众的业余精力引导到健康有益的文化娱乐中去,显现出"多一个球场,少一个赌场"的文明新风。得益于此,我镇已连续五年被评为绍兴市信访"三无"镇乡。去年,还被命名为绍兴市文化示范镇、省东海文化明珠镇等荣誉称号。

三、努力提升农民的精神境界

文化是一个民族的灵魂。文化建设就是一个民族的灵魂建设、精神世界的建设。和谐文化可以锻造人的灵魂，能够提供向上的精神动力。鉴于此，我镇创设有效载体，用健康向上的活动激发人的精神动力。如列入今年十大惠民实事工作之一、被当地农民喜称为"乡村NBA"的全镇第三届农民篮球联赛，举办的动因就在于通过篮球赛事来倡导一种团结拼搏、积极进取的竞争意识和团队精神。此项活动已成为我镇较为成功的一大文化品牌。又如每年拟定七月份开展"电影放映月"活动，目的是在丰富广大群众业余文化生活的同时，用情节高尚的优秀影片影响人、激励人。此外，该镇还把培训办到农民家门口，举办如"婚姻与家庭""法律与道德"等方面内容的知识讲座。着力培训一代又一代有理想、有道德、有文化、有纪律的社会主义新型农民，为建设和谐社会提供向上的精神动力。

实践告诉我们，对于思想文化阵地来说，和谐文化不去占领，落后文化和腐朽文化就必然会去占领。弘扬和谐文化，发挥文化推动力，有助于维护良好的社会秩序，塑造良好的社会文明风尚，有利于构建社会主义和谐新农村。

6.4.6　诸暨宣传：第26期[1]

街亭镇以人为本促进乡风文明。一是创新农村文化宣传载体，促进乡风文明。该镇以"墙头文化"为载体，充分利用农村围墙、空白墙头，改变以往单纯标语的形式，精心选择卧冰求鲤、孔融让梨、铁棒磨成针等典故，以书画结合的方式进行乡风文明宣传，使老百姓在传统文明礼仪、行为准则及道德规范等方面接受潜移默化的教育。同时该镇注重农村文化宣传队伍建设，从农民中培育文化中心户，发挥他们的示范带动作用，并邀请文化、科技、卫生等有关部门的专

---

[1] 中共诸暨市委宣传部：《诸暨宣传：第26期》，2007年8月9日印发。

业人员进行相关知识培训,帮助他们提高组织能力和业务能力,目前该镇已形成一支初具规模的农民文化宣传队伍。二是提升农民思想道德素质,促进乡风文明。结合深化"齐建乡风文明,共建和谐街亭"活动,大力弘扬农村文明传统,倡导邻里团结、妯娌和睦、孝敬父母。根据不同村的情况,运用灵活多样的形式,如党员培训会、"文艺下乡"慰问演出、计生宣传文艺晚会等,广泛深入地组织宣讲学习,引导农民崇尚科学,破除陋习,养成文明、科学、健康的生活方式。三是建立健全长效机制,促进乡风文明。该镇把乡风文明与新农村建设"二十字"目标的其余几项有机结合起来,建立健全村规民约和乡风文明评比奖励机制,扎实开展"文明村""卫生村"创建活动,确保乡风文明建设常抓不懈。

东白湖镇以"三个一"美化农村环境。一是开展一次"万人洁美大行动"。全镇集中两天时间全面开展农村环境卫生整治,对村级道路、河道、村庄、沟渠等存量垃圾和公共场所、农户房前屋后的积存垃圾、乱堆放区域及卫生死角进行集中清理和清运,为全面推进村庄长效保洁打好基础。二是组建一支村级卫生保洁员队伍。在已有河道、公路保洁员的基础上,进一步扩大保洁区域,整合完善保洁队伍,落实保洁责任。结合山区一些自然村较为分散和偏远,或海拔高、交通运输不便的实际,采用日常性专职保洁和区域性兼职保洁两种方式组建保洁员队伍。三是完善一套农村环境卫生长效管理机制。镇农村环境卫生工作领导小组下设督查考核组、爱国卫生宣传组、环卫设施核查组,对各行政村环境卫生保洁工作开展情况进行有效监督管理,并结合考核情况,以奖代补落实专项卫生保洁经费。村两委会落实专人进行日常检查,建立检查考核台账,镇村两级共同推进全镇村庄环境卫生保洁工作,群众的卫生意识有了明显增强,卫生习惯逐步养成。

浬浦镇开展"健步迎奥运、文明伴我行"活动。为广泛传播奥运精神、倡导社会新风,该镇组织全镇三支腰鼓队和500余名老年协会的同志开展"健步迎奥运、文明伴我行"活动,把迎接奥运会与宣传全民健身、文明礼仪结合起来,掀起了"迎奥运、学礼仪、倡文明"的热潮。在活动的启动仪式上专门设立文明礼仪宣传点,向群众发放"文明出行""礼仪诸暨"等宣传资料。同时,该镇利用镇有线电视、有线广播和各村宣传栏等载体大力宣传"文明出行"有关内容,在重点村的出入口设立"文明出行"提示牌,在全镇营造文明出行的良好氛围。

参考文献

一、党政文件

市村级组织换届选举工作领导小组办公室:《诸暨市村级组织换届选举工作简报(试点工作专辑之六):总第6期》,2008年3月11日印发。

市村级组织换届选举工作领导小组办公室:《诸暨市村级组织换届选举工作简报(试点工作专辑之四):总第4期》,2008年3月5日印发。

市村级组织换届选举工作领导小组办公室:《诸暨市村级组织换届选举工作简报:第10期》,2011年3月7日印发。

市村级组织换届选举工作领导小组办公室:《诸暨市村级组织换届选举工作简报:第11期》,2011年3月8日印发。

市村级组织换届选举工作领导小组办公室:《诸暨市村级组织换届选举工作简报:第16期》,2011年3月13日印发。

市村级组织换届选举工作领导小组办公室:《诸暨市村级组织换届选举工作简报:第1期》,2011年3月2日印发。

市村级组织换届选举工作领导小组办公室:《诸暨市村级组织换届选举工作简报:第5期》,2011年3月3日印发。

市村级组织换届选举工作领导小组办公室:《诸暨市村级组织换届选举工作简报:第7期》,2011年3月4日印发。

市村级组织换届选举工作领导小组办公室:《诸暨市村级组织换届选举工作简报:第9期》,2011年3月6日印发。

市文化强市领导小组办公室:《关于印发〈诸暨市文化特色村创建办法〉的通知》,2008年4月14日印发,诸文办〔2008〕1号文件。

市行政村规模调整工作领导小组办公室:《诸暨市行政村规模调整工作简报:第12期》,2006年9月4日印发。

市行政村规模调整工作领导小组办公室:《诸暨市行政村规模调整工作简报:第4期》,2006年9月1日印发。

市行政村规模调整工作领导小组办公室:《诸暨市行政村规模调整工作简报:第5期》,2006年9月1日发布印发。

中共诸暨市纪律检查委员会:《关于推进村务监督委员会规范化建设的实施意见》,2011年5月24日印发,诸纪发〔2011〕16号文件。

中共诸暨市纪委、诸暨市民政局、诸暨市公共服务中心:《关于印发诸暨市村级便民服务中心考核办法的通知》,2013年4月1日印发,诸纪发〔2013〕11号文件。

中共诸暨市纪委办公室:《关于进一步加强村级非生产性开支监督管理的意见》,2012年5月15日印发,诸纪发〔2012〕15号文件。

中共诸暨市委办公室、诸暨市人民政府办公室:《关于坚持党建统领推进村级组织整体智治的意见》,2021年4月29日印发,市委办〔2021〕15号文件。

中共诸暨市委办公室、诸暨市人民政府办公室:《关于进一步加强村级组织基本阵地规范化建设的意见》,2008年8月29日印发,市委办〔2008〕98号文件。

中共诸暨市委办公室、诸暨市人民政府办公室:《关于印发规范村级"五件事"制度汇编和流程指南的通知》,2019年8月8日印发。

中共诸暨市委办公室:《关于加快推进农村文化阵地建设工程的实施意见》,2006年5月10日印发,市委办〔2006〕59号文件。

中共诸暨市委办公室:《关于加强村级便民服务中心建设的实施意见》,2011年5月25日印发,市委办〔2011〕67号文件。

中共诸暨市委办公室:《关于加强行政村规模调整后村级配套组织建设的意见》,2006年10月24日印发,市委办〔2006〕134号文件。

中共诸暨市委办公室:《关于加强行政村规模调整后村级组织规范化管理的若干意见》,2006年9月28日印发,市委办〔2006〕122号文件。

中共诸暨市委办公室:《关于建立和完善村务监督委员会进一步加强村级民主监督工作的意见(试行)》,2008年4月7日印发,市委办〔2008〕39号文件。

中共诸暨市委办公室:《关于进一步加强村务监督委员会建设的意见》,2011年5月23日印发,市委办〔2011〕64号文件。

中共诸暨市委办公室:《关于进一步加强选聘到农村和社区工作高校毕业生队伍建设的意见》,2009年4月23日印发,市委办〔2009〕51号文件。

中共诸暨市委办公室:《关于开展行政村规模调整工作的实施意见》,2006年8月31日印发,市委〔2006〕41号文件。

中共诸暨市委办公室:《关于认真做好村级组织换届选举工作的意见》,2011年2月25日印发,市委〔2011〕25号文件。

中共诸暨市委办公室:《关于实施基层党建"五大引领"工程深化发展新时代"枫桥经验"的意见》,2018年8月1日印发,市委〔2018〕35号文件。

中共诸暨市委办公室:《关于推进城乡社区建设的意见》,2009年1月13日印发,市委〔2009〕4号文件。

中共诸暨市委办公室:《关于推进文化惠民的实施意见》,2008年8月29日印发,市委办〔2008〕97号文件。

中共诸暨市委办公室:《关于在行政村规模调整中做好党组织设置和班子选配等工作的若干意见》,2006年8月31日印发,市委办〔2006〕106号文件。

中共诸暨市委宣传部:《关于印发〈诸暨市节俭养德全民节约行动实施方案〉的

通知》,2014 年 7 月 29 日印发,诸宣〔2014〕43 号文件。

中共诸暨市委宣传部:《关于在全市机关事业单位党员干部中进一步推进移风易俗工作的通知》,2018 年 11 月 19 日印发,诸宣〔2018〕55 号文件。

中共诸暨市委宣传部:《诸暨宣传:第 16 期》,2009 年 7 月 2 日印发。

中共诸暨市委宣传部:《诸暨宣传:第 23 期》,2010 年 8 月 5 日印发。

中共诸暨市委宣传部:《诸暨宣传:第 26 期》,2007 年 8 月 9 日印发。

中共诸暨市委宣传部:《诸暨宣传:第 37 期》,2013 年 11 月 20 日印发。

中共诸暨市委宣传部:《诸暨宣传:第 41 期》,2007 年 11 月 26 日印发。

中共诸暨市委宣传部:《诸暨宣传:第 43 期》,2010 年 12 月 9 日印发。

中共诸暨市委组织部:《关于印发〈诸暨市村干部守则〉的通知》,2021 年 3 月 15 日印发,诸组通〔2021〕9 号文件。

中共诸暨市委组织部:《关于印发〈诸暨市村级重大事务决策"三上三下三公开"实施细则(试行)〉的通知》,2020 年 9 月 30 日印发,诸组通〔2020〕26 号文件。

中共诸暨市委组织部:《组织工作情况:第 13 期》,2007 年 9 月 18 日印发。

中共诸暨市委组织部:《组织工作情况:第 24 期》,2007 年 12 月 25 日印发。

中共诸暨市委组织部:《组织工作情况:第 35 期》,2006 年 10 月 25 日印发。

中共诸暨市委组织部:《组织工作情况:第 7 期》,2007 年 5 月 29 日印发。

中共诸暨市委组织部办公室:《关于加强村党组织书记队伍建设的意见》,2009 年 9 月 15 日印发,诸组〔2009〕16 号文件。

中共诸暨市委组织部办公室:《关于加强村干部队伍绩效管理的意见》,2007 年 6 月 12 日印发,诸组〔2007〕18 号文件。

中共诸暨市委组织部办公室:《关于印发〈诸暨市驻村(社)指导员工作规范〉的通知》,2022 年 7 月 22 日印发,诸组通〔2022〕15 号文件。

中共诸暨市委组织部办公室:《关于在春节开展"返乡走亲"服务村级组织换届

工作的通知》,2017年1月18日印发,诸组通〔2017〕5号文件。

诸暨市"枫桥经验"纪念活动领导小组:《关于自治、法治、德治"三治融合"基层社会治理体系建设推广工程实施方案》,2018年4月23日印发,"枫桥经验"领导小组〔2018〕3号文件。

诸暨市村(社区)组织换届工作领导小组办公室:《关于进一步严肃公职人员村(社区)组织换届纪律的通知》,2020年10月16日印发,诸村换办发〔2020〕13号文件。

诸暨市村(社区)组织换届工作领导小组办公室:《关于做好村社换届中村级配套组织建设的意见》,2020年11月27日印发,诸村换办发〔2020〕16号文件。

诸暨市精神文明建设委员会:《关于印发〈诸暨市推进移风易俗工作实施方案〉的通知》,2018年7月23日,诸文明委〔2018〕8号文件。

诸暨市精神文明建设委员会办公室:《关于印发〈诸暨市深化群众性精神文明创建活动实施意见〉的通知》,2018年2月13日印发,诸文明委〔2018〕2号文件。

诸暨市民政局办公室:《关于梳理规范村(社区)证明事项的通知》,2020年11月4日印发,诸民〔2020〕48号文件。

诸暨市人民政府办公室:《关于推进村级财务计算机监管网络建设的实施意见》,2006年8月23日印发,诸政办发〔2006〕151号文件。

诸暨市人民政府办公室:《诸暨市人民政府关于印发〈诸暨市村民委员会换届选举工作实施细则〉的通知》,2005年3月28日印发,诸政发〔2005〕32号文件。

诸暨市信访工作联席会议办公室、中共诸暨市委组织部:《关于下发〈村主职干部信访工作"十条负面清单"〉的通知》,2019年9月17日印发,诸信联办〔2019〕59号文件。

中共诸暨县委办:《情况简报:第4期》,1978年6月14印发。

二、档案与报刊

枫桥镇钟瑛社区:《村史档案》,内部资料,1964年6月印发。
枫桥镇大罗大队:《村史档案》,内部资料,1979年1月印发。
枫桥镇大溪村:《村史档案》,内部资料,1987年1月15日印发。
枫桥镇枫一社区:《村史档案》,内部资料,1999年5月印发。
枫桥镇枫一社区:《村史档案》,内部资料,1999年6月26日印发。
中共诸暨市委党校:《"枫桥经验"档案资料选编》,内部资料,2013年。

三、著译作

陈炳荣编著:《枫桥史志》,方志出版社1998年版。
汪木伦主编:《诸暨民政志》,中华书局2002年版。
杜润生:《杜润生自述:中国农村体制变革重大决策纪实》,人民出版社2005年版。
胡鞍钢:《中国政治经济史论(1949—1976)》,清华大学出版社2008年版。
俞可平:《论国家治理现代化》(修订版),社会科学文献出版社2015年版。
诸暨市乡村志编纂编委会编:《诸暨市乡村志:枫源村志》,吉林文史出版社2020年版。

四、论文

唐士其:《"市民社会"、现代国家以及中国的国家与社会的关系》,《北京大学学报》(哲学社会科学版)1996年第6期。

徐勇:《论乡政管理与村民自治的有机衔接》,《华中师范大学学报》(哲学社会科学版)1997年第1期。

徐勇:《"政党下乡":现代国家对乡土的整合》,《学术月刊》2007年第8期。

徐勇:《政权下乡:现代国家对乡土社会的整合》,《贵州社会科学》2007年第11期。

林尚立:《国家的责任:现代化过程中的乡村建设》,《中共浙江省委党校学报》2009年第6期。

戴桂斌:《"互强型"国家与乡村社会的建构》,《社会主义研究》2010年第1期。

伍俊斌:《马克思恩格斯论国家与社会》,《经济与社会发展》2010年第4期。

杨弘、胡永保:《建国以来我国农村基层治理中国家与社会关系的演变及启示》,《理论学刊》2012年第7期。

叶敏:《从政治运动到运动式治理——改革前后的动员政治及其理论解读》,《华中科技大学学报》(社会科学版)2013年第2期。

尤琳、陈世伟:《国家治理能力视角下中国乡村治理结构的历史变迁》,《社会主义研究》2014年第6期。

曹锦清、刘炳辉:《郡县国家:中国国家治理体系的传统及其当代挑战》,《东南学术》2016年第6期。

卢芳霞:《新时代"枫桥经验":中国特色基层社会治理的典范》,《人民法治》2019年第4期。

编写说明

本卷以"枫桥经验"村民自治史料与研究为主题,展现了诸暨市在村民自治领域坚持发展"枫桥经验"的生动实践。本卷的研究思路是通过国家与社会互动的视角,以村民自治的核心要素(民主选举、民主决策、民主管理和民主监督)为框架,梳理诸暨市通过强化党的领导、民主选举、民主决策与管理、民主监督及乡村文化建设等推进村民自治的史料。整体而言,在与其他九卷的关系上,本卷与《"枫桥经验"历史沿革史料与研究》的关系最密切,是"枫桥经验"在村民自治领域的具体运用;另外,本卷与《"枫桥经验"农村经济社会发展史料与研究》的关系也较为紧密,但不同的是本卷更加注重治理的视角,且更加注重农村集体经济的视角。本卷与其他七卷则是相对独立的关系,较少存在重复性内容。本卷史料的辑录范围主要为20世纪70年代前后至2022年,史料主要以规范性文件为主,较为清楚地勾画出诸暨市在坚持发展"枫桥经验"过程中推进村民自治、夯实基层基础的图景。村民自治是一个相对微观又能够比较容易进入"现场"获得史料的场域,因此本卷在史料的收集整理过程中坚持以枫桥镇为圆心,如果枫桥当地没有相关的史料,就逐步向外围扩展进行史料搜集。

从2021年立项至今,本卷业已到了收官阶段。回顾这两年来的整理研究,特别要感谢西北政法大学的汪世荣教授对我的指导,无论是对本卷整体结构框架的建议,还是调研过程中的言传身教,都令我受益良多。感谢浙江省新时代枫桥经验研究院的陈海老师，平时不仅给我普及枫桥乡村演变的知识，还无偿地贡献了许多有价值的史料。感谢研究院的马高峰主任，也为我提供了很多珍贵的史料。感谢同事胡丁成在史料整理过程中的帮助。在本卷的研究过程中给予我帮助且应当感谢的人还有很多，在此一并谢过。学无止境，成书仅仅是开始，我必将以更多优秀的成果来回报大家。

图书在版编目(CIP)数据

"枫桥经验"村民自治史料与研究 / 田胡杰编著. -- 北京:商务印书馆,2025
("枫桥经验"史料整理与研究)
ISBN 978-7-100-23066-7

Ⅰ.①枫… Ⅱ.①田… Ⅲ.①农村-群众自治-史料-研究-诸暨 Ⅳ.①D638

中国国家版本馆CIP数据核字(2023)第181563号

权利保留,侵权必究。

"枫桥经验"史料整理与研究
第三卷
"枫桥经验"村民自治史料与研究
田胡杰 编著

商 务 印 书 馆 出 版
(北京王府井大街36号 邮政编码100710)
商 务 印 书 馆 发 行
南京爱德印刷有限公司印刷
ISBN 978-7-100-23066-7

2025年8月第1版　　开本 720×1000 1/16
2025年8月第1次印刷　印张 20¼
定价:118.00元